① 新島襄と八重――新発見（2013年5月）のツーショット写真（有田屋所蔵）

八重のもっとも若い時の写真か。

② 新島襄と八重（有田屋所蔵）

前頁の口絵①の八重は、これまで知られていた2種類の夫婦写真（拙著『ハンサムに生きる』24頁）のいずれよりも若く見える。婚約中（1875年）のものであれば、八重は29歳で、最古の写真となる。それに対してこの写真②は、結婚後のものである。①と②は、今回同時に群馬県で発見された。

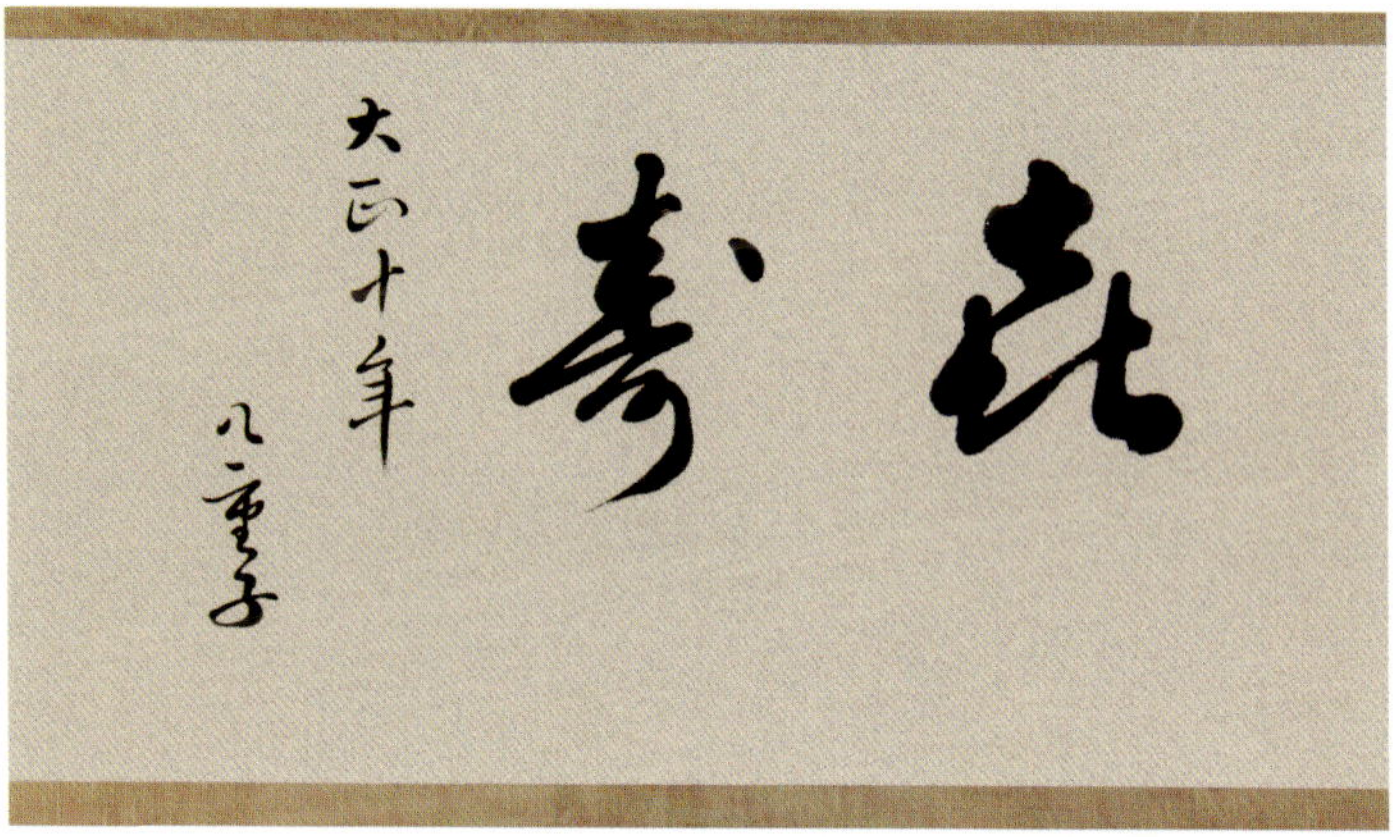

③　八重の書「喜寿」(1921年)

群馬県安中《あんなか》の有田屋社長、湯浅康毅《こうき》氏が、2013年5月に同家の蔵で新島の夫婦写真（口絵①、②）と共に「発掘」したもの。

有田屋は味噌・醤油の天然醸造を営む老舗で、当主の湯浅治郎が新島襄から洗礼を受けた。八重は有田屋には何度も宿泊している。

治郎は、県会議長、代議士として活躍した後、新島亡き後の同志社を支援するために京都に転出。同志社「社員」（財務専務理事）として20年間（42歳から62歳まで)、無給で同志社の経営を支えた。

「社員中には会計事務のできる者がいない。資産管理委員として来てほしい」と山本覚馬が懇請したという（湯浅三郎『湯浅治郎』22頁、私家版、1932年)。

④　「新島旧邸」前に植樹された桜（京都市上京《かみぎょう》区）

新島旧邸の玄関前に2014年3月6日に植樹された紅八重枝垂《しだれ》桜。京都商工会議所他からの寄贈である。名前は特にない。すでに樹齢10年、樹高は5メートルに及ぶ。4月にはさっそく花をつけた（2014年4月3日撮影）。

⑤　**「会津藩洋学所跡地」碑（長徳寺）**

京都市上京区の長徳寺（浄土真宗）の門前に立つ。同寺はもともと相国寺傍《そば》に位置していたが、薩摩藩邸（二本松邸。現同志社大学今出川キャンパス）の新設に伴い、現在地に移転した。会津藩はここに洋学所を開き、山本覚馬らに洋学を教えさせた、という。「八重の桜」効果で、2012年に記念碑が建てられた。ちなみに、左京区出町柳にも同名の寺（浄土宗）がある。こちらは早咲き「おかめ桜」で有名である。

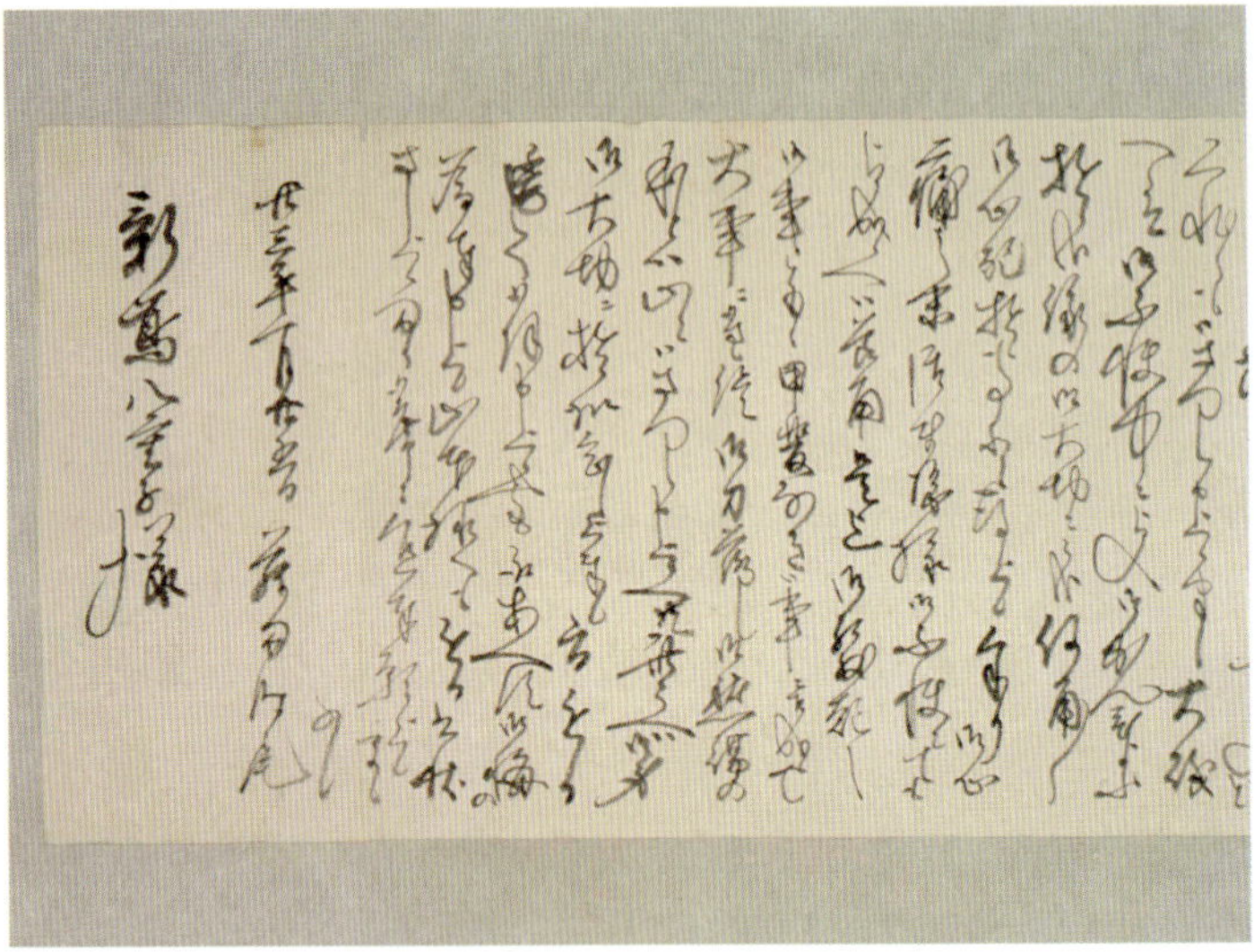

⑥　八重に送られた藤田時尾の手紙

藤田（旧姓高木）時尾は、日向《ひなた》ユキと並ぶ八重の幼馴染《おさななじみ》（本書245頁参照）。この手紙（1890年1月25日付）は、襄の永眠直後に、夫の藤田五郎（新選組隊士当時は斎藤一《はじめ》）が守衛を務める東京高等師範学校（校内住宅）から八重に送られた弔文（同志社社史資料センター蔵）。

書面には「御一家ニ止らす、日本の宝なるニ、何とてかゝる御事にや、とうらミても祈ても帰らぬ御事なから、実ニ々々御おしき事故《ことゆえ》、御まゑ様御初《はじめ》、山本皆々様いか計《ばかり》か御力落し、御愁傷之事と深く御さつし奉申上候」とある（同志社大学同志社社史資料センター編『新島八重関連書簡集』43頁、同センター、2014年）。

⑦　「松林院旧跡　松平容保公寄宿の地」碑（清浄華院《しょうじょうけいん》）

2013年4月6日、京都市上京区の清浄華院（浄土宗）の境内に新設された。幕末の1863年から翌年にかけての半年間、京都守護職の松平容保《かたもり》は、同院塔《たっ》頭《ちゅう》のひとつ、松林院（現阿弥陀《あみだ》堂）に住んだ。御所に近いからである。

戊辰戦争当時（1865年）、覚馬も眼の療養のため、一時、ここに引き籠っていた、という（田中緑紅《りょっこう》『明治文化と明石博高《ひろあきら》翁』8頁、明石博高翁顕彰会、1942年）。

⑧　「山本覚馬・八重邸宅跡」碑（京都市）

「北隣地　明治時代　山本覚馬・八重邸宅跡」と彫る。2013年11月2日に河原町御池《おいけ》西南角のスギ薬局（中京区下《しも》丸屋町397番地）の前に建立。覚馬は新門辰五郎の旧宅を買収して、自宅とした。住所は、「上京《かみぎょう》区〔現中京区〕三拾一区下丸屋町四百一番地」（①五）。邸宅跡は、現在は御池《おいけ》通の中である。

本井康博著

裏のライフは私のライフ

新島襄を語る・別巻(四)

口絵

目次 2

はじめに

「蔵が建ちますね」。

「いえ、腹です」。

よほどの高額ギャラ、とでも思われてるんですね。「八重の桜」で毎週、「時代考証」者として名前が出始めてから、言われます。金ぴかの金庫《かねぐら》やら、瀟洒《しょうしゃ》でカッコイイ石倉が建つのでは――、といった、あまりな勘ぐりに絶句します。小金虫《こがねむし》じゃありませんから。

「腹が立つ」は、もちろん冗談です。日本放送協会（ＮＨＫ）スタッフからも、「うちは、日本薄謝協会ですから」とさりげなく言われました。以前、「歴史秘話ヒストリア」で八重の番組制作を手伝った時に実感していましたから、金額は最初から問題外です。気分的にはボランティア精神です。

だから、「薄謝」――書類の上では、なんと「出演料」です――にはちっとも腹が立ちません。問題は、ＮＨＫに押し切られた時です。こちらの提案や助言が、なかなか聞いてもらえない時には、ストレスが溜まります。大河ドラマ「八重の桜」が終わって三か月になりますが、ドラマの時代考証は、なんとも悩ましい仕事でした。

ドラマとして採点した場合、「八重の桜」はとても上手《うま》く作られていました。「三・一一」で八重を主役に抜擢したNHKは、福島を始めとする東北地方に勇気と元気を送り込むという所期の目的を、十分に果たしたと思います。

ドラマには脱帽したくなるようなストーリーやシーンが、散りばめられていました。ので、「かなり本当」、「ほぼ史実通りでは」と信じる方が、意外と多いのです。

他方で、多少とも史実を知っている人は、「あそこは、ホンマやろか」、「あんなん、ウソやろ」と疑心暗鬼です。ブログやツイッターなどでも、さかんに呟《つぶや》かれます。あげくの果ては、「誰が考証してるんや」となります。

で、当事者のひとりとして、時代考証のウラ話を記録として残すことにしました。ドラマファンのためにも、「今だから話せる」秘話も、かなりギリギリの線まで入れました。

もうひとつ、執筆の目論《もくろ》みがあります。書名にした「裏のライフは私のライフ」という八重の言葉です。この文言が何を意味するのか、内容の分析と紹介が必要です。彼女の後半生は、最初の夫、「尚之助のライフ」ではなく、「裏のライフ」、すなわち裏の歩んだ軌跡がモデルでした。この視点から、八重の生涯を捉え直せば、彼女の新しい側面が見えてきます。

ディズニーシー（シンドバッドの冒険）で流れている曲で言えば、八重は、さながら「こころの羅針盤《コンパス》」(compass of your heart）を駆使するシンドバッドです。彼女は、裏の世界を旅した冒険者です。「こころの羅針盤」で裏の歩んだ方向を探り、未知の世界を探索しようとしました。一方の新島は、いつも「キリストの心を心として」自分の進路を決めました。

そこまでして裏と八重が、探り当てようとした「お宝」とは、いったい何か、どうしたらそれをゲットできるのか。その謎を本書は探究します。この書が、読んでくださる皆さまにとっても「こころの羅針盤」になってくれれば、うれしいですね。

本書は、私が出す八重本としては、七冊目です。いわば、「完結編」です。総括だけじゃなく、どこにも書かれていない秘話や、「目からウロコ」的な事例もできるだけ入れました。八重の素顔や魅力をあらためて発見していただけるはずです。

二〇一四年三月十二日

本井康博

「八重の桜」時代考証を終えて
――大河ドラマのウラ・オモテ――

時代考証の声がかかる

ろくずっぽ仕事内容も聞かずに、「いいですよ」と簡単に返事をしてしまいました。仕事を始めると、ボクシングのロープブローよろしく、徐々に身体《からだ》にこたえてきました。

「八重の桜」が始まって三か月が経った三月二十六日に、プロデューサーの内藤慎介氏から電話で依頼がありました。「京都時代の時代考証を」と。翌月、すぐに最初の台本（第三十回）が送られてきました。以後、最終回まで全部で二十回分、六十冊（一回につき、三回作り直します）が、送られてきました。

私以外のふたりの時代考証者は、会津時代の担当です。だから、おそらくクランクイン前から番組制作に関わっておられたはずです。

途中参加

私は、番組が始まってから、声をかけられましたので、途中参加者です。転校生みたいなもんです。すでにドラマの大枠は、なかば出来上がっていたようなものです。

で、どういう事態が起きるか、と申しますと、たとえば、幼少年時代の新島襄《じょう》の考証です。私が呼ばれた時点で、すでに新島は何度か、チョイ役として画面に出ておりました。それに対しては、もちろん私はまったく関与しておりません。

具体的に言いますと、いきなり第一回に、子役の「新島七五三太《しめた》」（後の新島襄です）が出ていました。逃げた黒豚を追っかけて、佐久間象山塾に紛れ込んだ、というシーンです。子ども時代の新島が、この塾で山本覚馬《かくま》やら川崎尚之助《しょうのすけ》、勝海舟といった人物（いずれもドラマを引っ張る重要な役柄です）に遭遇し、会話を交わしています。

これには、度肝を抜かれました。大胆な創作だからです。もしこの時点で、私が時代考証に関わっておれば、当然、一言すべきシーンです。しかし、「時すでに遅し」です。

考証の中身

共著『時代考証学ことはじめ』（東京堂出版、二〇一〇年）にも一文を寄せておられる安田清人《きよと》氏によれば、時代考証という仕事の経緯や中身はこうです。

「そもそも時代考証とはなにか。大河ドラマで初めてスタッフ・クレジットに〈時代考証〉が記されるようになったのは第五作目の『三姉妹』（昭和四十二年）。その後、時代考証、あるいは監修として、歴史学者や時代考証家と呼ばれる人たちの名前が記されるようになり、近年は風俗考証、建築考証、衣装考証といった個別の『考証』も登場。時代考証の細分化が進んでいる。

時代考証の仕事は大雑把にまとめると、次のようになる。まずシナリオのチェック。歴史上の出来事や実在の人物の行動や考えなどが事実に反していないかどうかを洗い出し、さらにはセリフや所作、あるいはナレーションにいたるまで、時代にそぐわない表現があれば訂正する。

そして撮影に入ってから現場からあがってくる疑問や質問に答えるのも、『考証』の仕事となる。大河ドラマにおける時代考証とは、歴史を映像表現として描くための『お墨付き』を与える作業と言えるだろう」(『週刊ポスト』二〇一三年四月二六日号)。

お墨付き

つまりは、お墨付きのための傭兵です。雇われ兵士ですから、主君の命は、無視できません。だから、悩ましいんです。こちらは、しがない家臣ですから、権威があるのか、無力なのか、判然としません。発言権があるのか、ないのか、ほとんど不明の世界です。

「まぁ、名誉職というか、お飾りというか」といった受け止め方もあります。この業界のさる方から、「筆頭考証人、おめでとう」メールをもらった時には、さすがにびっくりしました。これには、複雑な気持ちです。

実際にやってみて、基本的には受け身の仕事であることが、分かりました。届いた台本をきちんと読み、チェックするのが、最初のハードルです。それを越えると、「相談され役」です。次々と繰り出される不明な箇所やら疑問点に答える。これが実際の仕事のメインであり、期待される主要な役割です。

逆にこちらからの要望や注文は、先方から聞かれない以上、出す場はありません。かりに出しても、許諾認可の権限は先方にあります。

小和田哲男氏

かつて大河ドラマの時代考証をされた「先輩」たちの場合は、どうだったんでしょうか。中には、NHKと喧嘩して降りた、という猛者《もさ》もいらっしゃるとか。たとえ、そこまで行かなくとも、体験談を読むと、同病相憐れむ連帯感が湧いてきます。「わかる、わかる」、「そやそや」——まるで、「同期の桜」気分です。

たとえば、小和田《おわだ》哲男氏（静岡大学名誉教授）。「秀吉」（一九九六年）、「功名《こうみょう》が辻」（二〇〇六年）、「天地人《てんちじん》」（二〇〇九年）の三作で、時代考証を担当された、その筋の大御所です。今年も「軍師官兵衛」「二〇一四年）を担当されています。氏は『歴史ドラマと時代考証——つくりごとか？史実か——』（中経の文庫、二〇一〇年）のなかで、ボヤキかたがた、興味深い体験談を披瀝されています。

今回の特殊性

小和田氏がかつて担当されたドラマの場合、堺屋太一や司馬遼太郎といった大御所の原作者がいました。ただ、ドラマはいつも原作通りか、といいますと、さにあらずです。会津における山本八重の後輩とも言うべき山川（大山）捨松《すてまつ》が、いい例です。

久野明子『鹿鳴館の貴婦人　大山捨松』という捨松の評伝は出版後、評判を呼びました。ので、さっそくテレビドラマになりました。ところが、出来上ったのは、原作とは似ても似つかぬドラマのようでした。久野さんは、「原作者の意図とはまったくちがう筋書き」だった、と残念がっておられます（同書三五五頁、中公文庫、一九九三年）。

原作があっても、この始末ですから、「八重の桜」のように最初からオリジナル作品の場合は、どうでしょうか。原作がないぶん、それだけ脚本作りが大変なことが、推測できます。が、その一方では、自由に話を運べるという利点があるでしょうね。むしろ、こちらの方が制作者にとってはありがたいのかも知れません。

考証会議

「八重の桜」は、原作がないからか、時代考証会議もありませんでした。「天地人」などでは、複数の考証担当者が一室に会して協議する考証会議が、頻繁に開かれた、と聞いています。ところが私の場合は、一度もそういった場はありません。ひたすら文通と電信頼みの考証に終始しました。まるで通信教育みたいなもんです。

だから、東京に呼ばれることもありません。私がリハやロケに立ち合ったのは、一回（ロケ）だけです。京都に住んでいたために、渋谷の放送センターに通うのが、難しいと思われたのも一因でしょう。

それだけに、チェック体制はすこぶる緩《ゆる》い、というより、かなり甘い、と言わざるをえません。考証作業のほとんどは、セットが組まれる前の台本のチェックで終わりますから。いざ、実際のセットや演技となると、現場のスタッフや俳優さんにお任せするしか、手がありません。ＮＨＫは撮影現場には、同志社系牧師を呼ぶことがありますが、その方と私が協議する場もありません。

現場主導

となると、どういうことが起きるか、すぐお分かりですよね。一例をあげます。

第四十七回、「限りある命」で襄が八重に余命を知らせるシーン。どういうニュアンスでセリフを言ったらいいのか、撮影現場で意見が割かれたそうです。そこで五人の監督（ディレクター）と襄夫妻が合議しました。「いったい何が言いたいのか」については、俳優側からも意見が出ます。お互いが納得する結論が出るまで、話し合いは一時間以上も続いたといいます（『ＮＨＫステラ』特別編集版、三頁、二〇一三年一二月）。

こういうことは、他にもしばしばあったはずです。台本完成版のタイトルやセリフが、現場でしばしば変更されるのも、同じ事情からです。要するに、現場に立ち合わない時代考証には、もともと限界があります。

酒・タバコを飲むシーン

限界の例を上げますと――　藤田五郎（斎藤一）と新島が酒を酌み交わすシーン（第三十五回）です。台本を読んだ時にすぐ気がつきましたから、新島（厳格なピューリタンです！）には酒は厳禁なので、代わりにお茶を飲ますように変えてもらいました。相手の藤田は酒のままです。

ですが、第四十六回のタバコには、意表をつかれました。襄がキセルを吸うシーンがいきなり出てきたので、びっくりしました。台本チェックの時点では、居間で「襄が泣いている。八重がやってきて寄り添う」というト書きに続けて、セリフは「襄　――。父上　――。八重　――。」とあるだけでした。

それが実際の放映では、襄がタバコを吸っているので、愕然《がくぜん》としました。父親の民治《たみじ》を亡くした悲しみを紛らわすためか、父親が愛用していたキセルを口に運ぶと言うシーンになっていました。これはありえません。青年時代はたしかに無類のタバコ好きであった襄ですが、渡米以後、したがって帰国してからは、人一倍厳格なクリスチャン（いや、牧師）でしたから、飲酒・喫煙は問題外です。

寿司と天ぷら

時代考証の過去の失敗例として、『歴史ドラマと時代考証』（九一～九二頁）には、こんな事例が出ています。まだ秀吉が貧しかった少年の頃、家族とともに食事をするシーンです。食事内容に関して、大根は、サトイモは、豆腐は――と一品一品、厳密な時代考証をしたうえで、撮影《ロケ》に入りました。

ところが、秀吉役の竹中直人さんが、「すし食いてぇ、天ぷら食いてぇ」と突然叫びました。アドリブです。握りも寿司もなかった時代でしたから、完全に「反則」です。「一生拳命、時代考証をしても、俳優のアドリブ一つで吹っ飛んでしまうことを知った出来事であった」という小和田氏の苦《にが》い感想が、胸に響きます。

「八重の桜」で言えば、襄が調理に使った卵はなぜ茶色か、といった疑問がNHKに寄せられました。私の担当ではなかったのですが、卵の色を気にする人がいるんですね。だからNHKとしては、気を抜けないわけです。

私の場合は、京都にいましたので最初から最後まで、スタッフに寄り添ったり、現場に張り付くわけに行きません。だから、間違いや誤解は事前にはなかなか防ぎようがありません。密着度が極端に少ない分だけ、危険度は小和田氏以上です。

「虚と実」のせめぎ合い

同氏の『歴史ドラマと時代考証』は、「虚と実」のせめぎ合いを大々的に取り上げています。特に第一章は「ドラマ性か？　史実か？——悩める時代考証」、続く第二章は、「フィクションと史実の落としどころ」と銘打たれています。

これを見ると、歴史考証の最大の仕事は、史実と創作、あるいは事実と虚偽の見きわめ、というか、両者を明らかにすることにありそうです。やってみて、たしかにこれが一番、厄介でした。

これは、近松門左衛門の演劇論、「虚実皮膜《ひにく》論」以来、悩ましい問題です。近松によれば、上出来の演劇の場合には、虚（ウソ）と実（ホント）の間に美味しいところがある、というのです。以来、これがドラマ作りの基本だとされてきました。

「この作品はフィクションです」

大河ドラマも冒頭、あるいは最後の所で、「このドラマは、フィクションです」と断ることができれば、どんなにかすっきりするのに、と思いました。しかし、大河ドラマは、これが禁句のようです。他の民放ドラマでは、「実在の人物や団体などとは、関係ありません」といった断りが、最後によく入ります。

たとえば、「花ざかりの君たちへ～イケメンパラダイス～」（フジテレビ、二〇一一年）の場合は、「この作品はフィクションなので、多少のことは、大目に見てください」とあります。ここまで堂々と言われると、立派としか言いようがありません。見てる人も、諦めるでしょうね。私には「多少のことは、大目に見てください」と言いたい制作者の気持がわかります。

刑事ドラマ、「ジョーカー　許されざる捜査官」（フジテレビ、二〇一一年）は、もっと過激です。「この作品はフィクションです。登場する個人・団体・施設名等は架空のものであり、あくまで創作に過ぎません。しかし——これをただの作り話と受け取るか、現代の闇と捉えるかは貴方に委ねます」。

見る側にボールを投げ返して、あとはよろしく、と言うのです。視聴者を共犯者に仕立て上げるかのような断り、いや脅し、と言えば、言い過ぎでしょうが、これはこれでアッパレです。

結局、ドラマはドラマ

私が辿りついた結論は、「大河ドラマは、ドラマです」。何をいまさら、と言われかねないのを承知の上で、あえてそう断定します。

というのも、大河ドラマを観た学生のなかには、「全部、本当の話し」と信じていたり、「まさかフィクションが混じってるとは」とびっくりする者が、予想以上にいるんです。これには、私のほうが、「ジェジジェ」です。

歯に衣《きぬ》を着せずに暴露してしまえば、すべてのドラマは基本的に「作り物」、したがって「ウソ物」です。ウソをいかに本物っぽく見せるか、作り上げるか、これがスタッフに課せられた使命です。脚色や演出抜きにドラマは作れません。「大河ドラマ」は忠実な「歴史再現ドラマ」じゃないのですから。

歴史研究

一方、歴史学の世界は、それとは異次元社会です。存在しない事実をでっちあげること（捏造《ねつぞう》）、データを都合のいいように書き換えること（改竄《かいざん》）、他人《ひと》の論文から文章などを無断でコピーすること（盗用）、以上の三つを研究上の不正行為と文科省は定義しています（『朝日新聞』二〇一四年三月一五日)。

ドラマの世界とは、まさに対照的です。ですから、歴史家の端《はし》くれとして、二股《ふたまた》かけて仕事をするのは、かなりシンドイことでした。いつも悩まされるのは、データや事実の「操作」、つまりは「フィクションをどこまで許容するか」です。

「私は襄さんにほれた」

たとえば史実の再現や操作に関して、視聴者が反応する例を上げますと、臨終を迎えた襄に対して、八重が語った最後の言葉です。観た人の涙を誘う感動的なシーンでした。ですが、八重のセリフ、「私を愛《わだす》で満たしてくれた」を始め、全体の文言は、創作です。実際には、何を言ったか、記録がありません。ですが、大変よくできたセリフで、八重があの場でまさに言いそうなセリフではありました(本書一三七頁)。

ある女子学生は、このシーンを見て涙を流し、「私は襄さんにほれてしまいました」と言っておりました。視聴者の中には、八重がクリスチャンになったことをこのシーンで初めて実感した、という反応すらありました。フィクションとはいえ、いや、フィクションだからこそ、すごいインパクトでした。

事実をそのまま並べても

逆に、事実をそのまま並べたり、史実に忠実に従いさえすれば、それで傑作ドラマが生まれるか、と言うと、これまた別問題です。たとえば、時代劇のお歯黒。戦国時代は、女性はもちろん、男性でも、ある程度以上の身分の者（武将）は、歯を黒く染めていたといいます。映画やドラマでこれを「再現」すると、どうなるか。不気味でしょ。いや、不快です。とても見てられません。

ほかにも歩き方。右足と右手が同時に出る、という異様な「なんば歩き」。さらには、ポニー同然のずんぐりした在来馬（たとえば、木曽馬）。やっぱり脚の長いサラブレッドじゃないと、カッコがつきません。これなど、史実に忠実でないほうが、あきらかに良いケースです（『歴史ドラマと時代考証』九三〜九八頁）。

なんと言っても圧倒的なサプライズは、水戸黄門の漫遊記です。モデルとなった徳川光圀《みつくに》は、そもそも終生、旅らしい旅をしたことがなかった、というじゃありませんか。ですが、毎週、印籠《いんろう》を携帯して、どこかへ行脚してもらわなきゃ、ドラマにはなりません。これは、想像やら演出でもって、事実や史実を越える方が、いい作品が出来上りやすい、という好例です。

娯楽番組

今回の大河ドラマに関しては、同志社の関係者の間でも、醒《さ》めた見方があります。たとえば、伊藤彌彦名誉教授の次のような苦言です。

同志社は、「八重の桜」に浮かれ過ぎている、こういう時こそ、大学はどっしりと構えて、「NHKがやっているようですね」と、対岸の火事を見るように手をこまぬいて傍観するのが好ましい。

そもそも「果たしてそれほど扱う価値があるだろうか」と思われる八重を主役に据え、「資料不足の下で創作された」のが、この番組である。所詮《しょせん》、「視聴率ねらいの娯楽番組」にすぎない。そんな番組に「乗っている同志社が悲しい」と――まさに憂慮に満ちたコメントです（伊藤彌彦「内部溶解の始まった同志社――新島襄と現代――」一六二～一六五頁、『Doshisha Spirit Week 講演集 二〇一二』、同志社大学キリスト教文化センター、二〇一三年一二月）。

たしかにドラマはエンターテイメントなんですが、時にはノンフィクション以上の力を発揮します。私の経験で言うと、ドラマによっては、拙ない論文や出来の悪い研究書よりも、はるかに刺激とヒントに満ちたストーリーやシーンがあります。

間違い探し

一方、「視聴率ねらいの娯楽番組」と言われても、一般の人にとっては現実に「娯楽番組」百パーセントという風には、なかなか割り切れません。視聴者や事情通は、ドラマの中の非ドラマ性（事実や実際の出来事）が気になります。単なる娯楽番組ではないので、すべてウソモノとは断定しきれないのです。その証拠に、ドラマの「間違い探し」や「アラ探し」は、巷《ちまた》ではけっこう盛んです。

小さな例を上げてみます。新島襄と徳富蘇峰が中山道《なかせんどう》を旅行中、賭けそばをして食費を争ったことがあります。結果は新島が九杯、蘇峰が九杯半で、蘇峰の勝ちでした（『蘇峰自伝』一六二頁、中央公論社、一九三五年）。しかし、なぜかこれを取り上げた「八重の桜」（第四十二回）のシーンでは、新島が十二杯、蘇峰が十一杯、と作り代えられていました。

実際とドラマでは、食べた枚数だけじゃなく、勝敗も逆です。問うべきは、はたしてこの脚色には意味があるかどうか、です。言い換えると、史実と違ったこの描き方は、はたして「間違い」と一方的に切り捨てられるのか――意見は分かれるはずです。もちろん、些事《さじ》だから、「どっちゃでもええ」という回答もアリです。

薩摩藩邸の譲渡

もう少し、深刻なケースは、薩摩藩邸のことです。同志社今出川キャンパスが、もともと薩摩藩邸跡地から出発、拡大したことは、かなり有名です。しかし、なぜ、そうなったのかについては、未だに正解が見つかっておりません。謎のままです。

ですが、「八重の桜」では、見事な「解答」が用意されました。西郷隆盛が、「管見」を書いた山本覚馬を高く評価して、覚馬に言い値で譲渡した、それを覚馬が新島に再譲渡してくれた、という筋書きです。後半は、ほぼその通りでしょう。

問題は前半です。これは創作です。上手なウソです。木戸孝允が覚馬に向かって「同志社は西郷の置き土産《みやげ》」と言ったセリフも飛び出しました。こんな「模範解答」を出されたら、いままでの不明点がいっぺんに解けてしまいますから、今後への影響という点では、私などすんなりと放置できません。戊辰戦争の「負け組」であった覚馬が、なぜ「勝ち組」の薩摩藩邸を戦後に手に入れることができたのか、現時点でも依然として謎のままです。

架空の主役

フィクションか事実か、これに関しては、歴代の大河ドラマの中では、画期となる作品がありました。「獅子の時代」(一九八〇年)です。架空の主役、それも二人、登場させました。会津藩士の平沼銑次《せんじ》(菅原文太《ぶんた》)と、薩摩藩士の苅谷嘉顕《よしあき》(加藤剛《ごう》)です。大河ドラマでは初めて、原作のないオリジナル作品というのも、異色でした。

時代にフィットしたこともあって、好評でした。私もこの作品が好きでした。今でも、歴代の大河ドラマ中、最高の作品ではなかったか、とさえ思います。時代考証を終えた現時点では、なおさら新しい課題を突き付けられています。この作品を含めて、「架空の人物は、どこまで許されるか」という問題です。

「歴史ドラマづくりで厄介なのは、本来は実在しない架空の人物を入れなければならない点である」という考え方が、現にありえます。ひとつの見識です(『歴史ドラマと時代考証』五二頁)。見てもらうための工夫をするためには、ドラマ性や娯楽性が優先される、という発想です。ですが、ここから虚像がひとり歩きします。

薩摩の女学生

「八重の桜」で言えば、「私たちの子ども」（第三十九回）の主役、小松リツがそうです。台本チェックの時点では、この回のテーマは「薩摩の女学生」となっていました。この方が、リツの素性が分かりやすいです。

会津戦争で女兵士（八重以外に該当者はいません）に父親を射殺されたリツという女学生が、同志社女学校に入学してきます。会津戦争で父親を撃ち殺したのが、校長夫人だということを入学してみて初めて知って、悩みます。八重が同志社で働く背景や事情がよくわからない視聴者なら、リツを実在した生徒だ、と思う人が大半でしょうね。同志社の卒業生ですら、卒業生名簿で確認しようとした人が、いるくらいです。

ドラマの中でそうした女性を「創作」することで、衝撃的な意外性が前面に出て来ます。ストーリーが、がぜん面白く動き始めます。主役の八重の出番を多くするためにも、リツは不可欠の登場人物と考えられました。八重がリツに土下座をして謝罪したことが、かなりの論議を呼びましたから。

私には、架空人物の時代考証はできません。だから、それに関してはほとんどすべて、ディレクターや脚本家任せです。脚本家は、「脚色家」でもあります。とりわけ、史料がない事柄や人物については、自分の「想像力」で膨らませる以外に描きようがありません。

乱暴に言えば、架空人物の創作は「やりたい放題」が許されるケースです。したがって、ライターの腕の見せ所は、いかに完全なウソをホントらしく見せるか、です。

事実の改竄

これに対して、歴史家の場合は、史料にないことは、言えません。もしも無視したり脚色したりすれば、史料の「改竄《かいざん》」です。史実や史料の「でっち上げ」は、歴史家には命とりになります。知らないことや内容が無い時は、沈黙すべきです。

そうしたことを叩《たた》きこまれている身には、ドラマというのはまったくの異次元社会であり、別世界です。知らなくても、いや、知らないからこそ語れる。史料がないから膨らませる――ドラマの出来上がりは、ライターの「脚色」次第だ、ということを認識させられました。

繰り返して言えば、歴史ドラマは、虚と実の綯《な》い交《ま》ぜです。だから、創作や虚構こそ中核《きめて》です。脚本家は脚色にも生命《いのち》をかけます。逆に、粉飾や史実無視は、歴史家には命取りです。半年近くやってみて、両者の綱引き、いや駆け引きやせめぎ合いを調整したり、調節したりするのは、精神的に実にシンドイ仕事でした。

小さなホント

ドラマは「ウソもの」ですが、歴史ドラマの場合、NHKは事実に関しては、細部、あるいは細かいものにいたるまで、できるだけ気を配ります。たとえば、京都府知事、槇村正直の家紋。いつもは洋装ですが、八重と襄の婚約式（日本風に言えば、結納《ゆいのう》でしょうか）では、和装でした。この時に着用する羽織に入れるために家紋が知りたい、と熱心に聞かれました。

出身地の山口県まで問い合わせたそうです。が、結局、不明でした。本番では、やむなく紋を避けるか、半分隠すようなアングルで撮られていました。

一瞬映るだけの家紋ひとつに、なぜそこまでこだわるのか。家紋マニアからの抗議を避けるため、でしょうね。マニアの「あら捜し」を封じるための予防策です。先のシーンなど、家紋はドラマの本筋から見れば、実に末梢《まっしょう》的な問題です。その面の素人である私には、家紋を突き止めることは、限りなく「小さなホント」の究明です。

大きなウソ

その一方で、「大きなウソ」が堂々とまかり通るのが、ドラマです。ドラマの根幹にかかわる大事な史実が曲げられたり、無視されたり、といったことが、現実に起きます。

先の例で言えば、槇村が襄・八重の婚約式に顔を出すこと自体が問題です。八重との婚約の件は「私は秘密にしていました」と襄が言っておりますから（⑥一六八）、知事に隠れて行なっています。一か月後に知事の耳に達するや、八重は女紅場《にょこうば》をクビになっています。

このように、こだわる「些事《さじ》」がある一方で、無視される「大事」がある、というのは大変なアンバランス（不平等）です。実像や史実が、はるか遠くへと押しのけられる瞬間、この時が時代考証をしてみて、一番ストレスが溜《た》まる時間帯です。

事実を無視、あるいは軽視する理由は、いくつもあります。事実通りでは面白味がないことがあります。その場合、フィクションを入れたり、時には史実を変えたり、ということが「結構ある」と、小和田氏も証言されています。「男ばかりで華やかさがないので、女性を登場させてもいいか」とスタッフに頼まれて、OKしたこともあるそうです（『歴史ドラマと時代考証』六四頁、八二頁、二二二頁）。

迫力優先

同様のケースに、迫力を優先させる、というのがあります。見せ場を作るためにオーバーにしたい、とスタッフから言われた場合、譲歩せざるをえません。山川捨松と大山巌の結婚を八重が腕相撲で決める、これなんかは、誰が見てもフィクションだと分かりますよね（本書一九四頁参照）。力勝負の方が、話し合いで決めるシーンよりも、確かに迫力が出ます。

大山と言えば、会津戦争では西軍（新政府軍）の砲兵隊長として、鶴ヶ城を攻撃しております。その折、八重が撃った銃弾が、彼の右足大腿部を撃ち抜くシーンがありました。これはあくまでも伝承であって、事実かどうかは定かじゃありません（拙著『日本の元気印・新島八重』一一七頁）。「八重の桜」がこの俗説を採用する可能性は、早くから予想できました。ですが、同じNHKの番組でも、史実を重視する「歴史秘話ヒストリア」が新島八重を取り上げた際は、史実の裏づけがないとして、このエピソードは採用されませんでした（拙著『八重の桜・襄の梅』一一六頁）。ドラマとドキュメンタリー番組との違いが、鮮明に出ました。

予算不足で

事実が無視される要因は、まだあります。わりあいに強力なのが、予算不足です。同志社の外国人教員（宣教師）も、出演は三人くらいに限定されました。二人の役をひとりに持たせる、という裏技というか離れ業《わざ》も経験しました。

有名なラットランドでの募金アピールも、新島は実際は千人以上の前で演説しています。それが事実だと分かっていても、スタジオ内のセットでは、せいぜい二、三十人の聴衆が限度でしょう。それも、外国人会衆は、CG加工で「増員」されていますから、撮影時点の「登場（出演）人物」はさらに少数です（ちなみに、今回の大河ドラマは、CG加工の映像が今までにないくらい、多用されました）。

八重と襄の結婚式も、人数的には少々寂しかったですね。もちろん、新島自身が地味婚を望んでいたのは、事実です。司式をしたJ・D・デイヴィスは、「昨日の式を新島氏は、もっとひっそりと挙げたかったのですが、私がそれを封じました」と証言しています（J・M・デイヴィス著、北垣宗治訳『宣教の勇者　デイヴィスの生涯』一九〇頁、同志社、二〇〇六年）。

ちなみに、八重のウエディング・ドレスの調達方法も、創作でした。

「八重の桜」では

以上、架空の人物以外は、ほとんど「小さなウソ」が混じります。目くじらをたてるほどの問題ではありません。じゃ、「大きなウソ」は、と言えば、小松リツ以外にも、八重と尚之助との再会（浅草の鳥越）、あるいは、八重とうら（覚馬の先妻）との再会（会津若松）を挙げるべきでしょう。

さらには、八重の二人の夫のキャラを設定するやりかたやら、「自責の杖」事件の扱い方もそうでしょう（詳しくは本書一〇八頁）。

二度の再会シーンは、いずれも高視聴率をとりました。だから、ひとまず成功したケースでしょうね。尚之助との再会シーンでは、胸をキュンキュンさせながら、号泣した長谷川博己《ひろき》ファンが大勢いました。ファンならずとも、宜《むべ》なるかな、です。

また、山本（横井）峰を生母のうらと遇わせたのも、峰の気持ちを思うと、納得できます。自然な流れとして、視聴者からは反発よりも共感を生んだようです。ドラマ的には、有効な創作でした。

尚之助との再会

さらに挙げると、会津戦争直後に八重が尚之助と離別したシーンも、史実通りではありません。ですが、「女がいるぞ」と川崎が八重を裏切るこの場面が、かなりの感動を生んだことを思うと、なかなかの出来です。ドラマの後半で言えば、最高視聴率をとりました。

『朝日新聞』のコラム「甲乙閑話」（二〇一三年八月二〇日、関東版）でも、高得点を貰いました。編集委員の村山正司氏が、尚之助による裏切りシーンを高く評価されていました。「たとえ史実でなくても、こうするしかないか」という脱帽発言です。「うまいなと感心した」、「ここまで一番の名場面」と絶賛されています（本書、一五四頁参照）。

八重の変身ぶりを明白に伝えるための仕掛けとしては、秀逸だったと思います。小松リツ同様、事実ではないものの、真理として描きたいという巧みな脚色です。

ちなみに、先の村山氏は、「八重の桜」に絡ませて、八重研究の動向を紹介する記事を同年四月十六日の『朝日新聞』（関東版）に載せていました。ついで、十月二十一日には、新島研究の経緯と現状をまとめる記事も出されました。

小さなウソ

ドラマを盛り上げるのに創作がいかに大きな効果を発揮するか、以上でほぼお分かりいただけたと思います。史的にはあり得ない裏切りとか再会という、そこまでの大ウソでなくても、小さなウソにいたっては、ドラマではまあ無数でしょう。

ひとつには、事実かどうかが不明なグレーゾーンの場合、ドラマではどちらかに決めなければいけないケースによくぶつかるからです。その場合の正解率は、乱暴に言えば、ほとんど五十パーセントの世界です。

一例をあげれば、八重は役職的には、同志社の男子校（英学校）とは、ほぼ無縁です。部外者です。にもかかわらず、そこはドラマの主役だけに、男子校のシーン、たとえば、職員室や教室、式典などにも頻繁に顔を出します。そうなんです、実際以上に出番が多い作りになっています。校長夫人とは言え、明らかに出しゃばり過ぎです。程度の差こそあれ、女学校でも同じです。

俳優の年齢もそうです。キャスティングでは、実際の年齢はさほど重視されていません。俳優ごとに、力量やキャラ、あるいはネームバリュー、人気度などが優先されやすいのでしょう。語学力やギャラの高低、さらには所属プロダクションの力量、といった要素も、無視できないでしょう。

キャスティング

その結果、実在人物とは、明らかに年齢が違いすぎる俳優が起用されることが、ままあります。その好例が、山川捨松や徳富蘇峰です。捨松のことは、別のところで触れました（本書一九五頁参照）。一方、蘇峰はいわゆる「熊本バンド」（本書八〇頁以下）の中では、最年少組です。なのに、先輩の小崎弘道や伊勢（横井）時雄たちと、さほど齢の差を感じさせない俳優が演じています。

同志社に入学した時、最年長の小崎がすでに二十歳であるのに対して、蘇峰はわずか十三歳でした。大学生と中学生くらいの年齢差があります。ですが、ドラマでは先輩たちと堂々とわたりあっています。観ている側としては、彼らは同級生かな、と誤解するほどです。ホントは年齢の差は、蘇峰にとっては決定的なんです（詳しくは、拙著『徳富蘇峰の師友たち』教文館、二〇一三年、参照）。

これが、写真も個人情報もない尚之助なら、あまり文句は出ません。役者の人選も楽です。苦情はどこからも来ないはずです。

ほかにも体格や容貌が、実物とは違い過ぎる、と言えば、誰しも八重と綾瀬はるかサンを思い浮かべます。学内の学生ですら、「きれい過ぎる」、「スリム過ぎる」と言っておりますから、これも一種のウソに入りかねません。

周りの男性が、どんどん老け役になるにもかかわらず、綾瀬さんだけは、ドラマが最終回になるまであまり年をとらなかった、ともっぱらの評判でした。

小道具

完全なウソとは言えないまでも、道具にも工夫が要ります。必要な小道具がなければ、新調しなければなりません。戦国時代で言えば、古文書が残っていない場合は、「武将に成り代わって」新たに作らねばなりません。小和田氏は、「それらしい文書」、極端に言えば「偽文書」を何通も作ったと告白されています（『歴史ドラマと時代考証』一〇一頁以下）。

「八重の桜」の場合でも、ニセモノが新調されました。必要な手紙は、無ければ誰かが代筆しなければなりません。封筒の表書きのために、山本家や新島家、同志社などの住所を聞かれました。変わったものとしては、山川健次郎のイェール大学卒業証書が、佐川官兵衛や兄（山川浩）に見せるために、「それらしいもの」が新調されました。新島の卒業証書（アーモスト大学などの）を参考にすれば、と軽く考えていましたが、同志社（新島遺品庫）にもなぜか残っておりません。場合によっては、文書では貰っていなかったのかも、と思ったくらいです。

セット

小道具とならぶ大事な作り物、それがセットです。「八重の桜」では、前半はお城（鶴ヶ城）、後半は新島家の自宅（新島旧邸）が、メイン・ステージでした。

新島旧邸は、一昨年までは週三日の公開（予約不要）でした。月に五百人の見学者があれば、上々でした。それが昨年は、週六日の公開（それも予約制）にし、スタッフも三人から十人に増員いたしました。行楽シーズンには、一日五百人という入場制限を突破する日も多く、予約なしで来られた見学者を「非情にも」玄関払いする、という非礼なことさえせざるをえませんでした。

この新島旧邸は、かなり正確に渋谷の放送センターに「移築」されました。現地ロケを避けるためのセットです（ロケと言えば、結局、京都・同志社ロケは、一度もありませんでした。必要な場合は、CG加工でした）。昨年八月に新島旧邸を初めて訪れたオダギリジョーさんは、NHKのセットの凄さにあらためて感心されたようです。現物がセットにそっくり、という逆の反応です。

ただし、まるごとの移築じゃありません。多少、「改築」されています。NHKなりの意図があったのでしょう。変更に関しては、私はノータッチです。苦心談も含めて、NHKは次のような楽屋話を「八重の桜」公式HPに上げています。題は「新居のセット完成」です。

「新居のセット完成」（一）

「九月二十九日の放送で、襄と八重の新居がようやく完成します。そこで今回は『八重の桜』版・

新島邸の見どころを、HP編集部のクジラがお届け！

スタジオに建てられた、二階建てのモダンな新島邸。実際に襄と八重が住んでいた、京都に残る新島旧邸を参考につくりました。一階と二階にはバルコニーがあり、外観は洋館そのもの。ですが、外壁は〔柱を露出させた〕和風な真壁《しんかべ》という〝和に洋を取り入れた〟襄と八重らしいおウチ。

それでは、家の中へ！まず玄関を入ってすぐのところにあるのが、十八畳ほどの洋室です。新島旧邸の天井の壁紙には模様があった——ということで、『八重の桜』ではそこに少しオリジナリティをプラス。京都の紙屋さんにつくってもらった唐紙《からかみ》を天井に使い、角度によって柄が出るよう工夫しました」。

「新居のセット完成」(二)

「また、実際に八重たちが使っていたテーブルは六角形ですが、ドラマでは登場人物の多さを考慮して八角形に変更してあるんですよ！八重が愛用していたというオルガンもここに！

続いて、台所へ。当時の台所は土間形式が一般的でしたが、新島邸は床板を張り、その上に流しを置く現代の台所と変わらないスタイル。流しの高さは、八重が使いやすいように八重の身長にあわせてつくられていたそうです。

となれば、『八重の桜』でも！ということで、流し台は綾瀬さんの身長にあわせてつくられました。また、井戸も家の中に。外に水を汲みに出る必要がなく、効率的に作業ができるということで、八重さんもうれしかったでしょうね〜。

そのほか、トイレも木製の腰掛式トイレ、つまり洋式トイレだったり、当時としては画期的だった暖炉（セントラル・ヒーティング）があったりと、西洋の文化を取り入れた邸宅。台所や応接間のほかにも、襄と八重の寝室や食堂なども登場する予定！

新居のお披露目は、九月二十九日放送の第三十九回『私たちの子ども』です。お楽しみに♪」。

現物との差

以上が、番組HPの記事です（〔　〕は本井。以下同）。実物を見学された方なら、ほかにもセットの「改築」箇所はすぐにわかるはずです。テレビ映りが映《は》えるように内装などが、変更されています。たとえば、襄の書斎には、ロフトに上がるような小さな階段が新設されています。けれども、実物を見慣れた者には、どうしても違和感が伴います。

会津の山本家にも庭に小さな橋が架けられていました。京都でも覚馬の書斎には、小さな階段（棚？）が、ありました。大道具さんは、どうも階段がお好きのようですね。現物が平板な場合、セットではどうしても立体感を出したいのでしょうね。

セット作成も、現物の修正・変更（論文なら改ざん）という点では、ストーリー（脚本）作りとまさに同じですね。ドラマ性への配慮からです。

仏間

山本家の住居に関しては、会津にしろ、京都にしろ、誰も見取図なんか見たことがありません。だから、セットは自由に設計されています。その点で、ちょっと困ったことが起きました。

京都に移ってから、佐久（八重の母）が仏壇を拝むシーンが何度か出ました。山本家には仏間があったとしても自然です。しかし、京都ではわりあい早くに佐久は、洗礼を受けましたので、仏壇を拝むことをしなくなったはずです。なのに、亡くなった家族（権八《ごんぱち》や三郎）を弔うシーンは、仏壇抜きには、なかなか撮り難いですね。キリスト教式の弔いでは、「絵にならない」からです。

ですが、信徒になった佐久が仏壇を拝むことは、事実に反しますから、ＮＨＫに注文をつけました。でも、最終的に当初の案が通りました。「それでは、佐久の洗礼の時期を延ばすことにさせてください」と言われてしまいました。迷案です。

ドラマ性優先の創作

現実性よりもドラマ性が優先された例として、もうひとつ「小さなウソ」を挙げてみます。ひとつは、京都の山本邸です。ドラマでは、新居が竣工するまで、襄と八重は、新婚生活をここで送ります。襄は、すでに結婚前から同家に居候《いそうろう》していました。

この点は、会津時代の尚之助・八重夫妻と同様です。覚馬や佐久と同居するほうが、「ホームドラマ」のように出演者の出番が多いうえに、ストーリーも作りやすいためです。

現実には、襄・八重が新婚生活（一八七六年一月～一八七八年八月）を過ごしたのは、別の家です。岩橋元勇の持家を借家しました（拙著『京都のキリスト教』九二～九四頁、日本キリスト教団同志社教会、一九九八年）。

それが一八七八年九月に至って、いまの新島旧邸が竣工し、初めてのマイーホームが持てるようになりました。ドラマでは、この時、襄はここへ群馬県安中《あんなか》から両親を呼び寄せます。が、実際は、岩橋家から町屋を一軒、借家した直後（一八七六年四月）に呼んでいます。ドラマより二年半、早いのです。その日のうちに、山本家の人たちにも会っています（⑧一五四）。

この時、京都に来たのは、両親だけじゃありません。襄の姉と甥（義理です）もいっしょです。ですが、ドラマでは、姉と甥は重要じゃないというので、「末梢」されました。だから、ふたりの出番はまったくありませんでした。

上手に騙される

さて、「八重の桜」が終わって一か月が経ちました。以上のことを弁《わきま》えたうえで、観ていた方が、はたして何人いらっしゃったでしょうか。ネタバレを聞いて、「そうやったんか」と改めて、感心したり、がっかりされたり、でしょうか。

その一方で、実像が不明の尚之助はもちろん、八重も襄も、虚像と実像の間を行ったり来たりしているな、と推察したり、史実を思い巡らしたりしながら、ご覧になっていた方もおられたでしょうね。

そうなんです。冷たいアラ探し目線や、厳しい観察眼だけじゃなく、上手に作られたウソを楽しむ、といった余裕の気持ちで鑑賞するのが、歴史ドラマの「正しい観方《みかた》」じゃないでしょうか。手品と同じで、「上手に」騙《だま》されること、これがドラマを楽しむコツです。

「高貴なウソ」

何度も繰り返します。大河ドラマとて、ドラマですから、ウソが混じります。ウソと言えば、「高貴なウソ」(noble lies) が有名です。

政治や外交、戦争といった領域でよく使われます。ギリシャの哲人、プラトンが言い出して以来、現実社会では許されるウソがある、いや、統治者は国家の善のためには民衆を騙《だま》すようなウソをつかなければならない、と信じられています。

であれば、創作物のドラマの場合なら、「高貴なウソ」はもちろん、あれこれマイナーな虚構が手法として許されるのは、なおさら当然だとは言えないでしょうか。

トリックのネタ

ドラマ上、よく出来たウソは、「ホントは事実じゃないが、こうするしかないか」と観る人を納得させます。「よくもあそこまでの虚構を思いつくね」、「ひたすら脱帽」といった受け止め方が、観ている側に自然に生まれる、それが出来れば秀作ドラマなんでしょうね。

結論として言えるのは、そういった視線や視点でドラマを鑑賞したほうが、ヨリ楽しめますよね。大河ドラマは、所詮《しょせん》「娯楽番組《つくりもの》」なんですから。

時代考証は、手品のトリック作りに通じるかも知れませんね。「騙《だま》し」のテクニックを認知したり、こちらからスタッフに伝授したりするなど、さながら騙しの共犯者です。

今日は、後世のために史実を記録として残すだけじゃなく、多少の罪意識に駆られて、トリックの種明かし（ネタバレ！）をしてみました。

（生涯学習・ボランティアフェスティバル講演会、岐阜市生涯学習センター、二〇一四年一月一八日）

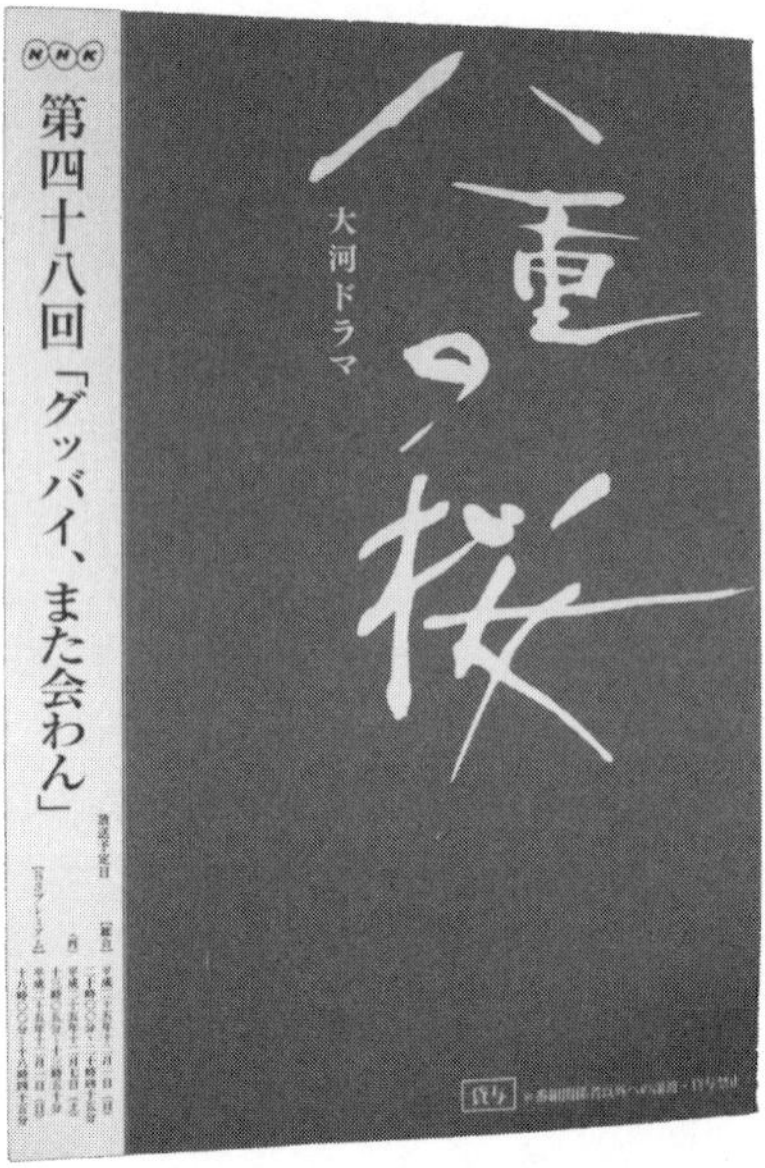

「八重の桜」台本

↙にいますように」である。ならば、別れの言葉というよりも、祈りである（越川弘英「God Bye in Peace」161頁、『月刊チャペル・アワー』281、同志社大学キリスト教文化センター、2013年1月）。

もし新島が臨終の床で、八重に対して「グートバイ」を「神共にいまして」の意味をこめて言ったとしたら、彼の別の送別メッセージが想い出される。第1回同志社英学校卒業式（1879年）の校長式辞の中で、最後に披露した次の言葉（原文は英文）である。

「行け、行け、行け、心安らかに。雄々しくあれ。奇しきみ手、汝を導かん」。

卒業生と八重のそれぞれに与えた裏のふたつのメッセージには、共通する聖句（旧約聖書）が潜んでいるように思われる。

「わたしは、強く雄々しくあれ、と命じたではないか。うろたえてはならない。おののいてはならない。あなたがどこに行っても、あなたの神、主は共にいる」（「ヨシュア記」1章9節）。

コラム(1)

八重への最期のことば

──「狼狽《ろうばい》するなかれ。グートバイ。復《ま》た遇わん」──

襄が大磯の臨終の場（1890年）で、八重に直接語った最期のことばである（拙著『八重さん、お乗りになりますか』80頁）。大河ドラマのセリフでは、「グッバイ、また会いましょう」に変えられていた。

ちなみに、これ以前に襄が八重に言った言葉がある。同僚宣教師のJ・D・デイヴィスによると、八重が襄に着替えをさせた時、ふとしたはずみで激痛を与えてしまった。「あっ痛い！」と悲鳴を上げた後、襄は「善良な人たちに裸にされたのは、これが初めて」と言ったという（J・D・デイヴィス著、北垣宗治訳『新島襄の生涯』188頁、同志社大学出版部、1992年）。

ちなみに、「グートバイ。復《ま》た遇わん」であるが、「グートバイ」などという英語が、当時の日本でふつうに使われていたかどうか、定かではない。が、襄なら日常的に使っていたとしても、少しも不思議ではない。現に八重宛ての手紙に、一度「グードバー」を使っている（③二六八、拙著『日本の元気印・新島八重』218頁）。

今なら「グッドバイ」である。Good bye は、もともとは God be with you. を縮めたもの、という。つまり、「さようなら」の真意は、「神があなたと共↗

九州から見た「八重の桜」

やっと大分に

なぜか大分県とは縁がありませんでした。今回が初めての大分入りです。実は同志社高校二年生のときの修学旅行が、九州でした。が、夜行列車で目が覚めたら大分を通り越して、宮崎でした。宮崎各地を巡った後、鹿児島、熊本、阿蘇を回って京都に帰りました。

その後、新島研究が職務になってからは、すでに十回近く九州に調査や見学に来ております。ですが、大分は別です。残りの県は、すべて行っております。不思議なもんで、八重さんのおかげでやっと今回、大分に来ることができました。

昨日は、国東《くにさき》市のアストホールでした。男女共同参画講演会で、「八重の桜」を話題にしました。八重こそ、男女共同参画の絶好のモデルです。もちろん、夫の裏が、これまた現在でも珍しいほどの男女共同参画のよき理解者でしたから、八重は幸せ者でした。なにしろ夫婦相互の呼び方が、「八重さん」、「襄」ですからね。今だって、ヒンシュクを買うほどの「過激」さですよね。

そういった話に四百人以上の方が耳を傾けてくださり、イベントは盛況でした。これも市長さん（三河明史《あきふみ》氏。たまたま同志社の卒業生でした）が、陣頭に立って、力《りき》を入れられた結果でしょうね。

ついで今日は、大分市です。舞台をトキハ会館に移し、同志社大学キャンパス・フェスタin大分のイベントです。あらためて、皆さまを心から歓迎いたします。

縁が薄いのは新島も

実は、新島襄という人も、私と同じくらい、大分とは縁が薄い存在です。生涯でただ一回、船の乗り換えで大分に立ち寄っただけですから。

彼は二度、九州伝道に来ております。詳しいことは、学内誌の『One Purpose』に連載した拙稿（紀行文）で、すでに紹介していますので、今日はかいつまんで、要点だけ申します。

一回目は、同志社英学校の卒業式直後のことです。第一回の卒業式が行なわれたのは、一八七九年六月十二日のことです。いわゆる「熊本バンド」と呼ばれた学生の中から、「バイブル・クラス」（要するに神学科です）の学生十五人が、同志社から巣立って行きました。小崎《こざき》弘道、金森通倫《みちとも》、横井（当時は伊勢）時雄、市原盛宏《もりひろ》、海老名弾正《だんじょう》、不破唯次郎といった面々です。

新島は式を終えた一週間後（六月十九日）に、卒業したばかりの小崎弘道（「熊本バンド」のリーダー格です）を伴って、神戸を出港し、宮崎、鹿児島伝道に出かけます。

最近、明らかになったことですが、京都を発ったのは、前日（十八日）の午後で、宿泊は神戸の宣教師、D・ジェンクスの家で厄介になっています。一方、同行した小崎の動向は不明です（J.H.Neesima to D.Jencks,June 18,1879,Kioto)。

神戸から宮崎に直行する船便がなかったのか、新島と小崎は、国東半島南の佐賀関《さがのせき》で船を乗り換えております。宮崎に着いたのは、神戸を出港してから、なんと一週間後のことでした。

新島が逮捕される？

この時の宮崎伝道は、主として小崎が担当します。新島は宮崎伝道を小崎に任せて、ひとり鹿児島に出向きます。おそらく会衆派（特に日本人牧師）による鹿児島伝道の最初のケースと考えられます。新島が鹿児島に滞在中、彼が逮捕されるかもしれない、という緊急事態が発生しました。東京政府が、「詐欺罪」で新島を捕まえる、逮捕されれば、禁錮十年の刑に処せられる、との情報が、東京から同志社の留守部隊に入ったのです。宣教師（外国人教員）は大パニックに陥ります。「早急に帰校されたし」との電報が、鹿児島に発信されます。

この衝撃的な事件は、日本側のどの資料にも記載されていなかったのですが、ミッション資料（宣教師の手紙）の解読を進めた結果、解ってきました。私は早くに「新島襄、詐欺罪で逮捕か」一～三（『基督教世界《キリスト》』一九九六年五月一〇日～七月一〇日）で紹介したのですが、ほとんど注目されていません。最近、あらためて拙著『アメリカン・ボード二〇〇年』（一三五頁、二三四頁、思文閣出版、二〇一〇年）に入れておきました。

宮崎伝道に関しては、小崎が次のように誇らしげに回想している文章があります。

「新島先生は、学校の用務の為、三週間にて辞し去られたが、私は一人止て伝道し、又、宮崎、砂《さ》土原《どはら》、高鍋、本庄〔国富町《くにとみ》〕、竹岡、都城《みやこのじょう》等を巡回し、殊に高鍋には一箇月許《かばか》りも滞在して、毎日、聖書の講義をした。

後日、同地と宮崎とに教会の設立せられたのは、之《これ》が遠因となったのである」（同前、一三二頁。小崎弘道『七十年の回顧』四八頁、警醒社、一九二七年）。

小崎はここでは「学校の用務」としか記してはいませんが、実はこれが、逮捕事件を匂わす文言です。

「詐欺罪で逮捕」のウワサ

一方の新島としては、せっかくの九州伝道ですから、早期の帰宅には気が進みませんでした。ですが、電報が次々と来るものですから、やむなく鹿児島伝道を中断して、京都に引き返えさざるをえませんでした。

それにしても、新島が「詐欺罪」というのは、どういうことでしょうか。文部省や外務省あたりの捉え方では、「日本人の学校」だからというので、同志社を認可してやったものの、現実は「アメリカの学校」じゃないか。給与や経費は、すべてアメリカ（ボストンのミッション本部）から送金されている、新島本人の給与さえそうではないか。これではとうてい「日本人の学校」とは、呼べない。政府としては新島に騙された、というのです。

結局、この時は新島がミッション本部に泣きついて、必要な資金は今後、ミッション幹事のジェンクス（神戸）ではなくて直接、自分に送金してもらうようにしてもらって、逮捕や廃校の危機を免れています。

こうしたことから言えることは、最初の九州伝道は新島にとっては、不本意であるばかりか、不愉快な体験でした。行程そのものは、約一か月でした。新島としては、予定よりも短く、中途半端に終わった出張でした。だから、一種のリベンジを早急に敢行したい気分だったはずです。

二度目の九州伝道

その機会は、意外に早く訪れました。翌年（一八八〇年）の秋には、二度目の九州伝道に取り組むことができました。岡山（金森通倫の伝道地）と今治（伊勢時雄）で教え子たちの伝道を手助けした後、新島は海路、下関を経て、博多（不破唯次郎）へ入港しています。博多、熊本、阿蘇などをめぐって伝道やら観光をしております。

主な訪問先は、「熊本バンド」の里めぐりを兼ねて、教え子の教会や伝道地でした。新島はあちこちで、必要なサポートを試みました。

ただ、この時も、大分はスルーされています。「熊本バンド」との接点が、まるでないことが、主な要因でした。それでも、八重と大分の接点よりかは、まだマシです。彼女が西日本で行ったのは広島、今治止まりですから。だから、残念ながら、今回の大河ドラマには大分県は出てきません。

大分と言えば、大学なら立命館アジア太平洋大学（ＡＰＵ）と慶應義塾（福沢諭吉）です。中津出身の大分県人、福沢先生も、大河ドラマに出ることは出ます。ただし、顔じゃなくて、名前だけ。つまり、他人のセリフの中に出て来るだけです。

慶應義塾と大河ドラマ

新島襄がジャンジャン出るのに、福沢諭吉が顔も出さないのは不公平、といった不平や不満が、大分や慶應から出るんじゃないでしょうか。なにしろ、福沢先生はこちらではお菓子にもなってるくらいのカリスマ偉人、超有名人です。昨日、お土産屋さんで「発見」してびっくりしました。「壱万円札《さつ》お札せんべい」。なんとお札の表側が煎餅《せんべい》に焼印されています。だから福沢の顔も、です。ですが、このお菓子、買っても、もらっても、さあどうでしょうか。なんだか、福沢先生を食い物にするような気がして、食べにくいんじゃないでしょうか。

ドラマに福沢が出ない代りに、慶應ボーイが配役に入っています。小崎の役をする古川雄輝《ゆうき》という俳優です。在学中に「ミスター慶應」に選ばれた、という長身のイケメンです。彼が慶應を代表してドラマに加わっている、と思ってください。

小学生から高校生まで、カナダやアメリカに十一年間住んでいた関係で、英語力は凄いです。ドラマでも英語で新島に喰ってかかっていましたね。本物の小崎は、英語が喋れたとしても、（後輩の徳富蘇峰などによると、他では通じない）熊本訛りだったそうですよ（本書八五～八六頁参照）。

同志社関係者のキャスト

ちなみに、ついでに申しますと、「八重の桜」に出演している同志社関係者は、四人います。生瀬《なませ》勝久（役は勝海舟）、松方弘樹（大垣屋清八）、小市《こいち》慢太郎（古川春英）、それに木下政治（内藤新一郎）です。

それ以外にも、実は「八重の桜」の演出（チーフ）を受け持つNHKディレクターも、いくぶんかは同志社関係者です。加藤拓氏です。京都大学のOBですが、在学中は一時期、同志社大学の演劇サークル、「第三劇場」のメンバーだったといいますから、びっくりです。活動時期はともかく、生瀬、小市両氏と同じサークルだったことになります。

松方弘樹さん（私の高校の同級生）に関しては、前に紹介しました（拙著『八重さん、お乗りになりますか』二二二～二二三頁。『八重の桜・襄の梅』一三四頁）。勝海舟を演じる生瀬勝久さん（五十一歳）は、記者会見の席では、こう語っています。「大河のお話をいただき、同志社大学出身の私についに新島襄の役が来たか――と思っておりました」。「が、今年五十二歳になる私が、綾瀬さんとは釣り合いませんし、そもそも卒業に六年かかったのがネックになったので、新島役はお断りしました」とジョークをまじえてあいさつし、並み居る記者たちの笑いを誘ったそうです。

小市慢太郎

意表を突かれたのは、会津藩士の古川春英役を射止めた小市慢太郎さんです。ドラマでは、会津藩出身の医師である古川が、八重たちに天然痘の予防接種を行なうシーンがありました。蘭学者、眼科医でしたから、覚馬との接点も生まれます。籠城戦開始の直前には、「敵に奪われる前に日新館を焼き払った」と八重に告げます。さらに、城内では、負傷兵の救護に当たる古川を八重たちが助けます。古川を演じた小市氏は、会津戦争の印象を「痛い」とか、「辛い」とか、位置づけています。「吉川春英という人も、生命を救うはずの医者なのに、会津藩士として戦いを受け入れざるをえない、という矛盾を抱えている」点を痛いとみます。

さらに、「人を生かしていくために蘭学を学んだのに、周りはどんどん死に向かっていく。やっていてすごく辛い人生だと思いましたね」とも述懐されています（『同志社時報』一三六、四頁、同志社、二〇一三年一〇月）。

意表と言えば、木下氏もです。なんと私がついこの間までおりました神学部の卒業生なんです。米沢で八重たちが避難生活を送ったさい、彼女らの面倒をみた内藤新一郎（米沢藩士）の役をしています。私は内藤家から、新一郎の写真をもらって紹介したことがあります（『八重さん、お乗りになりますか』口絵⑦、⑧）。だから、木下氏の起用にびっくりです。

さらに毎月、タイトルバックが作り変えられていますが、それを担当するクリエーターに同志社の関係者が何人も混じっています。

佐賀と大河ドラマ

話を九州に戻します。大分の次は、佐賀です。佐賀の関係者で大河ドラマに絡んでくる人物は、ふたりいます。江藤新平がドラマの前半に、そして大隈重信が後半から顔を出します。

小野組転籍事件で京都府知事が収監された際、八重は山本覚馬に同行して東京に行き、江藤に陳情したことがあります。その時の印象は相当に悪かったようで、江藤が亡くなった時は、ふたりして溜飲を下げた感があります。

一方、大隈は東京専門学校（後の早稲田大学）の創設者というより、政治家として「八重の桜」に登場します。予想以上の出番です。明日（十月十三日）の放映が、まずはデビューです。大分の皆さま、ぜひご覧下さい。いずれ、新島のために外相官邸で、同志社大学設立募金集会を開いてくれる、という話題も取り上げられます。

新島と大隈との間にはそうした交流があったために、新島死後も両校の関係は続きます。現に、この夏休み（八月下旬ですが）、同志社は早稲田と組んで、八重関連の「連携科目」を開講しました。一週間の集中授業でして、前半には早稲田で、後半は京都で授業を受けるというスタイルでした。私もスタッフの一員でしたから、八重に関するレクチャーやら八重市内ツアアなどを実施しました。

こうした連携や交流は、慶應義塾との間には、なぜか存在しません。

篤志看護婦

その他、佐賀と言えば、先々月（八月）に佐賀市に招かれたさい、佐野常民《つねたみ》記念館で珍しい展示をしていることを初めて知りました。「篤志看護の双華　新島八重と山川捨松」と題した企画展示です。佐野という人は、西南戦争の際に「博愛社」を立ち上げた功労者です。今の日赤の前身ですから「日赤の父」と呼ばれていますね。ちなみに「日赤の母」は大給恒《おぎゅうわたる》で、私の同郷人（三河）です。

ちなみに八重は、佐野や大給の名前が入った感謝状を何枚か日赤からもらっています。八重が、日赤会員になるのは、襄の死後です。日清・日露戦争の時には、会津戦争の折の籠城体験を活かして、篤志看護婦（ボランティア・ナース）を志願します。その母胎である日赤篤志看護婦人会を組織した有力者が、大山捨松《すてまつ》です。少女時代、八重たちと鶴ヶ城に籠城した会津女性のひとりです。

山本峰

佐賀講演の際には、こんなこともありました。嬉野《うれしの》市長（同志社卒の谷口太一郎氏）から、「ウチの観光大使をやってもらっています」とあいさつされました。聞けば、「大河にも出ます」というではありませんか。三根梓《みねあずさ》サンという女優で、山本峰（山本覚馬の娘）の役をする、というのです。ダイキンのテレビCMでも活躍した、という人気者です。

さらにびっくりしたことに、彼女は現役の大学生、しかも早稲田の三年生だそうです。慶應の古川がミスター慶應なら、早稲田からは元モデルが抜擢されたというわけです。

三根梓サンは、明日のドラマ（第四十一回）で主役です。「熊本バンド」のひとり、伊勢時雄と結婚して、今治に赴任するという展開です。八重は京都では、この姪の母親代りの働きを自分に課していましたから、姪っ子に会うために、今治を訪問しております。

鹿児島と大河ドラマ

新島は佐賀をす通りしただけですが、隣りの長崎へは足を踏み入れています。ただし、乗った船が一時寄港したさいに上陸し、買い物を楽しんだだけですが——これは二度目の外遊の時（一八八四年）のことです。が、「八重の桜」のストーリーには関係ありませんから、このシーンはドラマには出ません。

長崎が出るのは、覚馬がらみです。銃の買付けと眼の治療のために一度来ていますから。

もっとよく出るのは鹿児島です。新島が伝道に出かけたからじゃありません。戊辰戦争の「勝ち組」ですから。西郷隆盛、大久保利通、大山巌、寺島宗則といった錚々《そうそう》たる有力者が顔を揃えます。

一週間前のドラマ（第四十回）でも、新島校長は寺島から「同志社を廃校する」との通達を受けます。新島があわてふためいて外務省に陳情に行く、というシーンがありましたね。

「薩摩の女学生」

さらにNHKは、「私たちの子ども」（第三十九回）というタイトルで、小松リツという女学生を主役にしました。

元々のシナリオでは、当初のタイトルは「薩摩の女学生」でした。九州から見れば、この方《ほう》がはっきりしますね。変更の決め手は、襄の次のセリフです。

「早くよくなって、学校へ戻って来て下さい。あなたを失いたくありません」。「私は同志社を単なる学校ではなく、ひとつの家族として、生徒たちと共に生きる場所にしたいと願って来ました」。

八重が、彼女に土下座をして謝罪したことが、放映後、視聴者の間で話題になりました。

彼女は、架空の学生です。NHKはリツを使って、出来すぎのストーリーを考えました。会津戦争で八重から父親を射殺された女性が、八重の働く同志社女学校に入学した、というスゴイ設定です。

結核にかかった彼女を、襄と八重は寄宿舎から自宅に引き取って、わが子のように看病いたします。

新島夫妻がこのように、病気になった学生や教職員をわが家に引きとって看病したり、寄宿生を二階に住まわせて学校に通わせた、というのは事実です。

本命は熊本

九州ではなんと言っても熊本です。「八重の桜」に密接にリンクします。絆は大きく分けると、「熊本バンド」と西南戦争の二本です。

まずは、「熊本バンド」ですが、要点だけをお話しします（詳しくは本書八〇頁以下を参照ください）。熊本洋学校から、在校生（転校生として）や卒業生（入学生として）が、あわせて三十数名、同志社に来てくれました。同志社（男子校）が開校した翌年（一八七六年）と翌々年のことです。リーダー格の小崎弘道を筆頭に、金森通倫、伊勢（横井）時雄、海老名弾正といったメンバーです。異色なのは、徳富猪一郎（蘇峰）で、ドラマでは八重や襄との絡みのシーンが、一番多く用意されています。

ついで、西南戦争です。これも熊本城をめぐる攻防が中心です。九州での戦闘が、「八重の桜」の京都時代に、唐突に顔を出すのは、なぜか。「第二の会津戦争」といった性格をもった反政府軍の反乱だからです。

この戦争で、新政府に反旗を翻した西郷軍は、田原坂《たばるざか》の戦いで新政府軍の抜刀隊にしてやられます。結局、これが命取りになって西郷は自害します。抜刀隊の主力として参戦したのは、会津の元藩士たち（巡査）です。この戦闘で、会津戦争で蒙《こうむ》った「逆賊」の汚名をようやく晴らすことができた、というわけで、佐川官兵衛始め、彼らの積年の胸のつかえが一挙におります。

九月からは

さて、「八重の桜」は、八月から京都時代に入っております。会津時代に比べて、今ひとつ、視聴率が取れておりません。「ホームドラマになったよう」とも、「朝の連ドラみたい」と皮肉られたりしています。なかには、「同志社に興味ないから」と敬遠されがちです。いろいろな要因が重なっているのでしょうが、前途多難です。ＮＨＫスタッフとしては、「去年の平清盛の数字をなんとか越えたい」と念じていると思います。

幸いにも（失礼！）、九月になってから、人気番組の「あまちゃん」と「半沢直樹」が、終わりました。視聴率を独占していたかのような両番組から、視聴者が大河の方に流れてくれれば、準スタッフの私としてもうれしいのですが――

（同志社大学キャンパス・フェスタin 大分、大分市トキハ会館、二〇一三年一〇月一二日）

(2)「はるか桜」

(2)「はるか桜」(同志社大学今出川キャンパス)

綾瀬はるか命名の新種の桜。福島県から寄贈され、2014年2月26日、全国に先駆けて同志社（クラーク記念館東北角・寒梅軒東側）に植樹された。

(3)「容保桜《かたもり》」(同志社大学今出川キャンパス) 2本

2013年2月26日に彰栄館前に並べて植樹された（拙著『八重の桜・襄の梅』口絵④)。当時は、約80センチだったのが、1年後の今春、すでに2メートルを超える。

(4) 紅八重枝垂《しだれ》桜（新島旧邸）

本書口絵④を参照。

以上の「転校生」たちは、同志社創立150年を迎える2025年には、花見が楽しめる樹木に成長しているであろう。

コラム(2)

同志社に植えられた桜

「八重の桜」を契機に、同志社は急速に桜づいた。桜が梅を押しのけんばかりの勢いである。新たに加わった桜は、以下の６本。

(1)「新島八重の桜」と「新島襄の桜」

(1)「新島八重の桜」と「新島襄の桜」(新島会館前庭)

同志社校友会が2013年11月４日に植えた２本の八重桜。「新島八重の桜」、「新島襄の桜」と命名された。花をつけるには10年近くかかりそうである。

コラム(3)

無名の主人公

2015年の大河ドラマ主人公が、2013年12月に発表された。吉田文《ふみ》である。八重以上に無名、ともっぱらの評判である。八重はいつの間にか、「無名」の標本木（基準値）となった感がある。

八重に関係する著作は、最終的に160種類近くに上ったという。毎年の大河主役の本として、異例の多さである。それだけ無名であった証拠である。

吉田文に関しては、「八重のさらに上を行くマイナー路線」と言われたりしている。しかし、公平に見れば、やはり八重の方が吉田文よりも知名度は低そうである。その証拠に、「吉田松陰の妹」の方が、「新島襄の妻」よりも断然、通りがいい。

以下、報道記事を紹介する。

「二〇一五年のNHK大河ドラマは、女優の井上真央《まお》主演の幕末もの『花《はな》燃《も》ゆ』に決まった。三日に同局で行われた会見で発表された。主人公は、幕末の思想家・吉田松陰の妹、文。激動の幕末で長州藩に生まれ、松下村塾の塾生たちに囲まれながら、幕末・明治維新を生き抜いたヒロインが『命を燃やし、情熱を燃やし、恋の炎を燃やした』生涯を描く。

放送中の『八重の桜』の主人公・八重にも増して、一般的にはほとんど知られていない女性をヒロインにした狙いを、制作統括の土屋勝裕氏は『有名な人物は予想がついてしまうし、興味がなければ観なくなってしまう。信長や秀吉のような歴史のヒーローよりも、歴史に名を残さなかった人たちの目線が今の時代は、共感を得る上で大事なのではないか』と分析。

さらに、『いままでの大河ドラマの主人公は男で、歴史に名を残した人物が多かったと思うが、歴史に名前は残らずとも一生懸命生きた人々はいて、そこにもさまざまなドラマがある。男たちの影で、頑張っていた文の人生を一緒にハラハラドキドキしながら観ていただければ』と力を込めた」（オリコン配信、2013年12月3日）。

「八重の桜」と南北戦争

「八重の桜」プロローグ

度肝を抜くような入り方でした。大河ドラマが、いきなり南北戦争から始まるとは、誰が予想していたでしょうか。やがて南北戦争（一八六一年～一八六五年）は、自然と戊辰戦争（一八六八年～一八六九年）へと転化するというか、オーバーラップして行きます。

これは、予想外の展開です。「八重の桜」は、とても上手《うま》い導入でした。それに、新島襄（まだ七《し》五三《め》太《た》ですが）が、ボストンに上陸したシーンも、初回からちゃんと入っています。

戊辰戦争は、いわば「日本の南北戦争」です。違いは、南北間の戦いではなくて、東西戦争です。両者とも、国内戦争（局地戦の西南戦争を除けば）としては、最大の、そして最後の内戦です。戦争後、国の独立や統一がもたらされた、という点でも、共通しています。アメリカは北軍が勝利し、日本では西軍（新政府軍）が勝ち組になりました。

会津から日本の近代史を見直す

「八重の桜」には、会津の視点から日本の近代史を見直す、という大きな狙いが、当初からありました。そのためには、南北戦争から入るのが効果的、と判断されたのでしょう。この入り方には、チーフ演出を担当された加藤拓ディレクターの深い想いが、籠《こ》められています。

番組完結後、加藤氏は、そのあたりのことをこう述べられています。

「幕末と明治を会津の視点から描くということは、これまでとは異なる価値観で明治維新を捉え直すことです。そこで、『八重の桜』では物語の冒頭にアメリカ南北戦争を描くことにしたのです。これまでのような単純な新勢力と旧勢力の対峙ではなく、戊辰戦争は極東の島国が世界史の濁流に呑み込まれる瞬間であることを明確に提示したかったのです」(『同志社タイムズ』二〇一四年三月一五日)。

スペンサー銃

南北戦争と「八重の桜」には、ドラマには取り上げられなかった共通項がいくつか存在します。私は、個人的にはそれらに着目しています。そこで今日は、同志社ローカルな話題を展開してみます。

日米両国で起きたふたつの独立戦争は、時期的にとても近接しています。その差はわずか三、四年です。したがって、南北戦争後、売れ残ったり、不要になったりした銃器、兵器類が、アメリカからヨーロッパなどへ販売され、普仏戦争などで使用されました。一部は、日本にも渡り、戊辰戦争で使われたとしても、自然です。

その好例が、スペンサー銃です。一八六〇年にアメリカで開発され、南北戦争では北軍によって盛んに使われた最新鋭の七連発銃です。八重が、会津戦争中、「妾《わらわ》は常に七発の元込《もとごめ》の銃をいつでも負うておりました」と言っていた銃が、これです（拙著『日本の元気印・新島八重』七六頁）。

ドラマでは、長崎のドイツ人商人から兄の山本覚馬を介して、八重の手に入ったという設定でした。現実に、どこから入手したのかは、定かじゃありません。言えるのは、南北戦争の波紋が、鶴ヶ城で戦った八重のところまで確実に及んでいたということです。

「八重の桜」と南北戦争

ドラマの幕開け（南北戦争）と主役の八重、ならびに新島襄とのつながりで言えば、直接的な関連は、あまりありません。間接的なものならば、従軍兵士との交流です。新島夫妻は、南北戦争で活躍した幾人かの元アメリカ人兵士たちと日本で不思議な交流を展開いたします。今日の狙いは、その消息の一端をお伝えすることです。

南北戦争と言えば、北軍を勝利に導き、南北統一を成し遂げたA・リンカーンです。が、さすがに、リンカーンと新島夫妻とは、直接の接点はありません。ですが、ドラマでは八重との関連が、ちょっとしたエピソードに仕立て上げられました。

八重が、京都の府立女学校（女紅場《にょこうば》）の教員を務めた時、ゲティスバーグでリンカーンが行なった演説を女学生に暗記させるシーンが登場しました（第三十三回）。多分に創作です。同志社男子校なら「演説」の授業がありますから、十分にありえる教材です。

新島と南北戦争

一方、新島の方は、いま少し、現実味を帯びるエピソードが残っています。函館から密出国をしたのが、一八六四年七月十八日の真夜中。そしてボストン港に着港したのが、ほぼ一年後の、翌年の七月二十日でした。南北戦争が終ったのが四月九日ですから、終戦三か月目のことです。

新島がこの時期にアメリカに着いたことは、彼の人生にもその痕跡を残します。彼は当時を回想して、こう述べています。

「〔ボストンに近い〕コッド岬の近くまで来たとき、一人の漁師から南北戦争が終わったこと、リンカン大統領が暗殺されたことを知らされた。船〔ワイルド・ローヴァー号〕はゆっくりとボストン港に入って」行った、とあります（編集委員会編『新島襄全集』第一〇巻、四八頁、同朋舎出版、一九八五年。以下、⑩四八）。

ボストン入港の時期

新島の最初のアメリカ体験は、奇しきことにリンカーン暗殺情報でした。このことが暗示しているように、新島が渡米した頃のアメリカは、彼にとって、けっして良好な環境ではありませんでした。だから、現実に入国できるまで、新島は船の見張り番や手入れ、清掃のため、何か月も船内に逼塞《ひっそく》、というか住み込むことを余儀なくされました。

他の船員のように、帰る場所もありません。それ以上に、留学のために、これからの生活費や教育費を支給してくれるスポンサーが現われるまで、ひたすら待機せざるをえませんでした。新島には働きながら学ぶという発想は、もともとなかったようです。ですが、スポンサーを見つけるには、時期がきわめて悪すぎました。

「波止場《はとば》で出くわす人は、次のように言って、私をこわがらせました。陸の上じゃ、おまえなんかを救ってくれる人は、一人もありゃしないよ。南北戦争このかた、何もかも高くつくようになったんだからな。まぁ、もう一度、海に戻ることだな、と」。

待てば海路の日和あり

新島とて、好んでこの時期を選んだわけじゃありません。戦後の不景気に遭遇して、スポンサー探しは、難航しました。彼は南北戦争を恨んだかも知れませんね。先行き不透明という不安のあまり、「まるで気がふれた人のように」なった、と胸の苦衷を告白するのも当然ですよね（⑩一七）。

それでも、「待てば海路の日和《ひより》あり」です。ワイルド・ローヴァー号の船主（A・ハーディ）が、新島を「養子」のような形で家族に迎えてくれることになりました。十月中旬でした。三か月に及ぶボストン港内での苦しい船上生活が終わり、ようやく入国できることになったのです。函館から始まる「海の生活」がここに終わりを告げ、十五か月振りに「陸《おか》の生活」に戻れました。夢に見た留学生活の始まりです。

皆さまの同志社小学校では、六年生が修学旅行でニューイングランドに行きますね。ボストンでは、ハーディさんの旧宅も見学します。皆さまのお子さんが、小学生で新島ゆかりのボストンやその周辺を廻れるなんて、羨ましい限りです。私も仕事柄、ボストンはこれまでに十回近く行っておりますが、初めて行ったのは、三十九歳の時でした。出遅れもいいとこです。

ラジオドラマ「自由を護った人」

新島がボストンに着いたのは二十二歳でした。その状況は、今言ったように厳しいものでした。が、ラジオ劇の台本、村上元三「自由を護った人」（文部省教科書『高等国語』二下、三三頁、教育図書、一九四七年）では、今少し明るく描写されています。南北戦争なども、肯定的に捉えられています。密航先としてなぜアメリカを選んだのか、と聞かれた新島は、台本ではこう答えています。

「そのころアメリカは、南北戦争の最中だったが、それがあの国の偉大な経済の一転期をなすものであり、今後の世界文化はアメリカに咲くべき運命にある、と私は信じたからだ」。

うーん、これは、作者のフィクションでしょうね。新島はそもそも日本を脱出する前から南北戦争を知っていたでしょうかね。仮に知っていたとしても、その時期と場所に狙いを定めて密航することは、手段がヒッチハイクだけに考えられません。

大統領選挙と大統領の暗殺

では、時期はともかく、新島があれほどの危険を冒して密出国を敢行し、アメリカへ行きたかったのは、なぜか。基本は「自由を求めて」、だろうと考えられます（拙著『元祖リベラリスト』参照）。

ほかにも、いくつかの理由が考えられます。その中に、一国の指導者である大統領を国民が投票で選べる自由な国だ、といった認識がありました。封建制に縛られた日本を振り返って見て、新島は心中、こう叫ばざるをえませんでした。

「幕府は何のためにあるのだ。どうしてわれわれを自由にしてくれないのか。どうしてわれわれは、籠《かご》の鳥、袋のネズミ同然であるのか。そうだ、われわれはそんな野蛮な政府は、倒さなくてはならぬ。アメリカ合衆国のように、大統領を選ばなくてはならないのだ、と」（⑩一四）。

新島にとってアメリカは自由の国、その象徴が大統領制でした。しかし、実に皮肉なことに、それから数年後、アメリカにようやく到着という直前に知らされたアメリカ情報第一報こそ、大統領の暗殺でした。はたして新島には、アメリカの自由や大統領制への失望、懸念はなかったのか、ちょっぴり気になるところです。

三人の従軍兵士

次に紹介したいのは、リンカーンに従った北軍兵士たちです。その中に、戦争後、来日するアメリカ人が何人もいました。「八重の桜」や同志社に関係する人物だけでも、三人はいます。

L・L・ジェーンズ、W・S・クラーク、そしてJ・D・デイヴィスです。程度の差こそあれ、いずれも、新島夫妻との交流が、京都で生まれています。ただし、彼ら三人がそろって「勝ち組」であるのに対して、襄や八重は「負け組」という点が、際立っています。

三人の兵士のうち、日本人に一番名が知られているのは、札幌に来たクラークです。「少年よ、大志を抱《いだ》け」と言えば、すぐ分かります。「札幌バンドの父」でもあります。次は、デイヴィスでしょうか。同志社最初の外国人教師ですから、同志社の歴史には、必ず名前が出ます。三人中、彼だけが牧師で、あとのふたりは信徒（いわゆる平信徒《レイマン》）です。

一番、知名度が低いのがジェーンズかと思います。ですが、さすがに熊本では名が知られています。「熊本バンドの父」ですから。

W・S・クラーク

ひとりずつ、少し詳しく見て行きます。まずは、クラークです。南北戦争が勃発した一八六一年当時、彼はアーモスト大学の若き教授（化学）でした。開戦後、彼は義勇兵となった学生有志を引き連れて、最初は少佐として北軍に入り、ついには大佐となって戦闘活動を展開いたしました。その時の「戦利品」が「アーモスト・カノン」として今も学内に展示されています（本書七八頁参照）。

戦後（一八六七年）、マサチュセッツ農科大学の第三代学長に就任します。その間、学長を兼務しながら、一八七六年に来日し、札幌農学校（現北大）の教頭（プレジデント）を八か月務めたことは、よく知られています。キリスト教史の上では、「札幌バンド」の育ての父として、有名です。

けれども、クラークから「札幌バンド」の学生たちが教わる前に、実は日本人留学生がひとり、アメリカ（アーモスト大学）で彼から化学の授業を受けています。新島襄です。

新島が、高校（フィリップス・アカデミー）からアーモスト大学に進学したのは、一八六七年の秋学期（新学期）です。ちょうど、アーモスト大学の化学教授であったクラークが、となりの大学（マサチュセッツ農科大学）の学長に転出した時期と重なります。つまり、新島と入れ違いというわけです。

「私が教えた最初の日本人学生」

ですが、化学の後任スタッフがすぐには見つからなかったので、クラークはしばらくアーモストでも、（非常勤講師として、でしょうか）化学を教えております。そのクラスに新島がいた、というわけです。習った期間は、後任が見つかるまでのほんの二か月ほどでした。

しかし、たとえ短くとも、クラークにとっては「私の最初の日本人学生」であることに変わりはありません。だから、札幌での仕事を終えてアーモストに戻る時には、わざわざ京都を訪れて、新島や八重に会っております。「京都で新島夫妻と食事をしました」と手紙でちゃんと報告しています（拙著『ビーコンヒルの小径《こみち》』一七〇頁、一七二頁）。今の「新島旧邸」が竣工する以前ですから、新島夫妻はどこで恩師を接待したのでしょうか。

クラークが育てた「札幌バンド」は、日本キリスト教史では、プロテスタント三大源流のひとつとして、知られています。メンバーとしては、内村鑑三と新渡戸稲造が突出して有名です。が、彼らは札幌農学校二期生ですから、クラークからは直接、習ってはおりません。

実際にクラークが札幌で教えた学生（一期生）としては、佐藤昌介《しょうすけ》、宮部金吾《きんご》、伊藤一隆、大島正健《まさたけ》などがいます。新島は、もちろん「札幌バンド」ではありませんが、クラークの教え子という点では、このバンドの人たちと一脈、相通じるものがあります。

札幌バンドと同志社

だからと言うわけじゃありませんが、「札幌バンド」中、少なくとも三人は、同志社で働く可能性がありました。新渡戸稲造、内村鑑三、そして大島正健です。前のふたりは、新島その人からオファーを受けたのですが、諸種の事情で同志社の教員になることを辞退しています。最後の大島は、新島の死後ですが、同志社の教師になっています。つまり、大島は「札幌バンド」の中では、一番深く、新島や同志社に接触した人物です。「札幌バンド」出身の同志社教授は、彼が最初で最後です。

大島は、札幌農学校に第一期生として入学し、クラークの感化を受けて、キリスト教に入信します。在学中に函館の宣教師（M・C・ハリス）から洗礼を受けました。クラークの名言、「少年よ、大志を抱け」は、当初は埋もれたままでしたが、その後、大島の証言により注目を浴び始め、今に伝わるようになりました。この面での彼の功績は、いたって大きいですよね。

札幌から同志社へ

大島は、農学校を出て、すぐに同校教授になります。まもなく同志と謀って教会（札幌独立教会）を立ち上げ、農学校教授の傍ら、牧師としての働きを務めます。

しかし、正規の儀式（按手礼《あんしゅれい》）を受けない牧師は、いわば無資格ですから、キリスト教の諸教派からなにかと問題にされ始めます。その結果、大島は窮地に立たされます。このピンチを救ったのが、新島です（拙稿「同志社人物誌　大島正健」、『同志社時報』一一五、二〇〇三年）。

この時の恩義を大島は、忘れませんでした。結局、大島は官立学校教授と民間の教会牧師を兼務することに異議を唱える反対勢力に追われて、一八九二年に農学校を辞職します。その際、再就職先として選んだのが、同志社普通学校の数学教員です。新島への「ご恩返し」の意味合いが強かったのではないでしょうか。すでに新島は死去していましたが、京都赴任は、八重との旧交を温める機会ともなりました。

八重とはすでに交流がありました。八重は新島に同行して、一八八七年にひと夏を札幌で避暑したことがありますが、その時に、大島家と昵懇《じっこん》になりました。夫妻して正健の息子、正満をわが子のように可愛がりました。裏は、彼を「満坊《みつぼう》」と呼んで、溺愛しました。

大島正健・正満

正満は、のちに『不定芽《ふていが》』（刀江書院、一九三四年）というエッセイ集を公刊し、その冒頭に「新島の小父《おじ》さん」と題する章を置きました。新島との消息が、興味深く紹介されています。

「八重の桜」が完結した後、NHKに問い合わせが入りました。「新島が子どもを負ぶって遊んだという話を昔、童話か何かで読んだ記憶があるが、どの童話か教えてほしい」というのです。質問は、内藤慎介プロデューサーを経て、私に廻ってきました。

新島のこの話しは、実話です。取り上げたのは童話ではなくて、教科書です。戦後間もない頃ですが、小学校六年生後期用の国民学校暫定教科書『初等科国語八』（一九四六年十一月）という一年限りの教科書（今は復刻版が、大空社から出ています）に出ております。したがって、NHKに問い合わせをされた方は、現在、七十九歳前後かと思われます。

ひと夏の札幌避暑

その教科書には、「めぐりあひ」という題で正満と新島夫妻との交流が紹介されています。大島が記した「新島の小父さん」というエッセイが、掲載されたのです。新島夫妻は、一八八七年の夏、仙台（東華学校開校式）、函館（密出国現場を再訪）を経て札幌に赴き、避暑をいたしました。二か月半にわたる長期滞在でした。

この間《かん》、八重が幼な友だちの内藤ユキ（会津出身の日向《ひなた》ユキ。ドラマでは剛力彩芽《ごうりきあやめ》）と会津戦争以来の再会を果たしたことは、比較的よく知られています。ユキの長男、一雄は、同志社に入学いたします（本書二四四頁参照）。

ほかにも札幌では、新島夫妻は大島家とも密接な交際を楽しみました。ひとり息子（長男）の満坊は、当時、三歳のいたずら盛りで、襄に思いっきり甘えました。

その甘えん坊振りが、本人のエッセイにいきいきと記《しる》されています。たとえば、襄はやんちゃな満坊を背中に負ぶります。満坊は、襄に靴さえ磨かせています。夫妻に対して「王者の如《ごと》く振舞った」その「横暴振り」が、自身のペンで明らかにされています（『不定芽』八頁）。

八重とのツーショット写真も残っています。八重も襄に劣らず、可愛がったんでしょうね。

満坊のやんちゃ振り

満坊のこうした甘えん坊振りに関しては、「襄の背中におんぶされた子は、ほかにいるだろうか」（吉海《よしかい》直人『新島八重　愛と闘いの生涯』一四一頁、角川選書、二〇一二年）と言われるくらいです。ほかにも姪っ子の娘（襄の姉、ときの孫）、速水静栄がそうでしょう。さすがに血のつながった女児ですね、三歳のころ、「いつも頬ずりして、可愛がって下さった」と新島を回顧していますから（拙著『八重さん、お乗りになりますか』二三三頁）。

新島の死後、父の同志社就職に伴い、正満も京都へ来ました。以後三年間にわたって、八重との旧交を温める機会がありました。後年、正満は動物学者として、大成いたします。

こうした交流を最初に紹介したのは、北垣宗治「大島正健・正満父子と新島襄」です。その後、同氏著『新島襄とアーモスト大学』（山口書店、一九九三年）に収録されました。これに新情報を加えたものが、吉海直人「やんちゃ満坊――教科書に載った新島夫妻――」で、同『新島八重　愛と戦いの生涯』（角川選書、二〇一二年）で読めます。

ちなみに、国語の教科書と言えば、ほかにも新島を題材にしたのがあります。一九四七年の文部省著作教科書、『高等国語』二下（三二頁以下）です。村上元三《げんぞう》が作った放送劇台本、「自由を護った人――放送劇台本――」が掲載されています。登場人物は、新島夫妻と新聞記者夫妻の四人です。シーンは、函館埠頭《ふとう》（八重を同伴して、新島が再訪した件）と新島家（新島旧邸）です（本書二八四頁）。

J・D・デイヴィス

クラークに続く、南北戦争がらみの北軍兵士、そのふたり目は、デイヴィスです。彼は戦争後、数年して来日し、新島を助けて京都に同志社を開校する宣教師です。八重の洗礼式、ならびに襄との結婚式をつかさどるキーパーソンになります。

だから、この同志社小学校でも、「デイヴィス・クラス」というのが、ありますよね。同志社では、小学生の間でも、彼の名前は浸透しているわけです。

南北戦争が始まった時、デイヴィスはまだ大学生（ベロイト大学）でしたが、リンカーンの呼びかけに呼応して、北軍に義勇兵として参加します。四年間の従軍生活で、なかなかの功績を残します。位も中佐まで昇進しました。共に従軍していた兄は、戦死します。

戦争終了後は、大学に復学して卒業し、牧師になるために大学院（シカゴ神学校）へ進みました。卒業後（一八六九年に）は、シャイアン（ワイオミング州）で牧師となりますが、まもなくして一八七一年になって、妻と共に日本伝道を志すためにミッション（アメリカン・ボード）から神戸に派遣されました。デイヴィスより三年遅れて、同じミッション（本部はボストン）から日本（大阪）に派遣された宣教師が、新島です。ふたりは、相互に協力し合って、京都にアメリカン・ボードの男子校（同志社英学校）を設立するというわけです。

闘う宣教師

デイヴィスは、経歴から見ても、軍人気質を持った人物です。宣教師になってからも、戦闘意識はたえず保持していました。だから、息子のマール（John Merle Davis）が著したデイヴィスの伝記には、『闘う宣教師（*Soldier Missionary*）デイヴィスの生涯』というタイトルがつけられています（出版された日本語訳の書名は、『宣教の勇者　デイヴィスの生涯』）。

ちなみに、息子のマールは、京都生まれで、生後二か月で父親から洗礼を受けました。同時に受けたのが、八重だったことを自身で父親の伝記の中に記しています（『宣教の勇者』一八九頁）。

デイヴィスの伝記では、南北戦争はことのほか重要視されています。その描写は、全体の約五分の一を占めています。宣教師や教師になってからも、戦闘性は消えませんでした。教え子の安部磯雄も、「如何《いか》にも軍人らしい性質が其《その》挙動に現はれて居た」と言っています（同「私の同志社在学時代」一二頁、『改造』一九二七年三月号）。

「闘うおんな」

この点は、八重の気質や波長と共通します。八重もまた「闘うおんな」でした。「八重の桜」でも、会津戦争中の「ジャンヌ・ダルク」はもとより、京都に転じてからの八重のキャラとして、女兵士から一変する女性、すなわち学問を武器にして「戦う会津女」を再現しようとしました。

襄の大学設立運動に関しても、八重は「世界中が敵《てき》でも構わねぇ。私は一緒に戦《たたか》う」と襄の大学作りにエールと決意を贈っています（台本では第四十四回）。八重の戦闘性に関しては、ドラマでは兄譲りという一面を持たせています。というのも、戊辰戦争後の山本覚馬は、薩長が見切った都（京都）を再生させることを、「おれの戦い（闘い）」と位置付けています。兄妹揃って戦います。

「戦いは面白い」と言ってのける八重が、スピーチを頼まれると、たいていは会津戦争談であったことは、よく知られています。デイヴィスの十八番《おはこ》も、南北戦争の話でした（『宣教の勇者』三四七頁）。

そのうえ、従軍の仕方という面でも、ふたりには共通性があります。デイヴィスが「義勇兵」（英語では、a volunteer。ていねいに言えば、a volunteer soldier）なら、八重は「篤志看護婦」（a volunteer nurse）です。デイヴィスと八重は、ボランティアという点でも、まさに軌を一にしました。

戦友

戦闘性は、デイヴィスや八重だけじゃなくて、新島も共有します。デイヴィスと新島は、同志社では共に敵と戦う同志、いや戦友でした。「二人は一緒になって、政府や僧侶たちの反対に直面してきた。二人は学校の命運がどちらとも定まらなかった年月を通して、共に祈り、戦ってきた」のです（『宣教の勇者』二五九頁）。

今日、取り上げます三人のアメリカ人に新島夫妻と山本覚馬を加えた場合、これら六人のうち、実戦経験がないのは、新島だけです。ですが、さすが上州の武士《サムライ》ですね。気分的には立派に戦士です。それを窺わせるエピソードが残っています。最晩年にある有力者から、「顔色が悪いので、休養されたら」と忠告を受けた時の答えが、こうです。

「ご親切、ありがとうございます。私は今や日本のため、あたかも戦場に立っている気持ちです。戦場に臨んでいる者が、一身の病気ぐらいで、どうして安らかに休養などしておれましょうか」（森中章光編『新島襄片鱗集』三四頁、丁子屋書店、一九五〇年）。

新島は死期が迫り、大磯で臨終を迎えた時でさえも、戦場での戦死が本懐、との気持ちを堅持しております。畳の上での病死を潔《いさぎよ》しとしない武士の気概でしょう。「国家多端の世の中に生まれ、しかもかかる気持ち良きベッドの上に死するは、男児としてまことに面目ない」と言ってのけて、周囲の者を慌てさせています（同前、五一頁）。

L・L・ジェーンズ

三人目の北軍兵士はジェーンズです。陸軍士官学校《ウエストポイント》を出てからの従軍ですから、れっきとした職業軍人です。しかし、不思議なことに階級は砲兵大尉（キャプテン）止まりです。義勇兵のクラークやデイヴィスが、それぞれ大佐、中佐になっていますから、どうなってるのでしょうね。

南北戦争の後、退役してオレゴンで農業をしていましたが、肥後藩が求めていた熊本洋学校の教員になるために、一八七一年に来日します。契約上、キリスト教を教えることは、控えておりましたが、洋学校に結集した天下の秀才たちからの切なる要望を断り切れずに、ついに課外に自宅で勉強会を始めます。

そこから信仰に目覚める学生がじょじょに生まれ、ついに一八七六年一月に花岡山集会へと発展します。ここで「奉教趣意書」なる文書に三十五名の学生、生徒が署名を寄せ、キリスト教による文明開化を目指すことを相互に盟約いたします。

これが、事件となって社会問題化し、洋学校は閉鎖されました。キリスト教に傾いた学生たちはジェーンズによって同志社に送り込まれます。彼らは、のちに「熊本バンド」と呼ばれるようになります。「札幌バンド」、「横浜バンド」と並んで、日本プロテスタントの三大源流と位置づけられます。

こうして、ジェーンズは「熊本バンドの父」と称されるようになります。

「熊本バンド」と新島夫妻

同志社にあらたに入った「熊本バンド」は、総勢三十数人に上ります。代表的な学生として挙げられるのは、小崎弘道、海老名弾正《だんじょう》、宮川経輝《つねてる》、伊勢時雄（横井）、金森通倫《みちとも》、徳富蘇峰《そほう》といった人たちです。

彼らは同志社に入学したものの、学業、施設の両面とも、熊本洋学校と比べてあまりの低レベルとお粗末さに一驚し、総退学を決意します。そこで、彼らはジェーンズが京都のデイヴィス宅を訪ねた機会を捉えて、恩師に相談をもちかけました。その場でジェーンズが学生を説得してくれたおかげで、最悪の事態は避けられました。

京都に来たジェーンズを新島夫妻もおそらく、自宅に招いて歓待したと思われます。ならば、八重は今日取り上げた北軍の元兵士のいずれとも、京都で面談したことになります。

同志社に留まった「熊本バンド」は、在学中、学校の基盤を作るのに大きな働きをしました。その一方で、新島や八重ばかりか、宣教師に対しても、容赦ない攻撃を加えたことも事実です。皮肉な話です。ドラマで「過激な転校生」扱いされた所以《ゆえん》です。

しかし、創立まもない同志社の基礎を築く上で、彼らが果たした役割と働きをデイヴィスはきちんと評価しています。「同志社をして今日の同志社たらしめるよう助けたのは、彼らであった」と（『宣教の勇者』九一頁）。「熊本バンド」から散々苛《いじ》められたにもかかわらず、さすがですね。

『風と共に去りぬ』

以上、「八重の桜」を軸にして、新島夫妻と南北戦争に関わりのあることをあれこれ、見てきました。大河ドラマでは、南北戦争は冒頭に出てくるだけで、あとはスルーされました。登場人物にしても、三人の元兵士のうち、役柄として顔を見せたのは、デイヴィスだけです。私はジェーンズの出演をＮＨＫに推してみたのですが、実現しませんでした。クラークは、最初から諦めました。

だから、南北戦争の「痕跡」は、ドラマの上では、ほぼ皆無なんです。が、ドラマの最後に至って、これは、と思わされました。マーガレット・ミッチェルの長編小説、『風と共に去りぬ』、というよりも同名の映画のラストシーンと重なり合うような気がしたからです。

スカーレット・オハラ

もちろん、この小説は南部のアトランタをメインステージに、南軍の動きを軸にして描かれています。だから、これまで見てきた北軍の関係者とは、敵対関係にあります。それでも、八重の最後のセリフ、「私《わだす》は諦《あぎら》めねぇ」は、スカーレット・オハラがつぶやく最後のセリフ、「明日《あした》は明日の風が吹く」（Tomorrow is another day.）をどことなく思い起こさせます。

そう言えば、スカーレットは、結婚を三度、経験しているうえに、容貌も八重的です。原作には「スカーレット・オハラは美人ではなかったが――」（Scarlett O'Hara was not beautiful ――）とあります。

それ以上に、ふたりのヒロインに共通するものが、あります。逞しさです。ふたりとも、不屈の闘士とでも呼びたいほどのバイタリティの持ち主です。ともに、明日《あした》を信じて、今日を雄々しく「戦うおんな」です。「八重の桜」後半のポスターには、「明日も咲いている」とありましたね。

タラと会津

去年の大晦日《おおみそか》の午後、NHKは「紅白」の前に「風と共に去りぬ」の映画を放映しました。エンディングが有名ですね。故郷のタラに帰ったスカーレットが、大木の傍らに独り佇《たたず》むシーンです。会津に戻り、例の桜の大木の傍らで、八重が独白した「八重の桜」のラストシーンを彷彿とさせます。

スカーレットにとっては、タラは余所《ほか》でもない、自分を再生し、再出発させてくれる元気と意欲が貰える大事なパワースポットです。同じように、会津も八重にはいつでも明日を切り拓く勇気と希望を分かち与えてくれる故郷でした。で、「八重の桜」のプロローグが南北戦争だったので、終わりも南北戦争がらみのエピローグで閉めた、っていうのは、考え過ぎでしょうか。

いずれにしろ、私の二〇一三年は、「八重の桜」に明け暮れました。講演や講座、さらにはツアを含めると、「お座敷」（出番）は三ケタに上ります。ですが、締めくくりは、「風と共に去りぬ」でした。

いや、その後にまだ「紅白」がありました。司会はあの綾瀬はるかサンです。大河ドラマに続いて、「紅白」低視聴率の要因は綾瀬はるか、と言われたら、辛いです。それにトチリや「放送事故」も心配でした。だから、昨年の大晦日は八重応援隊のひとりとして、二十数年ぶりに「紅白」を観ました。綾瀬サン、国民の期待を裏切ることなく、ちゃんとトチッてくれました。

（明心会教育教養セミナー、同志社小学校、二〇一四年二月二八日）

US

コラム（4）

アーモスト大学と南北戦争
——アーモスト・カノン——

南北戦争の「戦利品」が、新島襄の母校、アーモスト大学モーガンホールに陳列されている（前頁の写真）。ノース・カロライナ州ニューバーンの戦い（1862年３月14日）で勝利した北軍が、南軍から分捕ったカノン（大砲）である。勝利の翌月、マサチュセッツ州第21義勇軍連隊からアーモスト大学に寄贈された。長さ65インチ、重さは885ポンド。

この連隊を率いたのは、若き同大教授（化学）のＷ・Ｓ・クラーク少佐（後に大佐）であった。勝利には犠牲も伴った。戦闘で戦死した連隊の兵士は19人に上ったが、その一部は特に志願して従軍したアーモスト大学生であった。中でもクラークの副官として最初に従軍を志願したＦ・スターンズの死は、痛ましかった。クラークは、化学者を夢見ていた若き教え子（21歳）の戦死を目の当たりにして、「子どものように泣きじゃくった」という。

スターンズは、現職（第４代）のアーモスト大学学長、Ｗ・Ａ・スターンズの長男である。親の反対を押し切っての従軍であった。カノンは、この学生を記念して大学に寄贈された。

新島（1870年クラス）は、それより５年後にこの大学に入学する。当時、モーガンホールは図書館であった。カノンが当初からここに展示されておれば、新島の眼にもいやおうなく触れたはずである。おまけに、在学中の学長がスターンズであったので、亡くなった子息（1863年クラス）やカノンのことは、新島も当然、あれこれ聞き及んでいたはずである。

この記念品は、同志社はもちろん、近年ではアーモスト大学内でも関心が薄れ、長く学内でひっそりと保管されて来たにすぎなかった。８年前に私が見学した時も、確かに館内は閑散としていた（右の写真は、2006年５月に訪ねた際の撮影）。

ところが、戦勝150年（2012年）を迎えるにあたって、アーモスト・カノンはがぜん脚光を浴び始めた。同年にノース・カロライナ州（ローリーにある歴史博物館）に里帰りし、2015年まで展示されることになった。

「熊本バンド」――「過激な転校生」の真相

いきなり全国区

衝撃的なデビューでした。「八重の桜」(第三十七回)が、「熊本バンド」を大々的に取り上げました。

「過激な転校生」というタイトルにも、意表をつかれました。先週(二〇一三年九月十五日)のことですから、ご覧になった方は、記憶もなまなましいのじゃないでしょうか。

放映直後のブログを見ると、「熊本バンドって?」という疑問符の嵐でした。蘊蓄《うんちく》をあれこれ傾けて、とうとうと自説を述べるバンド評論家も中には、いました。が、ほとんどの人には、未知の世界でした。

さすがに今日お集まりの皆さまは、滋賀県内の信徒の方々ばかりですから、「熊本バンド」なんて聞いたことがない、という方のほうが少ないのでは、と思います。が、教会外の人たちになると、そうは行きません。

愉快な反応もありました。「熊本バンド? ギターもベースもドラムもいないじゃん」。子どもで言えば、「くまもんバンド」と聞き間違える子がいても、アリでしょうね。熊本出身者でも、熊本洋学校のことをドラマで初めて知った、という人がいるくらいですから。

「超ムカツク」存在

それが、「八重の桜」で一気に全国区です。取り上げられて四日後にヤフーで検索したら、「熊本バンド」ですでに四百二十一万件、ヒットしました。今日あたりのグーグルでは、なんと六百万件に迫っています。それまでは、ごく特殊な業界用語だったことを考えると、これは爆発的な広がりですね。

それだけに、反発も尋常じゃありません。「超ムカツク」、「まるで学園紛争時の過激派学生」、「メッチャ生意気」、「即刻退学させろ！」といった文言が、ネットでは踊っています。

無理ありません。熊本（洋学校）から転校して来ていきなり、しかも同志社（英学校）に拾ってもらったというのに、校長の新島襄に不満ばかりをぶつける、という設定ですから。これでは、視聴者から「恩知らず」とばかり、「熊本バンド」へ大ブーイングが沸き起こるのも、当然です。

せっかくの機会ですから、「熊本バンド」を弁護する、と言うよりも、正しく理解をしてもらうために、「熊本バンド」のアウトラインをスケッチしてみます。

実は私にとっては、十年前にした講演の再生みたいなものです。「新島襄を語る」シリーズと銘打って、講演集を立ち上げた際、収録した講演に、「花岡山と若王子山《にゃくおうじ》」、「『熊本バンド』と同志社」というのがあります（拙著『千里の志』参照）。それ以降の新知見をまじえて、今日はあらためてお話しします。

「バンド」は「帯」か

ＮＨＫは、「バンド＝隊」と定義し、「結束力が強烈」と特徴づけました。たしかに、それ以前に入学していた雑多な学生たち（総数は、すでに三十人くらいにはなっていました）に比べると、そうかもしれません。ドラマでは、転校生たちは「その結束の高さから、後に熊本バンドと呼ばれることになる」、「良くも悪《あ》しくも校内を圧倒していった」というのです。その結果、犠牲者が出ます。辞めて行く在来生も出る始末です

ここで問題です。「熊本バンド」はそれほど結束が固い一枚岩だったのでしょうか。一枚岩のわりには、けっこう、内部抗争が見られましたよ。その点、徳富猪一郎《いいちろう》（蘇峰《そほう》）の立ち位置が、ポイントです。

蘇峰のことは、後に述べることにして、まず指摘したいのは、「熊本バンド」という名前は、けっして彼ら自身が誇らしげに自称した名前じゃありません。かなりの年月を経てから、同志社の外国人教員（宣教師たち）あたりが、自然に使い出した異称です。

当初、宣教師たちがミッション本部（ボストン）に宛てた手紙や報告書には、Kumamoto boys という言葉が、しばしば見受けられます。「熊本グループ」という意味でしょうね。「熊本バンド」という呼び名が使われるのは、それからもう少し時間が経ってからです。

ここから分かるように、入学直後の「熊本バンド」たちには、バンド（グループ）という帰属意識は薄かったはずです。文言自体はむしろ、彼らが卒業してから、彼らの周辺が使い始めて、しだいに

定着した言葉のようです。

「花岡山バンド」

結束力や連帯意識をいうなら、むしろ「花岡山バンド」の方《ほう》でしょう。熊本洋学校の生徒たち有志が、「奉教趣意書」という誓約書に、花岡山で共同歩調をとって連署しているからです。「血盟」とまでは行きませんが、気持ち的にはそれに近い、強い結束意識が感じられます。

この署名グループには、名前がありません。ですが、場所の名前を採って「花岡山バンド」と呼ぶのが妥当でしょうね。が、これを「熊本バンド」と即断する記述が、今もあちこちに散見されます。困ったことです。なぜか。

外国人教員、L・L・ジェーンズから宗教的な感化を受けた熊本洋学校の生徒有志は、一八七六年の一月三十日に至って、熊本市郊外の花岡山に集まって祈りの会を開きます。そして、用意した「奉教趣意書」に参加者一人ひとりが署名をして、団結を固めました。署名をした人数は、総勢三十五人です。

もちろん、全校生徒（数は三ケタです）ではありません。キリスト教派とでも言うべき有志学生が行動に走った、までのことです。これが、熊本では社会問題となり、ついに洋学校は六月（第二回卒業式）でもって、廃校されてしまいます。キリスト教に傾斜した学生たちの大半は、ジェーンズの勧めで同志社に送られます。

紛らわしいのは、同志社に入学した学生の数（これが「熊本バンド」です！）が、最終的に三十数名になった、という点です。「花岡山バンド」の三十五名に限りなく近い数字です。極めて紛《まぎ》らわしい数字です。ここから、ともすれば「花岡山バンド」の全員が同志社に行った、という誤解が生じます。

「熊本バンド」の定義

じゃ、「花岡山バンド」と「熊本バンド」の違いは、どこにあるのか。それを明らかにすることは、「熊本バンド」を定義することに繋がります。

この点は、「過激な転校生」の回で、「熊本バンド」が広く全国的に知られる以前（今からちょうど半年前）に出した拙著、『徳富蘇峰の師友たち――「神戸バンド」と「熊本バンド」――』（教文館、二〇一三年三月）で、私なりの答えをすでに出しております。

結論を言います。三つの条件をクリアした人たち（だけ）を、私は「熊本バンド」と呼びたいと考えます。（一）熊本洋学校、（二）キリスト教、（三）同志社、の三条件です。

「花岡山バンド」の三十五名は、（一）と（二）こそ、全員がほぼクリアしています。けれども、廃校後、全員が同志社に進学したわけじゃありません。つまり、（三）を満たさない学生がいるわけです。三十五名中、三条件をすべてクリアした者は、私の計算では二十二名ほどです。

それに対して、「奉教趣意書」に署名をしていなくても、洋学校から同志社に入学したキリスト教系学生が、すでに信徒となっていた者、プラス、同志社入学後に信徒となる学生を合わせて、十余名います。先の二十二名の入学生と合わせると総勢で三十数名。このグループが、後に同志社で「熊本バンド」と呼ばれるようになります。その数が、「花岡山バンド」とほぼ同数だったのは、偶然です、奇遇です。

リーダー格は小崎弘道

同志社入学前後に、信徒となった後者（十余名）のグループを代表するのが、小崎《こざき》弘道です。「熊本バンド」のリーダ格にあたる存在です。だからでしょうか、俳優は古川雄輝《ゆうき》さんが抜擢されました。元「ミスター慶應」の長身イケメン。カナダとアメリカでの生活が十一年間と長いので、英語力は抜群。さっそく初登場のシーンで、その実力を披露しました。

本物の小崎でも、あそこまでは行きません。「熊本バンド」たちの英語の発音は、実際には熊本訛でも入っていたんでしょうか。蘇峰がこう毒ついています。「彼等は、同志社に熊本洋学校流の英語発音を持ち込み、これが為《ため》に多年に亘《わた》って、他には殆んど通用し難き同志社流の発音を扶植《ふしょく》した」（徳富蘇峰『三代人物史』五一二頁、読売新聞社、一九七一年）。

当時の在校生の証言もあります。「熊本バンドの人々が、直接米人ゼーンス〔ジェーンズ〕氏から英語を学んで居るに拘《かか》はらず、何《いず》れも怪しげな発音をやったものだ。これが遺伝して、遂に同志社英語とも称すべき変態的のものを生ずるに至った」（安部磯雄「私の同志社在学時代」一三頁、『改造』一九二七年三月号）。

ならば、ドラマの小崎役の英語は流暢《りゅうちょう》すぎます。そもそも、小崎らの英語は、発音に無頓着（いわゆる「変則英語」）だったようです。彼らの中には、後に紹介するように、同志社に在学中は「助教」として下級生に、そして卒業後は教員として学生たちに英語を教える者が、多数出ます。それだけに、変態的な「熊本洋学校流の英語発音」の弊害は、大きかったのでしょうね。

「儒教派の重鎮」から変身

英語力はともかく、小崎抜きの「熊本バンド」なんて、考えられません。紛らわしいのですが、小崎自身は、実は「花岡山バンド」ではありません。「熊本バンド」を代表するキーパーソンなのに、です。

小崎は新島襄の後を継いで、二代目の同志社総長（当時は社長）になります。ですが、小崎は熊本では「奉教趣意書」に反対して、署名を拒否したひとりです。

キリスト教に敵対する「儒教派の重鎮」でした（同前、五〇七頁）。しかし、その後、洗礼を受けて信徒となり、同志社に入学してきます。

「花岡山バンド」と「熊本バンド」、これらふたつのバンドは、構成メンバーの数は似ていても、中身は大違いです。「花岡山バンド」にあって「熊本バンド」にないもの——それは「奉教趣意書」です。「熊本バンド」の内部には、この誓約書に当たる中核《コア》、あるいは焦点が、ありません。

その点、「花岡山バンド」の方が、連帯意識が強くても不思議じゃありません。一方の「熊本バンド」には、盟約の事実も、趣意書もありません。そのうえ、グループが生まれた時期もメンバーも特定できません。この点は、グループの名前が自然発生的に生まれたことからも、推測できます。

要するに、同郷意識に基づいて、緩い仲間意識で結び合された集団です。それ以上の固い結束は、期待してはなりません。

転校生の実態

「熊本バンド」の連帯意識が、そもそもどの程度のものか、それを確定するには、個々のメンバーの特性を調べる必要があります。けっして均一ではないからです。そもそも熊本洋学校から同志社に至る道筋は、幾通りもありました。

たとえば、「熊本バンド」のメンバーで世上、最も有名なのは徳富猪一郎（後の蘇峰）ですが、彼などは、同志社入学（転校）が、なんと十三歳でした。それも、いったん進学した東京英語学校（後の第一高等学校）を辞めて、という変則コース（Jターン）でした。

一方、小崎は二十歳です。洋学校をすでに一年前に卒業しています。ちなみに、同校の卒業式は二回行なわれています。卒業生の数は、一期生から三期生まで（三期生も、第二回卒業式で繰り上げ卒業が認められました）、合わせて二十二名でした（『日本ニ於ケル大尉ヂエンス氏』二七頁、警醒社書店、一八九三年）。

こうした卒業生中、同志社に来た十数名を「転校生」（編入生）扱いするのは、おかしいですよね。

歴とした「入学」ですから。純粋に「転校生」なのは、彼らの後輩たち（下級生）、そうです、旧在校生たちです。

蘇峰のようにJターンで京都に来た学生は、ほかにも横井（伊勢）時雄や山崎為徳《ためのり》がいます（横井は、八重の姪、山本峰の夫として、これからドラマで活躍します）。洋学校卒業後、東京の開成学校（現東大）に進んだものの、反キリスト教的な校風に幻滅して、熊本時代の級友の後を追うように京都に来て、同志社に入ります。

多士済々

要するに「熊本バンド」のメンバーは、多士済々です。オーバーに言えば、バラバラです。年齢で言えば、中学生から大学生というバラツキが見られます。ですから、経歴も違います。東大中退組がいるかと思うと、中学生レベルが混ざっている。信仰の面でもそうです。

入学時期についても、同じことが言えます。蘇峰が言うように、「一体となって、一時に入校したるものではなかった」のです。初穂となった金森通倫《みちとも》が一八七六年六月に京都に来て以降、およそ一年のスパンで三々五々、そう、バラバラにやって来ます。ドラマでは、一斉に入学したような扱いですが、現実にはあの翌年（一八七七年）の半ば過ぎになって、最終的にメンバー（三十数人）が出揃います（『三代人物史』五一〇頁）。

それだけに、これだけ多種多様な構成員を同じレベルの「転校生」とひと括《くく》りするのは、ちょっと乱暴です。いや、拙《まず》いですね。ドラマのタイトルには採用されませんでしたが、一括するとしたら、「入学生と転校生」とするか、一語ならば「新入生」でしょう。

彼らは、最初から一致団結、協同連帯していたんじゃありません。少なくとも、小崎のような卒業組（大学生）と、蘇峰のような在校生組（中高生）は、違い過ぎます。きちんと分けるべきです。おまけに拙《まず》いことに、ドラマでは、それぞれの役を一応に同世代の俳優が演じています。だから、年齢的に均質化して見えます。あれでは、実際には明白な区別があったという現実が、隠蔽《いんぺい》されてしまいます。

「バイブルクラス」

バンド内部の区別で大事なのは、何と言っても洋学校卒業クラスです。「バンドの中のバンド」と言ってもいいでしょうね。エリート集団ですから。人数で言うと、十数名になります。大河ドラマに顔を出す人物に絞れば、小崎弘道や伊勢（横井）時雄、金森通倫、海老名弾正《だんじょう》、市原盛宏《もりひろ》です。その他、人名事典に載るレベルでは、宮川経輝《つねてる》、下村孝太郎、浮田和民といった人たちが、含まれます。

彼らは、信仰も英語力も学力も相当なものですから、受け入れた同志社は、彼らのために特別クラス、「余科」を新設します。

宣教師たちは、これを「バイブルクラス」と呼びます。要するにカレッジレベルの神学科です。

「校内ではキリスト教を教えない」と府庁（知事）に一札をとられた同志社としては、神学科であることを公然とは表明できません。だから、なにやら曖昧《あいまい》で怪しい「余科」というネーミングで逃げます。

それまでの同志社英学校が中高レベルの私塾であったことを考えると、このクラス設置は、大飛躍です。中学校にいきなり、大学コースが生まれたようなものですから。しかも、「熊本バンド」のメンバーの数は、最終的にそれまでの在校生の総数をも圧倒します。

数的な差以上に重要なのが、質的な差です。この「バイブルクラス」こそ、これから三年後、同志社が送り出す最初の卒業生（十五人）になります。そのことを思うと、よけいにそのスゴサが分かります。卒業後、新島の後継者（同志社総長）になった者が、第一回卒業生から四人も出ます。

「棚ぼた」

熊本からの入学生を迎えて、同志社内の信徒学生も、いきなり二ケタに増幅しました。青息吐息であった誕生直後の塾に、出来あいの信徒学生が、それこそ、ワァと入って来たんですから、新島もデイヴィスもさぞかし嬉しかったはずです。

現に、彼らを迎えて、ようやく京都に待望のプロテスタントの教会（それも三つ）がすぐに誕生します。新島やJ・D・デイヴィスだけでは、とうてい無理でした。

これだけを見ても、同志社としてみれば、「熊本バンド」は大歓迎です。ドラマでは、「泣きつかれたので、入れてやった」という印象を与えかねない描かれ方ですが、どうして、どうして。

実情は別、というか逆です。同志社にとっては、「棚から牡丹餅《ぼたもち》」ですから。蘇峰が見るところ、新島には「偶然の出来事」、「意外なる儲け」でした。まるで生簀《いけす》の中から大小の魚をホイホイと自在にすくい上げるようなもので、いちから育て上げる手をかけずに、出来あいの「既製品」が手に入った、と言うのです（『三代人物史』五〇二頁、五一一頁）。デイヴィスにとっても同様で、「天来の福音」でした（同前、五〇七頁）。そうなんです、まさに「干天の慈雨」なんです。

転校生の受け入れは、「天軍の天降り」

これに対してドラマでは、「熊本バンド」の立場は弱かった、という設定です。「新島先生！どうか我らをお救いください！」、「お願いです。同志社に入れてください」と、最初に来た金森が一方的に入学を哀願します。

事実は、いわば相思相愛です。同志社からすれば、生まれたばかりの脆弱《ぜいじゃく》な塾に「よくぞ、来てくれた」ありがたい学生たちです。当時の京都市民は、総じてキリスト教を毛嫌いしますから、市外、府外からの学生が来なければ、学校は始まりません。とりわけ、信徒の入学なんぞ、誇り高きこのミヤコでは、夢のまた夢です。

その点、「熊本バンド」のひとり、金森自身が、自分たち一群の入学は、同志社にとっては思いがけない「天軍の天降り《あまくだり》」だったはず、と述べているのは、きわめて自然です（『自叙伝』五六頁、私家版、一九五七年）。

デイヴィスによる証言（一）

この点は、デイヴィスの証言とも符合します。「熊本バンド」の入学は、「すばらしい出来事」で、実際、同志社開校にかける「新島の召命と準備」に勝るとも劣らない、と手放しの喜びようです。時期的にも実にタイムリーでした。

「一八七二年二月、あの〔京都で迎えた〕最初の冬の最も暗い日々のことで、〔われわれに対する市民や仏教徒らの〕敵意が、あまりにも強いために、われわれはもはや京都に学校を設立するという目的を放棄しなくてはならないように思われたこともあった頃、私は国内郵便で一通の大型の手紙を受け取ったのであった。

見なれぬ筆跡であり、差出人も未知の名前だった。それは、九州中部の古い城下町、熊本から送られたジェインズ大尉〔Captain Janes〕の手紙であった。それは、ジェインズの学校〔熊本洋学校〕の卒業生である多数のまじめなクリスチャンの若者たちを、将来、福音の宣教師として立ちうるよう、同志社で受けいれてもらえないか、という依頼であった。

われわれは、そのような人が〔熊本に〕存在していることを知らなかった。そのような学校が〔日本に〕あることも知らなかった」（J・D・デイヴィス著、北垣宗治訳『新島襄の生涯』八一～八二頁、同志社大学出版部、一九九二年）。

デイヴィスによる証言（二）

デイヴィスは他のところでも「熊本バンド」の働きを高く評価しています。こうです。

「開校の翌年、故ジェーンス大尉の薫陶を受けたる三十余名の熊本洋学校の卒業生、及び上級生〔在学生〕来りて同志社に投ぜり。彼等の来学は、啻《ただ》に生徒の数を倍せしのみならず、堅実なる基督《キリスト》教の信仰と熱誠と力倆《りきりょう》とを増大せしめたり。

その中の十五名は、同志社に於《お》ける最初の神学生の一級〔余科、バイブルクラス〕を成しぬ。卒業後、三名〔市原盛宏、山崎為徳《ためのり》、森田久萬人《くまと》〕は教師として本校に留まり、自余の多数は福音の宣伝に従事したり」（J・D・デイヴィス「基督教主義の教育に於ける予が経験」三九〜四〇頁、『回顧二十年』、警醒社、一九〇九年）。

デイヴィスによる証言（三）

デイヴィスの回想は、もう少し続きます。

「彼等は、尚、学生たりし頃より基督教主義の校風を養成せん為に活動したり。痛ましき新島氏の永眠に至るまでの十五年間〔一八七五年〜一八九〇年〕に同志社を卒業せし者が、十名を除きて他は皆、基督教を信奉せしといふ事実は、彼らの努力に帰すべきもの鮮《あざやか》しとせざるなり」（同前、四〇頁）。

デイヴィスにしろ、新島にしろ、神学校を出た歴とした牧師であり、宣教師でもありました。そうした有資格の教員でもできなかったことが、学生である「熊本バンド」の手にかかれば、できたというのです。凄いですね。まさに脱帽もんです。

デイヴィスの同僚、D・W・ラーネッドが、「熊本バンド」の面々を同志社の創設者の一部と見なすべきだ、と主張するのも、無理ないですね（D・W・ラーネッド『回想録』三一頁、同志社、一九八三年）。

「熊本バンドの父」ジェーンズ

デイヴィスやラーネッドが絶賛する「熊本バンド」を育てた立役者、それがジェーンズです。だから「熊本バンドの父」と言われたりします。「札幌バンド」を産んだW・S・クラークと並ぶ「東西の横綱」です（『三代人物史』五〇三頁）。

ジェーンズはもちろん信徒でした。ではありますが、教派は同志社の教派（会衆派）とは違います。オランダ改革派です。しかも、牧師でも宣教師でもなく、あくまでも平《ひら》信徒（レイマン）です。だから、京都に生まれたばかりのミッションスクールのことは、新島やデイヴィスのことも含めて、まるで知りませんでした。

最初の接触は、同志社が開校してわずか三か月目です。正確に言いますと、未知のデイヴィスに最初の手紙を送ったのが、二月七日です（『新島襄の生涯』、八八頁）。同志社が開校して、ほぼ五週間後です。デイヴィスはさっそく、この件を同月二十三日にボストンのミッション本部に報告しています。

この時点では、熊本洋学校の廃校は、まだ問題になっていなかったと思います。じゃ、手紙を送った動機は何か、と言いますと、花岡山での「奉教趣意書」連帯署名という出来事（一月三十日）でしょう。花岡山集会は、投函わずか一週間前のことです。

この一件について、ジェーンズはデイヴィスにこう報じています。自分が教えた学生たち四十名以上が、「自分たちの自発的な発意で、ひとつのキリスト教的な団体（society）を組織しました。彼らは、キリストを信仰する点で最も厳粛に相互に誓約を取りかわし、必要ならば、喜んですべてを打ち捨て、キリストに従うことを表明いたしました」。

続いてジェーンズは、こう訴えます。昨年夏の卒業生と今年（七月）の卒業予定者の大半は信徒である、そのうち十名が神学校への進学を希望しているので、貴校に受け入れてもらえないか、と。

「洋学校の粋」が入学

ジェーンズは、卒業生の進学先に関して、事前に同じ教派のH・スタウト（長崎在住のアメリカ人宣教師）に相談をもちかけたようです。スタウトはさすがに宣教師だけに、最近、会衆派がミッションスクールを京都に立ち上げた情報をつかんでいたようです。

このあと、花岡山での出来事が社会問題となり、洋学校の廃校が決まります。その結果、行き場のなくなった在校生の転校先としても、ジェーンズは同志社を推薦するにいたる、というわけです。

こうして、洋学校からは金森を先頭に、卒業生だけじゃなく、在校生の一部もやってきます。質量ともに、それまでの同志社在校生を凌ぐ勢いですから、出来たばかりの同志社や在校生には、さまざまな軋轢や拒否反応が生じます。

金森は、こう回顧します。「四十人許《ばか》りの洋学校の粋《すい》とも云うべきものが、揃いも揃って皆、京都の同志社に集まって了《しま》った」と（『自叙伝』四六頁）。

そう、「洋学校の粋」集団です。彼らがいろんな面で同志社をわがもの顔に牛耳《ぎゅうじ》るものですから、学内の共通語は肥後弁に取って代わった、とさえいいます。在来の学生にとっては、面白くなかったでしょうね。金森は、校内に「反熊本の分子がないでもなかった」と認めています（同前、五七頁）。

もちろん、控えめ過ぎる捉え方です。

過激な集団

「熊本バンド」を迎えた同志社では、あちこちで衝突や混乱が起きました。それを強調して見せたのが、大河ドラマの第三十七回、「過激な転校生」です。

事前の台本では、「熊本からの転校生」というテーマでした。それが本番では「過激な転校生」に変わりました。制作スタッフとしては、中身を思いっきり「過激に」仕上げたかったのでしょうね。

ＮＨＫが仕掛けた煽《あお》り、というか、挑発です。この思惑は見事に成功し、「熊本バンド」に対する怒りや攻撃が、たちまちブログで渦巻く結果となりました。番組スタッフの狙い通りです。

番組は、彼らの母校（熊本洋学校）のことに、ほとんど触れていません。たとえば、設立された理由やスタッフ（教員はアメリカ人のジェーンズ、唯一人）、入試、授業内容・レベル、それに設備や校風、規律など、ほとんどスルーされていました。ここは、それなりに説明が欲しいところです。

さらに、同志社への転校に話しをつなげるためには、「奉教趣意書」や信徒に対する「迫害」、そこから派生する廃校の要因や消息、といったことなどを、ざっとでいいですから、ドラマではもう少していねいに紹介する必要があります。

騙されて入学したのか

それがあれば、あそこまでブログで酷評されることは、なかったでしょうね。彼らが新島に対していきなり学校の「改革要求」を提示し、それが受け入れられない場合は、「総退学」も辞さない、と強硬手段に訴えたのは事実です（湯浅与三《よぞう》『基督《キリスト》にある自由を求めて』五七頁、私家版、一九五八年）。が、彼らにはそれなりの理由があります。

彼らにしてみれば、「騙《だま》された」のです。不満の矛先は、まずは金森、ついでジェーンズに向けられます。一同にしてみれば、最初に同志社に入った金森は、先発隊であるだけに、いわば「偵察人」です。その彼が、自分の役割を忘れて、「別に〔新島〕先生のことも、学校のことも悪く云ってゐなかったので、彼の入ってゐる学校に自分も行くと云ふ気になった」とは、後続部隊のひとり（浮田和民）の正直な告白です（『新島先生記念集』一三六頁、同志社校友会、一九六二年）。

期待はずれ

金森は、仲間から攻撃の矢面に立たされました。大層な剣幕で叱責されたことを、金森自身が告白しています。「なんでこんな学校に俺等を呼んだ。なんで早く知らせなかった。こうと知ったら、来るのではなかったのに。こんな下らぬ学校にグズグズして居たら、我等の目的は遂げられない」と皆から責められます。

「併《しか》し、モー来たからには仕方がない。此《こ》の上は、袂《たもと》を連ねて、此処《ここ》を去って、東京へでも行かうじゃないか」。不満は嵩《こう》じて、総退学決意に至ります。

中に入った金森は、苦悩します。「私もこれには、困った。実際そうであったから、先登《せんとう》の甲斐がなかったのを悔いた。そうして、私も賛成して、いよいよ同志社を去ることに衆議一決した」(『自叙伝』五五頁)。

実は当事者の金森も、同志社の実態には、早くから呆《あき》れていました。「定まった課程もなく、只宣《ただ》教師がやって来て、英語を教へて居る位。昔の漢学塾を英学塾に替えた位で、規律もなく、又規則もなかった」(同前、五四頁)。それでも、彼は退学する気はありませんでした。

いったんは総退学を決意

金森を弁護して言えば、仲間たちが京都で失望したのは、来る前の期待が大きすぎたからです。ミヤコに新しく出来た学校だから、地方の熊本なんぞの学校とは段違いの、さぞかし立派な学校に違いない、との思い込みが、入学前にあったようです（『日本ニ於ケル大尉ヂエンス』三九頁）。

その点、金森自身は、最初から同志社にさして多くを期待していなかったようです。「私は京都に来ても、別にその同志社で学んでいたのではない。独り自分で先生達の書斎から借り出して来た書物を読んで居た」のです（『自叙伝』五四頁）。独学、あるいは自習が主体ですから、特に不満もありませんでした。

それ以上に、半年におよぶ熊本での「迫害」を逃れ、家から勘当された身でやっと入学できた学校です。「宇治茶製造法修業のために」京都（宇治）へ行くというウソをついて、熊本を脱出できたのです。それだけに、同志社、いや京都で好きな勉強ができるというだけで、満足、あるいは安堵《あんど》していたはずです（同前、五〇頁）。

金森はそれでいいとしても、後続部隊は違います。正確な情報を金森から与えられないままに、期待を膨《ふく》らませて、続々と京都に結集します。その結果が、「騙された」という不満です。当然、彼らは恩師にも不信と疑惑の目を向けます。

ジェーンズから説諭される

「熊本バンド」の面々は、「退学する前に、ジェーンズからも意見を聞いてみる」ことにします。その頃、たまたま大阪の学校に転勤していたジェーンズに京都へ来てもらう交渉をします（『自叙伝』五五～五六頁）。

さいわい恩師は、十二月に入って京都に来てくれました。さっそく、教え子たちは、デイヴィス邸でジェーンズに会い、不平と苦情を直《じか》に訴えました。ジェーンズは、反論します。彼は一時間をかけて説得を試みました（『日本ニ於ケル大尉ヂエンス氏』六五頁）。

その場にいた浮田和民によれば、訴えを聞いたジェーンズは、教え子たちにこう説諭したといいます。

「自分は同志社が完全な学校と思って、諸君を京都に寄越《よこ》したわけではない。新島やデイヴィスらスタッフを信じたからである。諸君は各々、同志社を自分の学校だと思えばいいではないか」。

「改革しだいでこれから如何《いか》ようにもなるわけだから、自分の学校と思えばいい。何も人に頼るには及ばない。そんなことでは、私の本意に反する」。

「自ら改革の努力を何もしないで、いきなり辞めるとは何事か。辞めたければ、旅費を出すから、皆、熊本へすぐ帰れ！」と（『新島先生記念集』一三八頁）。

「ジェーンズ党」

なにしろ、恩師への敬愛度が、無茶苦茶に高い連中です。ジェーンズにここまで叱責されると、「ジェーンズ党」の面々だけに、ダメモトでもやってみなければなりません。

同志社攻撃の先鋒は、小崎弘道と市原盛宏でした。さすがの「不平党」主力も、「ジェーンズの意気とその説諭には、全く一言も無かった」といいます（同前）。

「斯《か》くして、一同は兎《と》にも角にも、意を決して踏み止まることになったのである。これは、実にジェーンズの力であった」(同前)。

ジェーンズの説得は見事に功を奏しました。「一人も去るものはなかった」のです(『自叙伝』五六頁)。こうして、「熊本バンド」の総退学、という最悪の事態は、回避されました。この時こそ、その後の同志社の発展が、なかば約束されたような瞬間です。後に新島が、ジェーンズに「あなたが同志社を救ってくれた」と礼を述べた、というのも、もっともです(拙著『新島襄と徳富蘇峰』一一五頁、晃洋書房、二〇〇二年)。

八重がジェーンズの肩代わり

そうなんです。ジェーンズは、同志社にとって影の恩人です。なのに、残念ながら(予算の関係からか)ドラマには顔を出しません。「少年よ、大志を抱《いだ》け」のクラークと同列、との評価もあるくらいなのに、NHKからスルーされました。その代わりに、これがむしろ狙いかもしれませんが、ドラマでは八重が代役として、大事な説得役を担わされます。

「一緒に作っていきませんか? ここはあなた達の学校です。教師任せにしないで、自分達で変えていけばいい。どうか力《つから》を貸してくなんしょ」と誘います。

さきほどのジェーンズの説諭の言葉と比較してみてください。見事な肩代わり、代弁です。こうして、「熊本バンド」は、「同志社の大改革」、「一大刷新」に取り組みます(『自叙伝』五六頁)。以後、学生たちの手で、同志社改造プロジェクトが、次々と展開されます。

なぜ過激か

ドラマでは、彼らは自分たちの要求を文書に認《したた》めて、新島校長に差し出しています。ですが、「改革要求書」といった書面が、残ってるわけじゃありません。あの文面は創作です。なかでも、最後に列挙された新島校長罷免要求、さすがにあれは無茶、やり過ぎです。完全な創作です。

これも、ドラマ的に「過激」振りをオーバーに演出したかったからです。しかし、あそこまで激烈に新島を槍玉に上げる理由やら、急進的な改革案が出て来る背景は、もう少していねいに事情説明する必要があります。

彼らが騙されたと憤慨したり、入ってみて失望したり、といった事情のウラには、洋学校と同志社との間に横たわる大きな格差があります。今以上の官民格差です。洋学校は藩立（公立）で、同志社はしがない私塾（私立）です。彼らは、同志社のあまりの低レベルと未熟さに心底、がっかりします。逆から見ると、それだけ熊本洋学校は、ハード面でもソフト面でもすごかった、というわけです。

洋学校は一八七一年の創立で、（今風に言えば）熊本県立学校です。入学倍率はすこぶる高く、天下の秀才が集まりました。入学後の学生サポートも手厚かった。それに対して同志社は金森が入学する半年くらい前（一八七五年十一月末）に難産の末に、やっと産まれたばかりの私学です。入学試験なんて滅相《めっそう》もありません。贅沢《ぜいたく》です。地元の住民から嫌われてる学校ですから、「入《い》る者拒まず」だったはずです。

要するに、因循《いんじゅん》姑息《こそく》な市民や宗教的「抵抗勢力」から身を守るのに汲汲《きゅうきゅう》、といった危機存亡まっただ中に漂う、実に不安定で頼りない私塾に過ぎません。いつ潰れても、おかしくない赤子《あかご》のような存在です。

それを知らずに来たとしたら、「熊本バンド」は過激にならざるをえません。彼らの言動は、確かに常軌を逸した酷《ひど》さです。ですが、彼らにしてみれば、一理ありました。

同志社の熊本化

未熟な赤児をともかくも自立した青年に仕立て上げる、それには「熊本バンド」による改革が、大きな成果をあげました。とりわけ、ソフト面です。カリキュラム、授業、クラス分け、時間割、寄宿舎規則、生活規律——といった整備を次々と進めます。

かつての洋学校は、さながら「兵営」でした。ジェーンズは、陸軍士官学校（ウエストポイント）出身の元軍人（大尉《キャプテン》です）だっただけに、洋学校ではあたかも連隊長でした。「一切の規律が、総《す》べて兵営同様であった」とは、蘇峰の証言です（『三代人物史』五〇四頁）。

「熊本バンド」は、こうした厳格な規律を始め、熊本流の学校運営・寄宿舎生活を同志社に持ち込みました。彼らから要求を突きつけられた新島が、また寛容でした。学生たちの改革要求に対し、ほとんどを容認いたしました。「学校でもこの意見を取り入れて、学課も教科書も、熊本洋学校と同一のもの」にします。

生活規律も厳格になり、飲酒や喫煙は禁止されました。要するに「同志社は熊本化」したんです（『自叙伝』五六～五頁）。

「第二の熊本洋学校」、「京都の熊本洋学校」に変身した、とさえ言われます。あるいは、同志社は「熊本洋学校の複製《コピー》」とまで極論する研究者さえいます。その結果、同志社はやっと学校らしくなります。ここに初めてピューリタン的な校風が育ち始めます。結果的には、洋学校は「同志社の予備校」（蘇峰）の働きをした、とも言えましょう（『三代人物史』五一一頁）。

「熊本バンド」の功績

先に触れたように、当事者の中にはラーネッドのように、「熊本バンド」を同志社の創立者扱いする人さえいます。たしかに彼らの入学、とりわけ「バイブルクラス」（十数名の洋学校卒業生たち）の入学は、同志社にとっては「鬼に金棒」でした。

ちなみにラーネッドから見ても、「熊本バンド」が来る前の同志社は、建物（仮校舎）にしても「ふるびたる屋敷」で、「それは実に穢《きたな》いもの」でした（『回想録』八頁、一八頁）。「物置小屋よりすこしましな」程度ですから。教室も当然、「借り物の薄汚い二部屋」だけです（*The Missionary Herald*, April, 1890, p.146, ABCFM. ibid., Mar. 1890, p.93）

こうした貧しい外見に負けず劣らず、と言えるのが中身です。それはそれは酷《ひど》かったのです。要するに、学校の実態は「誠に微々たるものにして」、「一定の学科も課程」もなく、少数の生徒が英語と数学を細々と学ぶだけでした。これでは、とうてい「学校と称する程のものではなかった」と金森は証言しています（『回想録』、七～八頁、一八頁）。

こうした惨めな私塾を、母校並みの学校にグレイドアップさせたのが、「熊本バンド」です。彼らの改造計画は、いわば同志社の Before After 作戦です。

おまけにメンバーは、多士済々です。ですから、最近「熊本バンド」の本（拙著）を出してもらった出版社の編集者から、「熊本バンド」だけで「スピンオフ・ドラマ」（派生作品）ができそう、と言われました。たしかに、「八重の桜」では脇役ですが、別のドラマでは彼らを独立させて、立派に主役に据えられますよね。

「熊本バンド」の世代間対立

とりわけ、主役として適任なのは、（蘇峰を別格とすると）、まずはバンド中のバンドである「バイブルクラス」（神学科）の十五人です。彼らは熊本洋学校時代から、ジェーンズを助けて、教壇に立っていました。そうしたやり方を京都でも踏襲します。

同志社でも彼らは「助教」として働き、講師料（バイト代）を受け取ります。すなわち、彼らは学生でありながら、半分は教師なのです。蘇峰のような中高生レベルの生徒は、熊本でも京都でも、彼らから授業を受けます。かつての先輩・後輩関係は、ここでも継続しますが、それは同時に教師・生徒の関係でもあります。

したがって、両者をいっしょのグループに入れるのは、かなり抵抗が伴います。とりわけ、蘇峰がその代表です。「バイブルクラスの連中が、我が物顔に同志社を振舞ふのが癪《しゃく》にさはってゐた」。彼らは「上《かみ》は教師たる宣教師や新島先生を凌《しの》ぎ、下《しも》は他の学生を率《ひき》ひ、実に有力なるものであった」、彼らが威張る様《さま》は、まるで「ローマのパトリシアン〔貴族〕の如きもの」であったといいます（徳富蘇峰『蘇峰自伝』九七頁、中央公論社、一九三五年）。

蘇峰が見た花岡山事件

蘇峰は、どこまでも「バイブルクラス」に敵対します。後年になっても、自分は「熊本バンド」ではない、と言い張っています。

したがって、彼が「花岡山事件」を回想する場合は、どこか第三者的、というか、他人行儀の冷めた文章になります。こうです。

「それ〔熊本洋学校再入学〕が明治〔一八七五年〕八年、予が十三歳のときであった。ところが、学校はとやかくやっていたが、また学校にキリスト教の騒動というものが起った。

その時分にキリスト教を信じる者が、熊本城の付近である花岡山に会して、そこで何やら宣言書〔奉教趣意書〕を書き、われらはキリスト教を信じて、相結合《あい》して大いにやる、というようなことをうたったので、これが非常な騒ぎとなって、予が父のごときも、予が末輩としてその仲間に加わったことをすこぶる遺憾とし、予を学校より呼び返して、説諭を加えたが、ついに予は、父と妥協して、東京に赴くことになって、明治九年の夏、すなわち予が十四歳のとき、東京に赴いた」（徳富蘇峰『読書九十年』二二六～二二七頁、講談社、一九五二年）。

同心交社で対抗

彼は、「花岡山バンド」のメンバーであるばかりか、前に挙げた「熊本バンド」の三条件をすべてクリアしております。客観的に見た場合、歴とした「熊本バンド」です。事典などでは、いまでも小崎や海老名と並んで、「熊本バンド」出身の代表者扱いされています。

しかし、蘇峰自身は同志社在学中、先輩である「バイブルクラス」の面々に、すこぶる強い拒否反応を示しました。先輩たちが、ことあるごとに反新島的な態度をとることに義憤を感じて、終始、新島派のスタンスに立ち続けます。

その結果、「同心交社」という別のサークルを下級生主体に結成して、抗争を展開します。これには、洋学校のかつての在校生が主として加盟します。一時は、両者の対立は、学校を二分しかねないほどの広がりを見せた、とさえいいます。

「自責の杖」事件と蘇峰の退学

こうして見ると、「熊本バンド」は、けっして一枚岩じゃありません。細かく見て行くと、「熊本バンド」のメンバーは、決して均一ではないことが、分かってきます。少なくとも、卒業生グループと在校生グループとは、明白に立場を異にしています。二重構造です。個々人の背景にしても同じです。

こうした抗争が、しだいに学園紛争に発展し、例の「自責の杖」事件（一八八〇年）が勃発する要因となります。そして、この余波として生じるのが、蘇峰の同志社退学です（以上、詳しくは拙著『新島襄と徳富蘇峰』を参照）。

ちなみに、この事件はドラマでは第四十回の「妻のはったり」というタイトルで取り上げられます。

新島の涙

「熊本バンド」への不平と並んで、ドラマ（第三十七回）後のブログで目立ったのは、「新島は、ホントにあんな校長？」でした。

とくに、新島が泣くシーンに対しては、「泣き過ぎ」とか、「キモい」といった反応が多くありました。「熊本バンド」が下す冷評と同じです。ドラマでは、帰国直前の募金アピール（ラットランド演説）や、「熊本バンド」の学校改革要求を退けるシーンなどで、涙を見せました。

新島が人前や公開の席上でよく涙を流したことは、かなり知られた事実です。「粗野なる九州男児は、彼に接して、女々《めめ》しく涙を流す男かなと思ひしが」と酷評されている通りです（『新島先生記念集』一二九頁）。あの「自責の杖」事件の際、ストライキ（無断での集団欠席）に走った生徒たちが、校長に詫びてストを解くにいたったのも、新島の「涙に降伏して」のことでした（徳冨蘆花『黒い眼と茶

色の目』四八一頁、新橋堂、一九一四年)。
新島に泣かれては、学生の負けです。

「泣き虫」

新島は、演説や説教、それから学生相手の個人面談でも、声涙共に下すタイプのスピーカーです。これには証言も不足しません。

「新島先生は熱情の結晶であった」から、「善《よ》く泣き、善く悦」んだ、と蘇峰は伝えています(『新島先生記念集』一三頁)。「バイブルクラス」のひとり、浮田和民も、「先生は所謂《いわゆる》多情多涙の人なり」と断定しています。浮田は、これを新島特有の「涙徳」とさえ評しています(『追悼集』一、四九頁、同志社社史資料室、一九八八年)。

要するに、「泣き虫」です。別の教え子(三輪源造)にも証言があります。新島は、「円満完全な聖人」でも、「世塵《せじん》を超越した聖徒」でもない、「極めて人間味豊《ゆたか》な方」であった。だから、「情熱あり、侠《きょう》気《き》あり、寧《むし》ろ直情径行に傾いて、時には矛盾さへもある」といいます(『新島先生記念集』九九頁)。

「熊本バンド」から見た新島襄

「泣き虫」の校長に我慢がならない、むかむかするのも、「熊本バンド」です。蘇峰の観察によれば、「予が先輩の熊本バンド〔バイブルクラス〕の中には、先生を以て平凡とし、先生を以ておとなし過ぎるとなし、先生を以て弱き人となし、先生を以て学識浅薄の人となし、教場にて先生をやりこめたりする事を得意がる者も、全くいないではなかったやうだ」(『蘇峰自伝』八六頁)。

この発言は、当事者の浮田の証言からも、ウラが取れます。

「新島先生について、〔在学〕当時、私の観《み》たところを率直に云へば、先生は中々親切なお方であったが、当時私共は、所謂《いわゆる》学問の師としては、先生を信じてゐなかった。それで、皆が随分、其方《そちら》では先生をいぢめたものである。然《しか》し、先生の誠意、親切は我々も深く感じたわけで、此点《この》、先生の人格については、勿論《もちろん》深く信頼を有《も》ってゐたのであるが、実際は後年の様な声望は、其時《その》はなかった」(『新島先生記念集』一三八頁)。

なんとも生意気な学生たちですよね。浮田は、のちに早稲田の教授として、大隈重信先生からも頼りにされた、という逸材ですから、青年時代からすでに敵なしといった勢いです。

新島襄のひととなり

浮田と言わず、実際、「熊本バンド」(とりわけ「バイブルクラス」)の面々は、意気軒昂で、校長や教師を越えるような自信と自負をそれぞれが持っていました。彼らが新島の人物を見抜くようになるのは、同志社卒業後のことでした。同じく浮田の証言です。

「有体《ありてい》に云へば、私は在学中、格別、先生を偉いなどとは思ってゐなかった。先生の偉いと云ふ事は、実は卒業後に於《おい》て始めて知ったわけである」。

その切っ掛けは、級友の和田正脩《まさなが》（経歴は拙著『徳富蘇峰の師友たち』二九四頁以下を参照）の忠告というか、予言です。浮田によると、発言の中身はこうです。

「我党〔自分たちは〕皆、自分が最も偉いやうに思ってゐるが、将来、新島に及ぶものは、恐らく一人も出ないぞ、と彼一流の予言をやりよった。それまで私の頭の中には先生の偉さなど、問題でなかったのである」（『新島先生記念集』一四五頁）。

そうなんです。かつての「バイブルクラス」にとっては、新島の存在感など、ほとんど無きにひとしかったようです。学生ながら、自分たちのほうが偉い、と信じていましたから。

「熊本バンド閥」

この背景には、ふたつのことが考えられます。ひとつは、ジェーンズに対する彼らの心酔です。先に「ジェーンズ党」という文言を使いましたように、「熊本バンド」の面々は、洋学校時代から恩師を敬慕してやみませんでした。

彼らは、ジェーンズと新島を「常に比較して」、前者を「より大なる者」、後者を「より小なる者」とみなします。新島には「学識」、「才力」、「弁舌の雄偉」のいずれもが欠けている、というのがその理由でした（徳富蘇峰『我が交遊録』三〇一頁、中央公論社、一九三八年）。

新島を蔑視するそうした先輩と違って、ジェーンズに「欠点」を見出して、彼に距離をおく蘇峰にしてみれば、「彼等が同志社に来たりてまでも、ヂェーンスに陶酔したる気分が最後迄、未だ全く覚めざること」が問題でした。いわゆる「熊本バンド閥」とでも言うべき派閥意識が、蘇峰には鼻についたようです。

蘇峰は、この点を捉えて、先輩たちは、決して「同志社にプラスばかりを与へた」のではなく、「相当なマイナス」をも与えた、と冷静に分析しています（『三代人物史』五一二頁）。その好例は、彼らがジェーンズを高く買う結果、新島やデイヴィスに対する評価を不当に低めている点です。

ジェーンズへの反感

要するに蘇峰は、ジェーンズが嫌いです。本人がそう断定しています（『我が交遊録』三〇二頁）。最初に熊本洋学校に入学した際には、「進歩の見込みがないからということで、退学を命ぜられた」ことを、少年ながら「すこぶる憤慨」しています。

その結果、「今後、誓って英学などということはしない」と決断します。「その代り、漢学によって世上、英書を学ぶ者と太刀打《たちう》ちをしても、決して負けないだけのことをする覚悟をきめ、初めて真剣に漢籍を勉強することとした」（『読書九十年』二六頁）。要するに、「これから全く漢学でやり通さんと考へてゐた」のです（『蘇峰自伝』六〇頁）。

この時の、漢学で勝負をするんだ、という決意を蘇峰は、同志社に来てからもずっと貫きます。それは、とりもなおさず「英書を学ぶ者」、すなわち先輩の「熊本バンド」たちとの太刀打ちにほかなりません。

蘇峰のジェーンズ嫌いは、新島と京都で出会うことにより、いっそう加速しました。ジェーンズの場合、教え子の「平等一視は、彼には出来ない芸当」で、必ず「羊と山羊《やぎ》とを区別」したといいます。ジェーンズが、出来る生徒（蘇峰の先輩たち）と出来ない生徒（その一人が蘇峰です）をはっきりと峻別したのに対し、新島はあくまでも一視同仁でした。すべての生徒を分け隔てなく、というよりも、むしろできない生徒に目をかけました（『三代人物史』五一三頁）。

しかるに、「熊本バンド」は同志社ではアンチ新島党に転じます。このことが、先輩への反発を蘇峰の中で増幅させることに繋がったのは、言うまでもありません。

常人と偉人の差

もうひとつ、背景にあるもの、それは、当時の日本人、とりわけ九州男児が抱く偉人観です。東洋風の「豪傑」や「偉人」、あるいは「英雄」がもてはやされた時代です。新島は、と言えば、いずれのイメージからも、はるかに遠い存在でした。

蘇峰の回想によると、新島は「豪傑ぶらず、学者ぶらず、智者ぶらず、識者ぶらず、〔中略〕重厚篤誠の一紳士」でした（『三代人物史』三九五頁）。

かえって、「先生は寧《むし》ろ温和にして、婦人の如《ごと》く」といった印象を周囲に与えています（『新島先生記念集』七二頁）。これでは、九州男児から侮蔑されても仕方ありません。

浮田はこう分析、反省します。「先生は人格に作り飾りが無く、普通の人と同じ様で、狼狽《うろた》へる時には狼狽へ、煩悶《はんもん》する時には煩悶せられる、といふ風で、全く人間味たっぷりの人であったから、私の如《ごと》きものには、先生と常人との区別が何処《どこ》にあるのか、解《わか》らなかったのである」（同前、一四六～一四七頁）。

「倍返し」しない

確かに新島は見た目には、ちっとも「豪傑」、「偉人」、「英雄」らしくありません。むしろ、「普通の人」、「人間味たっぷりの人」です。見た目では並の人間を越える存在ではない、という意味で、むしろありきたりの「俗人」です。

だからこそ、優秀な「熊本バンド」からは、「いじめ」を受けます。その点、初対面で新島の人物を見抜いた蘇峰は、先輩と違って、慧眼《けいがん》の持主です。あっぱれです。

生意気盛りの「熊本バンド」から挑発されても、裏は乗りません、キレません。TBSの人気ドラマ主役、半沢直樹のように「やられたらやり返す」ことはしません。「倍返し」するかわりに、むしろ「恩返し」しようとします。相手を敵とみなさないで、大事な「同志」扱いしようとするからです。

新島の偉人観

それでは、当の新島は自分のことをどう考えていたんでしょうか。彼自身が書き残した説教草稿には、それが窺えるような記述が見受けられます。

「悲〔しい〕哉《かな》、日本、支那《しな》ノ人物、豪傑ハ、唯々人倫ノミニ止リ、上之《の》天父ト交ルヲ知ラス。天父ノ力ヲ貸〔借〕ル事ヲ知ラス」（②四四〜四五）。

アジア特有の「豪傑」は神から断絶して、えてして利己的なのが問題だ、というのです。実際、ある時の説教で、こう痛心しています。

「我国民は、古来、英雄崇拝の国民であるが、なぜ一歩進んで、英雄の英雄、否《いな》、神の独子《ひとりご》、人類の救主《すくいぬし》にして最高模範たるイエス・キリストを崇拝しないのであるか」と（『新島先生記念集』七九頁）。

そうなんです。新島にとって、最大の英雄はキリストです。ですが、一般の人には、十字架の上で張り付けにされたキリストは、英雄どころか、惨めな敗残者にしか見えません。

豪傑ではなく、赤子

新島の偉人観は異色です。なにしろ「太政大臣〔総理大臣〕の位《くらい》にあらんよりも、寧《むし》ろ伝道師の任に当らん事を欲す」と言ってのけるような人ですから（②四〇一）、一般の英雄観とはかなりの隔たりがあることは、確実です。

自身、「我輩、誤テ豪傑タラハ、他年、生長ノ望ナシ。去レド、赤子タラハ、克《よ》ク生長スヘシ」と言っております。だから、かつての教え子にも「古来アジヤノ豪傑風ヲ全ク蝉脱《せんだつ》シ、謹慎、神之《の》赤子タルヲ勤メ」るように、と勧めています（③五六四）。

実際、新島は周辺の紳士や名士と思われた人の中に「随分心事の低級な者」を見かけると、そうした人たちに関しては、「虚言吐き」とか、「恥知らず」といった激越な言葉を発したといいます（『新島先生記念集』八八頁）。時にはもっとひどく、「肉食動物」とか、「腐水の蛆《うじ》」と呼ぶことさえありました（拙稿「悲哀のしもべ・新島襄」七一頁、『新島研究』六四、一九八三年五月）。

やはり、新島は万人向きの「豪傑」や「偉人」にはなれません。イメージとしては、見た目が「弱い人」ですから。それに、泣き虫ときています。だから、ちょっと変わった「普通の人」が、彼にはお似合いなんでしょうか。

「もっとも小さな者」

彼自身も、ちっとも偉ぶりません。英雄になりたいとも思っておりません。自己認識は、その真《ま》逆《ぎゃく》です。心底から「もっとも小さな者」と思っています（本書「新島のことば」一一八頁を参照）。

新島の臨終の際に、頼まれて聖書を読んだのは、「熊本バンド」のリーダー格であった小崎弘道です。新島が指示したのは、「エフェソの信徒への手紙」三章です。伝承によると、そのうち十二節と二十節をとくに二回読ませています（池本吉治編『新嶋先生就眠始末』一四頁、警醒社、一八九〇年）。

私は、七節の言葉に注目します。「聖なる者たちすべての中で、最もつまらない者であるわたし」という聖句です（本書一一九頁）。新島はこのことを今一度、人生の最期に確認すると同時に、そうした自分をも用いて下さった神への感謝を最後に捧げたかったのでしょうね。

大人と小人

徳富蘇峰が同志社を見限って中退する際、新島は「大人《たいじん》とならんと欲せば、自ら大人と思う勿《なか》れ」という餞《はなむ》けの言葉を贈っております。もらった蘇峰は、正直、心外でした。「先生は、予が余程、自惚《うぬぼ》れでもしてゐるかの如《ごと》く考へ、予を誡《いまし》められたものであらう」とやや不満気に回想しています（『蘇峰自伝』一二一頁）。それもあったかも知れませんが、大体はこれが、新島自身の「自戒」でもあったはずです。

蘇峰の先輩を始め、在学中の「熊本バンド」は、自分たち以上に偉いものはいない、との自負と自信にあふれていました。これでは、恩師との格差を埋め切れるはずはありません。

それにしても新島という人は、その真価がなかなか認められにくい「大人」ですね。

（滋賀地区信徒大会、日本キリスト教団大津教会、二〇一三年九月二三日）

「最も小さな者」(a least one)

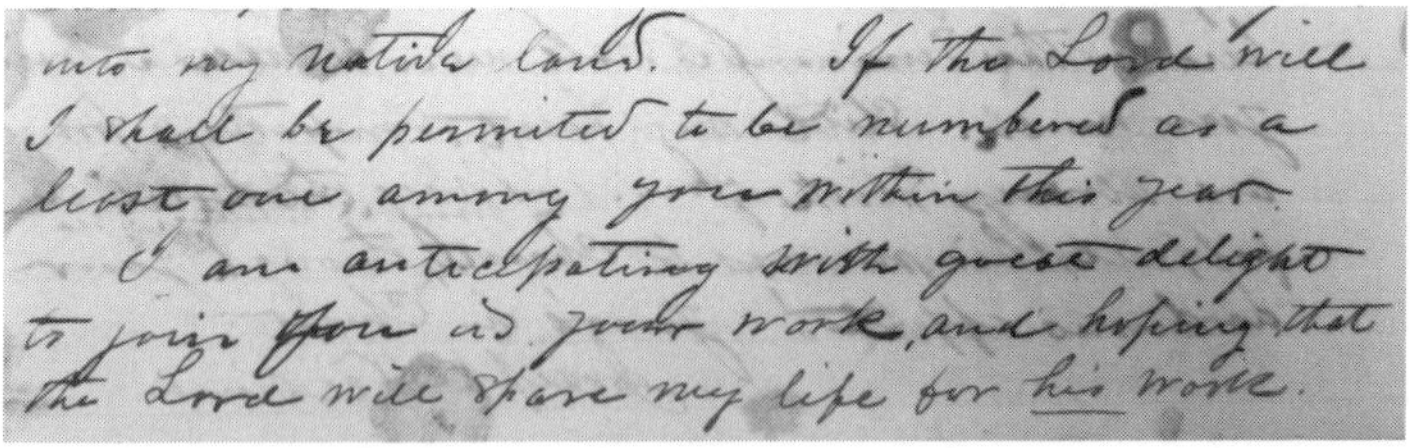
into my native land. If the Lord will
I shall be permited to be numbered as a
least one among you within this year.
I am anticipating with great delight
to join you in your work, and hoping that
the Lord will spare my life for his work.

最近、発掘された新島襄書簡（アメリカン・ボード・ジャパンミッション宛て、一八七四年五月七日付）に出る一句（北垣宗治「新発見の新島英文資料」六頁、『同志社談叢』三四、同志社社史資料センター、二〇一四年三月）。

アメリカ留学を終えようとする新島に、阪神地方在住の先輩宣教師たちから誘いが来た。それへの返信である。「皆さま方の中で最も小さな者」（写真の本文、上から二～三行目）にとっては、思い掛けない招きである、と新島は感謝する。

「皆さま」（you）とは、在日宣教師たちを指すが、新島にとっては「すべての人」を指すのも同然である。

聖書の中にも似た表現がある。「私の兄弟であるこのもっとも小さい者のひとり」（one of the least of these brothers）である（「マタイによる福音書」二五章四〇節）。

新島が、大磯での臨終の床で小崎弘道に読ませた聖句（「エフェソの信徒への手紙」）も、そうである。「聖なる者たちすべての中で、最もつまらない者であるわたし」というパウロの言葉（三章八節）である。

大河ドラマの臨終シーンでは、小崎が最後の祈りを捧げた。「私は神の力によって、この福音に仕える者とされました。全ての信徒たちの中で一番小さな者である私が、この恵みにあずかることが出来たのです――」。

新島は、職場でも教会や家庭でも「一番小さな者」に徹しようとした。とりわけ、学校では、決して教師ぶらず、校長ぶらなかった。「我輩は生涯、先師タラス、無智之後弟ナリ」。これは新島の母校（フィリップス・アカデミー）の校長の言葉で、新島にとっても「最モ生ノ意ニ適ス」ものであった（③三六四）。

新島は同志社創設以来、「不幸ニシテ先生ト称セラル」ことに終始、違和感を抱いていた（③三六四）。「先生と呼ばないように」、「新島さんと呼んでほしい」と生徒たちに声涙共に下して、再三懇願した話はよく知られている。

永年にわたる同僚であったJ・D・デイヴィスにも、似たような証言がある。

「新島は最初から学校の長であった。しかし、あのすべての期間〔十五年間〕にわたり、彼は常に背景の方に身を隠し、〔同志社〕社長〔同志社総長〕としての権限を主張したことは、なかった。チャペルの壇上で、〔中央の〕社長の席に彼を坐らせることは、なかなかむずかしいことであった」（J・D・デイヴィス著、北垣宗治訳『新島襄の生涯』一九九二頁、同志社大学出版部、一九九二年）。

↙射る矢にこむる大丈夫《ますらお》の意地」の要点は「大丈夫の意地」にある。つまり、当時、新島が死力を尽くしていた同志社大学の設立をなんとしてでも成就したい、という不屈の決意表明である。「岩ヲモ徹《とお》レノ御精神」、「徹金石之精神」である（④一八〇、③三四五）。

一方、八重にしても、生涯にわたって不退転の決断を何度も強いられた経験を持つ。「八重の桜」の最後の決めゼリフ、「私《わだす》は諦《あぎら》めねぇ」がいみじくも示しているように、めったなことでは「諦めない女」である。「女丈夫《おんなますらお》」だからである。すなわち、襄と気性の点で共通因子を多分に持つだけに、八重にとっては、襄を偲ぶ作品としては、内容的に「いしかねも」以上のものはない。

手紙の本文は、以下の通りである（読み下しは、同志社大学人文科学研究所職員・竹内くみ子氏による）。

「拝啓　明治四十三年一月廿三日は、亡夫襄二十週年期に相当致し候については、平昔同人とご懇親の方々に対し、聊《いささ》か記念の印として同人絶筆の一とも可申もの、別紙複製の上、拝呈仕候間、御受納被下はゞ、本懐ふ過之候

頓首

明治四十年一月下旬

京都寺町丸太町上ル

新島八重子

高口庄司様　」

コラム(5)

「いしかねも」と八重
――新しく見つかった八重の手紙から――

八重は、襄の永眠20周年記念に夫の遺作（和歌）、「いしかねも」（本書145頁）を複製して、関係者に贈呈した。1910年１月下旬のことである。そのうち、高口庄司という同志社普通学校の卒業生（1894年卒）に贈呈した複製の裏には、八重の手紙が貼ってある。ただし、代筆である。大勢の人に贈呈する関係から、手分けして「送り状」を作成したのであろう。

これまで知られていなかった手紙で、受取人・高口庄司氏の娘の遺品の中にあることが、2013年12月に遺族（高口恭行《やすゆき》氏）により判明した。

「いしかねも」の和歌（拙著『錨《いかり》をあげて』176頁）は、襄が大磯で迎えた最後の正月に作詞・揮毫したものである。1890年１月10日、亡くなる２週間前のことで、和歌としては、最後の作品となった。複数枚（少なくとも３枚）書いた中から、１枚を特に八重に贈り、こう書き送っている。

「けさ思ひ立、私のあるほーき〔原文通り〕昔の関東武士の如き歌を半切に書き申候」。「お前様へさし上候分は、決して他ニ御譲りなく、往々は表具なしをき被下度候」（④三三三）。

したがって、「いしかねも」はきちんと表具されたものが、今も八重の遺品の中に保存されている。その後、これをもとに同志社校友会などが卒業記念品として何度も複製を作っている。この「いしかねも」については、拙稿「新島襄の『白鳥の歌』――『いしかねも』秘話――」（『新島研究』90、1999年２月）で紹介したことがある。

今回、その存在が判明した八重の手紙によれば、「いしかねも」の複製を最初に作成したのは、八重のようである。襄の永眠記念としては、最適の書である。というのは――この和歌の全文、「いしかねも透《とお》れかしとてひと筋に　↗

八重の変身
――ジャンヌ・ダルクからハンサム・ウーマンへ――

西南女学院と同志社

皆さま、こんにちは。西南女学院は、初めてです。ですが、このマロリーホールに入ると、自然と親戚の家に来たような、そんな懐かしい気分になります。

ひとつは、正面に飾ってある原松太《まつた》先生の肖像画のせいでしょう。先生は、同志社中学から同志社専門学校（英文科）に進み、オベリン大学に留学されました。年齢的に言って、私にとっては同志社の大先輩です。そればかりか、新島襄の後裔《こうえい》とも言うべきキリスト教教育者です。本学で大黒柱的な働きを華々しく展開された、と聞いております。

さっき六号館の前を通りましたら、「原記念館」と刻まれた銘板が、入り口に掛けてありました。初期の西南女学院では、原先生がキーパーソンであったことが、ここからも窺えました。このホールも、原先生が本学院長の時に竣工しているとのことですね。

W・M・ヴォーリズ

この原先生のほかにも、西南女学院と同志社を結ぶ絆が、もう一本あります。それがこの建物の設計者、W・M・ヴォーリズです。彼が設計した建物は、同志社にも四棟あります。うち、ふたつ（啓明館と同志社アーモスト館）は登録有形文化財に指定されているとてもきれいな校舎です。

さらに、ヴォーリズは同志社の校歌（カレッジ・ソング）を作詞しています。「ワン・パーパス」という名前で呼ばれています。英語、それも古い文体の英語で書かれていて、しかも四番まであります。「日本一覚えにくい校歌」と皮肉られています。私も二番と三番は、歌ったことがありません。

綾瀬はるか

さて、今朝は、「八重の桜」で有名になった新島八重のお話しです。皆さん、大河ドラマ見てますか。前半の会津編は、戦争が中心で、しかも会津が負けることがわかっているため、見るのが辛いとか、見ても面白くない、という学生が多いようですね。

現在、京都・同志社時代ですから、学園もの、あるいはホームコメディーになった、と皮肉られたりしています。

それでも、綾瀬はるかサンのおかげで、八重の名前は全国的になりました。それにしても、綾瀬サンの人気は、スゴイですね。最近、発表された「理想の夫&妻」ランキングで（嵐の桜井翔《しょう》クンと並んで）堂々の一位です。

男女ともにファンが多いのが、彼女の強みです。以前、女性アンケートの「私がなりたい顔ランキング」でもやっぱり一位でした。これでびっくりしているようじゃ、ダメですよ。ネットには、「綾瀬はるかがランクインしている「ランキング」の一覧さえ、出ています。それによれば、四百三十七種類ものさまざまなランキングのうち、彼女は実に百十三種でトップを占めた、というじゃありませんか。

私は、八重絡みで二度、会うチャンスがあったのですが、崇高な大女優のイメージはありません。一見、どこにでもいるような感じの女性です。それがまた、魅力なんでしょうね。言われているように天然、と言うか、自然なキャラでした。

変身ものがたり

その綾瀬サンが演じる八重が、今年の大河ドラマ、「八重の桜」の主人公です。すでに全五十回中、四十四回が終わっていますから、見ている方には、粗筋《あらすじ》を繰り返す必要はありませんよね。

見てない人のために、ストーリーを乱暴に絞ってしまうと、八重の変身ものがたりです。八重の人生を「ジャンヌ・ダルクからハンサム・ウーマンへ」という線で描こうとする作品です。

前半は、会津時代、後半は京都時代。それぞれのステージで八重を演じる綾瀬はるかサンは、さながら別人に見えます。

まるで『大改造!!劇的ビフォーアフター』です。改造後の家屋さながら、とても同一人物とは思えないくらい変貌しています。ただし、ドラマですから、綾瀬さんはちっとも歳をとりません。メークは老け顔じゃなくて、どこまでもきれいなままです。ですが、思いっきり顔を整形した人の場合、手術後の容貌は、それ以前の外見とは大違いです。八重の内面的な変身も、それくらい激変しております。

この点は、クランクアップ後の綾瀬サン自身のコメントとも一致します。こういう感想を残しています。「特に襄に出会ってからの八重は、さまざまな人と出会って変わっていくので、お芝居をしていても楽しかったですね。一年とはいわずにもっともっと撮影したかったです」。

女優自身が、変身ぶりを実感しています。

さながらマイ・フェア・レイディ

八重の変身振りは、ミュージカルで言えば、「マイ・フェア・レイディ」です。ヒギンズという教授が、田舎言葉しか話せないダサイ花売り娘、イライザを教育して、社交界で通用する貴婦人に立派に仕立て上げる、というストーリーです。映画でもオードリー・ヘップバーンを主役にして、評判をとりましたね。

ただし、八重とイライザには、多少の違いがあります。八重の場合は、「単なる変身」ものがたりではなく、いずれのステージでも逞しく生きる、というのが狙い目です。

脚本を担当された山本むつみさんは、八重の頑固さを高く買っておられます。「新島襄と結婚し、周りから『悪妻』と批判されても、どこ吹く風で自分を貫いていきます。その頑固さと新しいものを面白がる気持ちがあったから、どんな壁でも突き破っていけたのでしょうね」というわけです（ＮＨ

K「八重の桜」HP)。

「三・一一」でドラマの主役に抜擢《ばってき》された八重のことですから、復興のイメージキャラ、あるいは復興のシンボルでなければなりません。だから、女兵士はもちろん、クリスチャンとしてもパワフルに振舞う姿が描かれます。反対を押し切って自己を貫くだけの一徹さが必要です。大河ドラマでは、八重は最後までそうした姿勢を押し通します。

ドラマの最終回

ネタバレになってしまいますが、十二月のドラマ最終回、それも最後のシーンは、こうです——八重は会津に戻って、例の桜の木の傍で、銃を撃つ。台本のト書きでは、こうなっています。

「八重、銃口を上に向ける。　八重、空に向かって銃を撃つ。銃弾が、曇天を切り裂く。ぱっと広がる青空。陽光の中に、舞い散る桜の花びら。八重、静かに銃を置く」。

そして、一言、「私《わだす》は、諦《あぎら》めねぇ」と叫んで、ドラマは幕を閉じます。

これが、一年間続いた大河ドラマのエンディングです。ジャンヌ・ダルクとして八重が会津で闘った時には、銃口は敵兵に向けられていました。同じ銃(しかも最後の一発)を撃つにしても、ハンサム・ウーマンを経た後の八重は、空に向かって銃弾を撃ちます。曇天を青空に替えるためです。鉄砲は、明るい未来を切り開くために使うというわけです。

変身の結果、人生の戦い方に確実に百八十度の変化が生じています。

敵は憎む者、それとも愛すべき者？

変身の消息をもう少し具体的に言います。前半では「敵を憎め」、というより「敵を倒せ」。殺さなければ殺される、という世界で生きた女兵士です。お城を守る会津戦争で、現実に敵（新政府軍）と戦うわけですから「やられたらやり返す」が当たり前。まるで「倍返し」の世界です。敵に殺された弟や父親の仇《かたき》を討《う》たねばなりません。

それが、後半生になると、一変します。「汝の敵を愛せよ」ですから。京都でキリスト教に出会い、新島の指導を受けて、聖書の教えを実践するクリスチャン・レイディに成長します。もちろん最初は、八重も面喰います。そりゃそうでしょう。むしろ猛烈に反発します。

ドラマのセリフを引いてみます。「敵を憎むな」と聞いて、「敵《てき》を大切にして、敵のために祈れどいうげんじょ、殴ってきた相手《あいで》を憎《にぐ》まねぇ人間が、この世にいんべか」と反発します。「黙ってやられでいだら、何もかも奪われでしまう」からです。母親の佐久も八重にこう同調します。「耶蘇《やそ》の神様は、国を追われだごどがねぇお方なんだべな」（第三十四回）。

薩長を敵視する八重

八重は襄と結婚式を挙げる前日、洗礼を受けます。京都に生まれた最初のプロテスタント信者です。そこには躊躇《ためら》いや不安は、なかったんでしょうか。確かなことは、勇気が要《い》ったはずです。

信者になってから、かつて鉄砲や大砲を撃ち合った長州や薩摩の人間に対する態度が、八重の中でじょじょに変化して行きます。もちろん、かつての敵を赦《ゆる》す気分にはすぐにはなれません。同志社の学生にしても、薩長出身の学生には冷たかったといいます。夫の襄から、何度も忠告されたようです。

襄の晩年、八重はついに薩摩の学生を、自宅で開く正月のカルタ会に招待します。それを旅先で聞いた襄は、おおいに喜んだといいます。

「八重の桜」には、カルタ会に招かれた薩摩出身の男子学生は、出てきません。代わりに同志社で学ぶ薩摩出身の女学生が出てきます。

土下座する八重

名前は、小松リツと言います。会津戦争で父親を女兵士から殺されました。リツから事実を知らされた八重は、この学生に土下座して謝ります。このシーンは、視聴者の間でちょっとした論議を呼びました。八重の行為を素直に受け止める人がいるかと思うと、その一方で、八重らしくない、と疑問視されたりしています。

実は、リツは架空の学生です。八重の出番を多くするために、ドラマの上で創作された人物です。だから、史実の上では八重の土下座はありえません。けれども、変身の結果、彼女が信徒になったことを鮮明に見せるためには、ドラマでは必要なシーンです。ジャンヌ・ダルクのままだったら、ありえない謝罪ですから。

八重の変貌振りを視聴者に明確に伝えるために不可欠な創作です。ちなみに当初の台本では、この回のテーマは「薩摩の女学生」でした。それが、本番では、「私たちの子ども」に変わっていました。テーマ自体が見事な変身です。リツは、裏だけじゃなく、八重にとっても愛すべき「実子」になったわけです。

「ハンサム・ウーマン」の誕生

八重をこのように「ハンサム・ウーマン」へと変身させたのは、キリスト教や聖書、さらには新島裏です。ただ、「ハンサム・ウーマン」という用語自体は、新島のものじゃありません。NHK（ディレクター）の造語です。

四年前に「歴史秘話ヒストリア」という番組で八重を取り上げたディレクターが、新島が書いた英文の手紙の一節にビビッと来て、思いついた言葉です。その着想は、さすがですね。この言葉が、当時の番組名に使われました。

長いですよ。「明治悪妻伝説　初代ハンサム・ウーマン　新島八重の生涯」。この番組は、今年の大河ドラマに八重が抜擢された有力な要因のひとつになった、と私は推測しています。その証拠に、「八重の桜」の第一回が放映された三日後に、再放送されました。ただし、タイトルを「〝ハンサム・ウーマン〟がゆく　新島八重　不屈の会津魂」に代え、中身も多少、リメイクされていました。

ただし、私のインタビューシーンは、削除や削減されずに、四年前のままでした。

この番組は、「八重の桜」の応援（宣伝）番組としては、霊験アラタカ、効果上々、とでも思われたのでしょうか、「八重の桜」最終回（十二月十五日）の一週間前（十二月八日）にも、またまた再放送されます。前回見逃した方は、ぜひご覧ください。

「ハンサム」の意味

新島が使った「ハンサム」の意味について、補足しておきます。彼は、婚約者の八重を紹介するために、アメリカの恩人に英文の手紙を送りました。その一節に、「彼女は少しもハンサムではありません。けれども、生き方がハンサムなのです」といった意味の文章が出てきます。二度目に使われたハンサムという言葉は、英語の諺、「外面よりも内面」、「見かけよりも心」にも使われています（拙著『ハンサムに生きる』五頁、七六～七八頁）。

さすがに牧師だけあって、新島は他人《ひと》、とりわけ女性を見る場合、容貌よりも精神を重視します。だから、「ハンサム・ウーマン」というのは、きわめて精神的な意味合いの濃い用語です。「イケメン女性」といった解釈や訳は、完全な誤訳《ミス》ですよ。顔は問題じゃありません。あくまでも心です。生き方です。この点、八重はさすがに正しく理解しています（本書三一一頁）。

「見えないもの」

新島が八重に期待した「ハンサムに生きる」生き方は、聖書に由来しています。さっき司会者に読んでいただいた「新約聖書」（「コリントの信徒への手紙Ⅱ」）の中に出て来るキーワードに新島も着目したはずです。「内なる人」と「外なる人」、あるいは「見えないもの」と「見えるもの」という対比です。

「外なる人」や「見えるもの」は一時的です。衰えたり、すたれたり、過ぎ去ってしまうからです。それに対して、「内なる人」や「見えないもの」は、日々新たにされ、永く続く、とあります。どちらに価値を置くかによって、私たちの生き方は、明らかに差が出てきます。

私たちは、とかく見た目で判断されてしまいます。じゃ、私たちはと言えば、私たちも他人をそういう目で見がちですね。

見かけ

証拠がありますよ。以前、竹内一郎『人は見かけが九割』（新潮新書、二〇〇五年）という本が、ベストセラーズになりました。そうしたら最近（七月）、『やっぱり見かけが九割』という続編が出ました。受けてるんですね。

女性評論家も後を追います。勝間和代『結局、女はキレイが勝ち』（マガジンハウス、二〇〇九年）。「キレイ」と言われると、まず連想するのは、美貌ですよね。

ここにいらっしゃる四年生や三年生は、就活を経験されていますから、実感として共感してもらえると思いますが、就活でも外見や第一印象が重視されます。書類審査や面接で次々と撥《は》ねられると、どうしていいのか、分からなくなりますよね。だから、先月（十月）、またまた『「見た目が九割」内定術』という本が出ました。

私のゼミ生でCA希望の女性がいました。東京の有名スタジオへ就活用の写真を撮りに行ってました。何万円もするんだそうです。タレント並みにきれいに撮ってくれるから、だそうです。場合によっては、化粧や写真だけでは手に負えない、とばかり、美容整形に希望を託す学生も出てきます。

教会でも人を差別することが

人を見た目で判断しやすいのは、教会でもそうです。「ヤコブの手紙」（二章一節〜四節）には、「金の指輪をはめた立派な身なりの人」と「汚らしい服装の貧しい人」が教会に来るシーンが出てきます。

金持ち風の人、今で言えばブランドに身を固めたセレブやハイソは、信徒たちから特別の目で迎えられます。「こちらの席にどうぞ」と丁寧に案内されます。これに対して、貧乏ったらしい人には、「そこに立っているか、座りたいならば私の足元にでも」と素っ気ない対応です。

聖書は、こうした「分け隔て」をしないように、と釘を刺します。聖書の教えが説かれる教会でも、外見が問題にされるとしたら、世間ではいっそう、そうです。ですが、さすがに新島は牧師ですから、こうした差別から自由です。

その好例が、ラットランドにおけるミッション集会でのアピールです。アメリカ留学を終え、帰国する時に、キリスト教学校を立ち上げるための募金を涙ながらに訴えました。会場で千ドルを寄付してくれたセレブよりも、わずか二ドルを捧げた老農夫の心根を新島は高く評価します。そうした新島の受け止め方は、世間的には逆、マイナーです。

ちなみに、「八重の桜」では、二ドル献金のエピソードは取り上げられませんでした。帰りの汽車賃を全部差し出した貧しい農夫を出した方が、感動的と思ったのですが、この提案は採用されませんでした。今でも残念です。

「心の目」

「外なる人」や「見えるもの」は、いつの世でも注目され、重要視されます。でも、『星の王子さま』が示すように、「肝心《かんじん》なことは、目に見えない」。そのため、「心で見なくちゃ、ものごとはよく見えない」のです。

だから、ハンサムに生きるというのは、心で見る目を養うということです。

新島は江戸で送った青年時代に、初めてキリスト教の記事に触れます。オランダ語の本で「創造主」、漢文の本から「天父」という文言を知って、神の存在をおぼろげに知るようになりました。

新島はこの時の発見を感動的な言葉でこう回想しています。

「これらの書物すべてのおかげで、生まれてから二十年間、見えなかったものが、いくぶんかすかに私の心の目に見えるようになった」（編集委員会編『現代語で読む新島襄』一七頁、傍点は本井、丸善、二〇〇〇年）。

変身への第一歩です。みなさんとほぼ同じ世代で、「心の目」に開眼してますよ。新島はのちにそれを確信して信徒になります。ついで、それを他の人に伝えるために牧師になります。

「見た目」で裏を判断すれば

したがって、裏の後半生は、明らかに見た目よりも内面重視です。にもかかわらず、映画やドラマでは、そういう扱いをされない時があります。「八重の桜」で言えば、祈るシーンがそうでした。ドラマは形から入りたがります。大体、教会を「外側」から見た場合、もっとも教会らしい造りは、カトリックか聖公会です。一見して教会というのが、分かります。祈る時も、ロザリオをまさぐり、胸の前で十字を切れば、誰が見ても祈ってることがわかります。

当初、NHKは新島の祈りも、それ的に考えていた節《ふし》がありました。牧師を出す場合は、それなりのローマンカラーやガウンといった装束を身に着けることも考えていたようです。

新島は教派から言えばプロテスタント（会衆派）ですから、外見だけ見ておれば、祈る姿にあまり特徴はありません。だから、何らかの「工夫」がほしくなります。

小学生の例を挙げます。同志社で学校案内を作るために礼拝の風景を撮った時のことです。普段は手を膝の上に置いて、黙想して祈るだけの小学生たちが、いったんカメラが入ると、がぜん態度が一変します。にわかに胸の前で手を組み始める子どもたちが出てきます。ヤラセや演出じゃないにもかかわらず、子どもたち自身が、反射的に反応する、というのが面白いですね。

最終的には、パンフにはそちらの写真が採用されました。誰が見ても礼拝風景だと察知できるからです。そうじゃないと、公立小学校でやっているのと同じような、単なる朝礼と思われてしまいます。

襄のライフ

新島は、外見や形にはこだわりませんでした。あくまでも内面です。自身、牧師ですから、生き方にしても、自らハンサムに生きる姿勢を志向します。そうした努力をする一方で、それを他人《ひと》に勧めもしました。その感化は、当然、八重にも及びます。

襄を亡くしてから、八重は四十年以上、シングルライフを送ります。晩年、彼女は「襄のライフは私のライフ」と断定しています（本書一五五、二九〇頁）。注目してください。「尚之助のライフ」とは、言っていません。やはり、最終的に八重の生き方のモデルは、襄なんですね。

八重は、襄から教わった「ハンサムな生き方」を日本語でこう言い換えています。「美徳、以《もっ》て飾りと為《な》せ」。これが額になって、会津若松の県立葵高等学校の校長室に掛けてありました。

「美徳」という言葉は、内面的な美しさを表わしています。実はこれは、もともと襄の言葉です。熊本女学校の学生に書き与えた文言です。八重はそれをそのまま踏襲したのです（拙著『ハンサムに生きる』口絵⑤、七九頁）。

ということは、百パーセント、夫に共鳴していた証拠です。日本女子大での講演でも、八重は「美徳を以て鏡とせよ」と題して、心を飾ることを説いています。鏡に心を映して、心の化粧に努めてほしいというメッセージです。

ハンサム・カップル

八重は別の折に、「クリストの心を心とせよ」という言葉をある信徒に贈っています（拙著『八重の桜・襄の梅』口絵①）。これなど、新島牧師の感化がもっともはっきりと表われている証拠です。新島もある伝道師に対して、「基督《キリスト》の心を以て心と為《な》し、ポール（パウロ）の精神を以、模範とすべし」と勧めています（④八八）。

八重の人生、とくに後半の京都時代は、襄抜きには語れないことが、分かっていただけましたでしょうか。ふたりを「ハンサム・カップル」として見ないと、八重の生涯、とりわけ後半生は十分、掘り下げられません。前半生から見ると別人のような生き方を追い続けましたから。

この夫妻が良きカップルである標《しるし》が、一昨日（十一月四日）、同志社校友会によって生まれました。新種の八重桜二本が、「新島旧邸」敷地内にある新島会館の前に植えられたのです。一本はコスモス咲きで、「新島襄の桜」と名づけられ、もう一本のバラ咲きが「新島八重の桜」と命名されました（本書五五頁）。

八重に托した望み

会津時代、敵を憎み、敵をやっつけることを使命と信じて疑わなかったかつてのジャンヌ・ダルクは、京都でキリスト教に出会ってから、隣人愛に目覚めます。敵を赦し、敵を愛する襄の愛に最初はとまどいやカルチャーショックを受けたことでしょう。

ある時、襄は八重に対してこう懇願しています。

「此身《このみ》を主基督《しゅキリスト》に捧げ、且《かつ》我愛する日本に捧げたる襄の妻となられし御身《おんみ》ならば、何卒《なにとぞ》、夫之《の》志と且其《かつその》望をも御察し」下されたい、と。とりわけ、「己《おのれ》を愛する者の為《ため》に祈るのみならず、己れの敵の為にも熱心に祈」ってほしい、と言うのです（③三二八）。

「私を愛で満たしてくれだ」

襄が八重の変身に大きな力を発揮したことは、ドラマでは襄が亡くなるシーンで効果的に表現されるはずです。ネタバレになりますが、臨終を迎えた襄に八重は最期の言葉を泣きながら伝えます。

「ジョー、ありがどなし、私《わだす》を妻にしてくれで。いくさの傷も、犯した罪も、悲しみも、みんないっしょに背負ってくれだ。私を愛で満たしてくれだ。ありがどなし」。

そうなんです。人を「愛で満たす」こと、それが襄の願いでした。キリスト教の根本を、「愛、もってこれを貫く」（②一七八。編集委員会編『現代語で読む新島襄』一九八頁、丸善、二〇〇〇年）と断定した新島のことですから、周辺の人たち、とりわけもっとも身近かにいた八重は、それを全身で感じたはずです。

人は愛で満たされると、変わりますよね。八重を愛で満たした襄のひたむきな生き方が、八重を変身させたのです。

人を変身させる力

このハンサム・カップルには、もうひとつの共通点があります。梅です。襄はあきらかに梅、とくに寒梅が大好きでした。が、皮肉なことに、大河ドラマ効果で、襄も八重と同じく桜に擬せられることになりました。似た者夫婦という点では、結構です。でも、内面的にはやはり襄は梅がふさわしいでしょうね。「襄は梅」なんです。八重もしたがって、襄の感化で変身した以上、梅的な要素を持つ女性になったと言えます。

新島は人を改造する力を聖書からくみ取りました。そもそも、人を変身させる力をもっているのが、聖書です。外面《そとづら》ではなく、内側から人間を変える、すなわち内面の整形や改造に有効です。聖書には人の心を飾り、魂を豊かにする働きがあります。

皆さまもこの大学に在学中に、これまでとは一味違った別の生き方、あるいはライフスタイルがあるんだ、ということに気づいてください。そのためにこそ、こうした礼拝や聖書の学び、あるいはキリスト教的な行事が用意されているのです。

「自分探し」には、実に恵まれた環境にあることをぜひ承知してください。

変身の道筋

私の個人的な経験を紹介します。幼稚園は京都のキリスト教系（ルーテル教会）の幼稚園でしたが、何も覚えていません。仏教徒の母が、たまたま決めた進路に乗っかったまでです。

だから、同志社中学校に入学してから、ようやくキリスト教に触れたようなものです。これまた母親が選んだ進路でしたが、この出来事が、結局その後の私の人生を決めました。

大学生の時に、同志社教会（初代牧師は、新島襄です）で求道生活を始め、二年生で洗礼を受けました。変身の第一歩です。ついで、大学院修了後、地方のキリスト教主義学校、それも新設の高校に勤めたことが、変身をさらに加速することになりました。

校務の傍らにシコシコと取り組んでいたのが、新島研究でした。それがついには、趣味が仕事になり、同志社大学で有給のアーキビストとして、同志社史や新島研究に従事できる身分になりました。そして最後《あがり》は、思い掛けなくも神学部（大学院）教授です。新島を授業で教えるのが主たる本務、という実に恵まれたポストです。これが、変身の大団円、つまり最終局面です。

小学生ながら

今朝はこの集会の前に、西南女学院中高の礼拝（ロウ記念講堂）で襄と八重のお話をしてきました。先週は同志社系列の小学校（同志社国際学院）でした。四年生と五年生に授業をしました。小さな子どもたちや中学生に話をするのは、不慣れな私には神経を使う仕事です。

小学生の担当の先生から言われたことも、プレッシャーになりました。ひとつは、まだ歴史を習っていないという忠告。もうひとつは、事前学習で使った本が、子どもたちには読みづらいという苦情、というか情報です。たしかに、『現代語で読む新島襄』やら、『マンガで読む新島襄』は、四年生には取っつき難いでしょう。あれを編集やら監修した時には、小学生は「想定外」でした。中学生でも読めるような内容を目指す、というのが、当初の意図でした。

今にして思えば、小学生高学年でも読めるように、せめて振りかな（ルビ）をもっとつけるべきでした。そうすれば、理解力からしても、なんとか読みこなせる生徒が大勢、いるはずです。

私のロールモデルは

なぜなら、実際の授業（ふたコマ、九十分です）では、私の話をちゃんと理解してくれましたから。あとで書いてくれた感想文（四年生）を読んで、確信できました。

「本井先生って、もしかしてすごい人？」というのがありました。もっとスゴイのは、「私のロールモデルのひとりは、本井先生です。なぜなら、一つめはかしこい、二つめはかっこいい、三つめはやさしい、四つめは話がじょうず」。ここまで来ると、予備校のスーパー講師でも真っ青です。さながら褒《ほ》め殺しです。が、最後の「話がじょうず」は、うれしい反応でした。

九歳の子どもにも、意外に通じていることが分かりました。「ぼくは、熱心に本井先生がしゃべっている所にも目をつけました。あなたは、きっとすごい発見が出きると思いました」とも褒められました。

自分探し

それ以外にも私が気に入った感想文は、「あなたのお話で私がわかったことは、本井先生がどんなに新島先生が好きかです」。見抜かれてしまいました。文体からしても、帰国子女の感想でしょうね。また、「本井さんが、新島先生をロールモデルにした理由が、私にもなんとなくわかってきました」。これなど、大学生顔負けの感想ですよ。

西南女学院の皆さまも、ここでの四年間の大学生活で、これというロールモデルを見つけ出してください。その探求が、ほかならぬ「自分探し」です。本当の自分を発見し、自分を真に活かせる道も見出せるはずです。

一昨日、ここの短大で私の話しを聞いた短大生がふたり、今朝の大学の礼拝にも自発的に来て下さってることをさきほど、担当の先生からお聞きしました。うれしいですね。おそらく、日ごろから「自分探し」に意欲的に取り組んでおられるんでしょうね。

綾瀬はるかサンは、今年のドラマで実に見事な変身術を発揮中です。次は、皆さまの番ですよ。

（ミッションデイ特別伝道集会、西南女学院大学マロリーホール、二〇一三年一一月七日）

《補足》

講演を聞いた学生たちから集めた「応答カード集」ができました、と後日、西南女学院大学から印刷物が送られてきました。その中から、いくつかの「応答」（匿名です）を紹介してみます。

一、「八重の桜」のことは、まったく知らなかったけど、今日の講演を聞き、少し気になりました。
「ハンサムに生きる」女性は、かっこいいなと思いました。
二、今日のお話は、ドラマの裏話を始めとても興味深くて、とてもおもしろかったです。
「ハンサム・カップル」の意味は、お話を聴くまで分かりませんでしたが、「見た目ではない、生き方がハンサム」という言葉を聴いて、ドラマを観ていた私には、八重の生き方とリンクして、とても納得できました。

裏の他人《ひと》に対する考え方は、とても魅力的でした。私も「こころを飾る生き方」を目指して行こうと思います。
三、「美徳、以て飾りと為せ」の言葉が、こころに残った。「ハンサムに生きる」女性になります。大河ドラマ「八重の桜」にも、少し興味が持てた。
四、本日、奨励をしていただいた本井先生のお話には、非常に関心が持てました。私は歴史が好きなので、母と一緒に「八重の桜」を毎週、観ています。
八重さんは、外見だけではなく、内面がハンサムであること、会津にいた頃の、やられたらやり返すという考え方から、京都でクリスチャンになった頃に、他人や敵を愛するという考え方へ変化したこと、この変化がドラマのひとつのテーマであることなど、ここに書ききれないほどの様々な考え方を学びました。

先生もおっしゃっていたように、この四年間で自分探しができるようにしたいと考えました。

コラム(6)

「花は散らす風を恨まねぇ」
(八重のセリフ)

「八重の桜」の最終回、それも最後のシーン。会津の桜の大木の傍で、八重を演じる綾瀬はるかが、元家老の西郷頼母《たのも》(西田敏行)に言ったセリフが、「花は散らす風を恨まねぇ。ただ、一生懸命に咲いている」。

これで思い出すのは、新島が門下生の徳富蘇峰に宛てた手紙(1889年6月28日付)の中で、引用している李白の漢詩である(④一六二)。

草不謝栄於春風　　木不怨落於秋天
誰揮鞭策駆四運　　万物興歇皆自然
草は謝せずして春風に栄え　木は怨《うら》みずして　秋天[秋風]に落つ
誰か鞭策《べんさく》を揮《ふる》ひて四運に駆けん　万物興歇《こうけつ》して皆自然

新島はこの詩を引いた後、「如此《かくのごとく》小生之《の》生死も、偏《ひとえ》ニ天父之手裏に在り存する事なれば、人間栄枯之如きハ、喜ふニも足らす、又悲むにも及ハす」との感慨を述べている(④一六二。なお、写真は同志社社史資料センター蔵の④二三五を使用)。なお、読み下しは森中章光編『新島襄片鱗《へんりん》集』(225頁、丁子屋書店、1950年)による。

「精神一到金石亦徹」

新島襄のことば（2）

この文言（④二三五）は、内容的に新島遺作の和歌「いしかねも透《とお》れかしとてひと筋に射る矢にこむる大丈夫《ますらお》の意地」に通じる。新島は、「不屈の人」であると同時に、「意地の人」でもあった（本書一二〇～一二一頁）。

ほかにも、「堅忍不抜」（④二三五）や「岩ヲモ徹《とお》レノ御精神」（④一八〇）、「百折不屈」、「百折不撓《ふとう》」といった言葉を愛用する（本書二四六頁）。

新島の「百折不屈」や「大丈夫の意地」の姿勢を誰よりも高く買うのは、加藤弘之《ひろゆき》（帝国大学総長）である。彼は、新島追悼集会での講演で、新島は「強い精神」を持った人物、と称賛した。「精神」とは、「不抜の精神」、「不撓不屈の精神」である。「今年（一八九〇年）なくなられるまで、不撓不屈の精神を貫い」た人物である、という具合に、「不撓不屈」を当日、数回も多用する。

加藤は演説の最後を、「不撓不屈の精神という点で新島先生を手本とし、その精神を体得した日本人が一人でも多く、輩出することを願ってやみません」と締めくくる（J・D・デイヴィス著、北垣宗治訳『新島襄の生涯』一五六頁、同志社大学出版部、一九九二年）。

「裏のライフは私のライフ」（八重）

――川崎尚之助と新島襄――

視聴率

一昨日、とうとう終わりました。毎回、大河ドラマは正座して見ます、という方がいました。私はラフな格好ですが、一年間、はらはらドキドキして見ておりました。内容もさることながら、はたして視聴率がとれるかどうか、これも気になりました。

昨日のビデオリサーチ発表によると、「八重の桜」最終回は十六・六％だったそうです。当初から、視聴率は、アレコレ取沙汰されていました。結局、年間を通した平均視聴率は、はかばかしくありませんでした。歴代五十二作中では、下から四番目、なんとか「平清盛」越えだけは、クリアしました。

参考までに年間平均視聴率ワーストランキングからトップを占めた四番組をあげてみます。

一位　平清盛（二〇一二年）　一二・〇％
二位　花の乱（一九九四年）　一四・一％
三位　竜馬がゆく（一九六八年）　一四・五％
四位　八重の桜（二〇一三年）　一四・六％

「たかが視聴率、されど視聴率」です。あまり一喜一憂するのも、アレですが、数字自体は低いです。ですが、印象としては、嫌いな人が最初から見ないのに対し、見てる人は、それなりに入れ込んで見ています。その結果、感動したという視聴者が多くいます。

今年の大河ドラマは、「三・一一」の被災地向けに思いを込めたメッセージを発信したい、という特殊な使命を帯びていました。それは、ほぼ達成されたと思います。その分、これまでの評価基準がそのまま通用しない面があります。

ふたりの夫

その証拠に会津では、常時二十％を越え、年間で二十三・二％でした。そうなんです。最初から福島・東北復興支援の性格が色濃い番組なんです。番組の完結後に、制作統括の内藤慎介エグゼクティブ・プロデューサーは、「今年の大河ドラマは、三・一一がなければ、存在しなかった」と改めて明言しています。

「復興へ向けて厳しい道のりを歩んでいる福島・東北の皆さまへの応援メッセージの一助として」制作した、とも語っています。その点は、八重の夫の扱いでも明白です。

「ふたりの夫との夫婦愛を丁寧《ていねい》に描きたい」。

二年前（二〇一一年六月）、大河ドラマ「八重の桜」記者発表の際、内藤慎介氏の口から出た言葉です（拙著『日本の元気印・新島八重』一八頁）。要するに、無名の川崎尚之助を多少とも名の知られた新島襄と同じくらいに丁寧に扱う、との宣言です。

この時点では、最初の夫は、ほぼ無名でした。八重との離婚（離縁）も、全国的にはほとんど知られていませんでした。知名度だけじゃありません。残された資料も、襄（プラス八重）の場合と比べると、月とスッポンです。後者は、遺品や伝記、研究書を含めますと、大型トラック一杯はあります。それに対して、尚之助の方は、大匙《おおさじ》一杯くらいでした。

尚之助の逆襲

それが、「八重の桜」が終わった現時点では、ふたりの夫の位置は、逆転していそうですね。尚之助の逆襲です。長谷川博己人気も手伝って、尚之助の株は、新島以上に上がったんじゃないでしょうか。

もちろん、現在のヤフー検索でも、襄（五十三万件）は依然として、尚之助（十・五万件）を凌駕してはいます。ですが、差は大幅に縮まりました。二年前だったら、両者の差は、それこそ五十万くらいはあったのじゃないでしょうか。それが現在では風の勢い、とくに瞬間最大風速では、襄は完全に負けています。

ドラマの出番でも、そうです。完全に逆転されています。ドラマ前半（会津・米沢時代の三十余回）を通して、尚之助はほぼ出ずっぱりでした。さらに、襄がメインとなるはずの京都時代でも、依然として顔を見せるばかりか、三十三回目などは、なんと「尚之助との再会」と銘打たれて、主役並みの出番でした。

一方の裏（オダギリジョー）は、やっと第三十四回目の「帰ってきた男」から、本格的に登場し始めました。と思うと、まもなく四十八回、「グッバイ、また会わん」で姿を消しました。単純な数量比較で言えば、出番は尚之助の半分以下に終わりました。

内藤プロデューサーの当初の意気ごみは、想定外と思えるほどの成果を上げました。その分、熱烈な裏ファンの失望も、大きかったはずです。

尚之助と裏

ふたりの夫を丁寧に描く場合、予想された最大のネックは、尚之助の資料不足でした。しかし、ドラマとしては、資料や研究が少ないほど、自由に創作できますから、その点では、かえって好都合と言えなくもありません。

資料が少ないだけに、尚之助の役作りは、いろいろと論議があったはずです。裏の人柄や言動を参考にするという手も使われたと思います。要するに、ふたりのキャラが被《かぶ》らないように、それぞれの役柄を設定するのが、ドラマ的には常識でしょう。

つまり、尚之助のキャラは、再婚相手の裏のキャラと対比的に描かれるべきでした。裏の人柄や性格は、資料が豊富なだけにわりあい簡単に復元可能です。一方の尚之助は、材料がきわめて限られているために、推測、もしくは想像で膨らませる以外に、復元のしようがありません。

それでも、ドラマ発表後、尚之助の資料が、札幌などで次々と発掘されたために、彼の人柄や言動が、おぼろげながら浮かび上がってきました。その結果、尚之助は、すこぶる好男子、理想の夫として仕上げられました。正直に言えば、実際以上にグレイド・アップされた感があります。

ファン同士のさや当て

その結果、長谷川ファンとオダギリファンの間で、ちょっとしたブログ・バトル（さや当て）が発生いたしました。いや、バトル以前に、長谷川派が中途でリタイアするケースが続出しました。尚之助が画面から消えた時点で、ドラマは終わったも同然、というのです。

その後、ジョーが出て来ると、両者のバトルが発生します。それが、露骨に出たのが、八重が尚之助と別れるシーン（第三十三回）でした。浅草で数年振りに再会した尚之助に八重は、懇願します。

「私をおそばにおいてくなんしょ。夫婦でなくてかまわねぇ。尚之助様の役に立たせてくなんしょ。お願いしやす！お願いしやす！」

「旦那さま、京都でずっと待ってますから」。

どこまでも男性っぽい八重が、尚之助の前ではこのしおらしさです。愛《いと》しさです。これに対して、尚之助は、「八重さんの夫になれたことが、人生のほこり」と感謝しながらも、「八重さんは新しい時を生きる人だ」とあえて八重を突き放します。

泣かせるセリフですね。現に、ブログ類では、「きゅきゅきゅきゅーん」、「尚さ〜〜ん」、「尚之助が良いやつ過ぎる」との反応が、続出しました。

襄派からの反撃

受けて立つ襄ファンも、黙っておりません。私もある有力な同志社関係者（女性）から、「あんなん、会わせたらアカン」と直接、苦情を言われました。「NHKにクレームつけるわ」と息巻かれたり、「時代考証、しっかりしてや」と励まされたりしました。

尚之助のセリフに対する批判も続出しました。「私の妻は鉄砲を撃つおなごです。私の好きな妻は、夫の前を歩く凛々《りり》しい妻です。八重さんの夫になれたことが、私の人生の誇りです」――これって「襄のセリフ、盗《と》っちゃってる気がする」と。

つまり、「八重さんが夫の前を歩くというのが、尚之介の言葉がもとになってるなんて。これから夫になって前を歩かれるジョーの立場がないじゃない…！」。

「私をおそばにおいてくなんしょ。夫婦でなくてかまわねぇ。尚之助様の役に立たせてくなんしょ。お願いしやす！お願いしやす！」とまで八重に言わせる本音は、いったいどこにあるの。「尚さんは、どんだけ次の夫のハードルを上げる気なの」というわけです。

「襄の出番が早すぎる」

第三十三回、「尚之助との再会」の回は、涙、涙の別離シーンがハイライトでした。

その直後、帰国を控えた襄のことが、やや「唐突に」出ました。アメリカから帰国する直前、襄が日本での学校設立のためにラットランドのミッション大会で募金アピールをするというシーンです。

それに対する苦情も、凄かったです。「尚之助さまが素敵すぎて、八重との別れのシーンのすぐ後の襄のスピーチが、ものすごく安っぽく感じてしまいました。オダギリ新島ジョーはかなり頑張らないといけませんね」。

なかには、「八重の桜」絶縁宣言です。「再会シーンはウルウル！　なのに、デリカシー無き、直後の襄の演説、演出人の力量を疑う！　この演出のせいで、次から見るのをやめる！　あの二人の涙で、最終回だ！！！」。

「八重と尚之助のお別れのシーンは感動しました。時代って酷い！　でも、そんな重要なシーンの直後に襄の演説は、なしでしょ。襄は悪くないのに、なぜか嫌悪感を感じてしまう。来週の冒頭か、今回の間にでも入れ込んでて欲しかった」と。

切り替えが「あざとい」

悲しい別離のすぐ後に、襄を出すなんて、尚さんが可哀《かわい》そ過ぎる。出すならもっと時間をおいて出せ、との注文が噴出です。「先週まで尚之助と八重に涙していたのに」というのです。

尚之助派の怒りをさらに買ったのは、この日の番組の後に流された予告編です。いよいよ次回に、八重と襄が知り合う、という下りが出ました。

このやり方が、なんとも「あざとい！」というのです。尚之助と八重の再会・別れの余韻を、ことごとくぶち壊してしまう、との不満です。

ブロガーの嘆きは、まだ続きます。俳優の長谷川博己にとっては、このドラマ全体を通して、ある意味クライマックスだったかもしれないのが、この場面。実に潤いのあった名場面だった。なのに、なのに、いきなりアメリカの教会で人々に募金を訴える新島襄（オダギリジョー）の場面に切り替わる。NHKはいったい何を考えているのか――

ジョーへのエール

それでも、余裕の長谷川派からは、新顔のジョーへ激励エールも送られます。

「ホント、遅れてきた男。新島襄。死ぬ気で頑張らないと、川崎尚之助に負けるぞ」。

「長谷川さんの尚之助さんのイメージが、あまりにも良かったから、オダギリさんの新島襄は、よほど素敵じゃないと、八重の再婚に納得できない気持ちになってしまうかも」。

「ヤバイです。襄もかなりイイ！」。

たしかに、オダギリさんは、尚之助によってかなりハードルを上げられた後の登場です。だから、襄役はかなりやり難かったのでは、と推測できます。救いは、尚之助ファンから当初、顰蹙《ひんしゅく》を買ったにもかかわらず、襄がしだいに女性からも支持を受けるようになったことです。好演だった証拠ですね。

虚実のはざま

ところで、尚之助との再会・別離は、もとより創作（フィクション）です。しかし、ドラマの展開上、これを好ましいウソとして許容したり、あるいは自然な虚構と捉えたりする見方が有力です。その好例は、「史実と創作のバランス」と題された『朝日新聞』コラム（筆者は、同編集委員の村山正司氏）です。称賛振りがスゴイです。

「第二十九回『鶴ヶ城開城』で、八重を会津軍から離脱させるために『女がいるぞ』と川崎が叫んだ場面は、うまいなと感心した。男装した八重が、女とバレたという史料は存在するが、川崎の行為は創作だろう。だが、『愛ゆえの別れ』というドラマが生まれた」というのです。

村山氏は、浅草で二人が再会した時のやり取りも、積極的に肯定します。

「襄と再婚する八重は、前半生と対照的な人生を送る。自立した女性の物語として一貫させるには、復縁を求める八重を川崎に拒ませるしかない。ここまで一番の名場面にもなった。

でも、『もう二度とここに来てはいけません』、『行きなさい』という川崎のセリフが、悲しい」（『朝日新聞』二〇一三年八月二〇日）。

寡婦としての八重

ドラマの上では、襄はどう転んでも尚之助に対しては、分が悪いですね。ですが、八重にしてみれば、二人目の夫は最期まで決定的な感化を与え続けました。

ひとつには、尚之助の影響が八重の中でどこまで生きていたのか、あるいは消えなかったのか。これには判断材料がありません。京都、特に同志社や市民の間では、尚之助のことを八重に尋ねる人は、少なかったと思われるからです。

これに対して、襄に関する思い出なり、追憶はまるで違います。八重が語ったり、書き残したりするのは、ひたすら襄の方（だけ）です。

その中で、決定的なのは、「ジョーのライフは私のライフ」という言葉です。スイスから誤配された襄の遺言を抱いて、八重が言うセリフです（第四十四回）。ほかでも、「尚之助のライフは」とは、決して言っておりません。八重のライフを最期まで支え続けたのは、やはり襄の方です。

襄はドラマでは、無名だった尚之助に負けました。が、実生活では決して負けておりません。NHKも八重の証言を無視しきれません。「八重の桜」（京都時代）のパンフに「襄のライフは、私のライフ」という文言をちゃんと入れております。私はそれを見て、嬉しかったばかりか、感心いたしました。

「襄のライフは私のライフ」

この言葉については、これまであちこちで紹介してきました（『八重さん、お乗りになりますか』三二頁、一七〇頁、『八重の桜・襄の梅』五一頁ほか）。八重の晩年（八十歳の時）の発言ですから、最期まで彼女のこころを支配し続けた心情だったことが、分かります。

そのことを窺わせてくれる彼女の和歌が、残っています（『八重さん、お乗りになりますか』一七五頁）。

「ありし世にともに祈りしことの葉を　おもひ出してぬる袖かな」

「襄のライフは私のライフ」（八重）

祈りを共にしたことが、八重にとっては襄に関する思い出の中でも、特に大きな位置を占めています。彼女の回想文で言えば、襄の「愛情厚キ事」や「厚情」は、終生、忘れ難かったようです。「信仰ニ富ミ、憐憫《れんびん》ニ富ミ、堪忍ビ、人ヲ容《ゆる》スノ力」は、すべて自分が学ぶべきものであった、と述懐しています（同前、三三二頁）。

「私を愛で満たしてくれだ」

八重にとっては、襄は稀有《けう》の夫であったのでしょう。ドラマでもその点は、ちゃんと押さえられていました。臨終を迎えた襄に向かって、綾瀬はるかサンは、泣きながら言葉を絞り出しています（第四十八回）。

「ジョー、ありがどなし。私《わだす》を妻にしてくれで。戦の傷も、犯した罪も、悲しみも、みんな一緒に背負ってくれだ」。

「私を愛で満たしてくれだ。ありがどなし」。

一方の襄にとっても、八重は格好の伴侶でした。襄は、八重と出会うことにより、ようやく念願の「ハンサム・カップル」になれました。ふたりは、「見えないものに目を注ぐ」という「ハンサムに生きる」ライフ・スタイルを共に志向する夫婦です。

こうした宗教的な生活様式こそが、二度目の結婚の特長です。この点が最初の結婚生活とは、基本的に違っている、と言えるのじゃないでしょうか。

尚之助との差

それ以外にも、最初の夫と二度目の夫の差は、現実にはあったはずです。ですが、それがドラマでは――

ひとつは、妻の呼び方です。ドラマでは、尚之助は、妻を「八重さん」と呼んでいました。もちろん、襄も「八重さん」です。あの当時、夫が妻を「さん」づけで呼ぶケースが、日本であったでしょうか。襄以外、そんなにあったとは思えません。にもかかわらず、八重のふたりのダンナは、共通して「八重さん」派です。

尚之助の場合は、ほんとのところは分かりません。何と呼んだかは、いっさい不明です。だから、「八重さん」と呼ばせるのは、あきらかに創作です。私は、この扱いには、不満です。「おい、こら」とまで行かなくとも、せめて「おまえ」、「八重っ！」で行くべきだった、と今でも思っています。

襄との差が出てこないからです。八重は襄と出会って初めて、自分を「さん」づけで呼んでくれる男性（夫）を知ったはずです。もしも、それ以前からすでに尚之助が「八重さん」でしたら、ふたりのキャラは、完全に被ってしまいます。いや、それ以上に、襄はまるで尚之助のコピー商品です。お茶で言えば、新味のない二番煎じです。

「八重さま」

だとすると、大河ドラマの始まる前に出した八重の本に、『八重さん、お乗りになりますか』という書名をつけた私の立場が、まるで無くなってしまいます。実に陳腐な書名になってしまいます。

ドラマが始まる前は、こんなはずではなかったのです。新島当時の同志社学生の回想に「八重さん」が出てきます。礼拝から帰宅する際、「先生、夫人を顧みて、『車にお乗りになりますか』と御尋ねになったので、直《す》ぐ側《そば》に居た十八歳の一青年たる私は、ビックリした。先生はアノ様に奥さんに丁寧な言葉遣ひをなさるのかと――」（園田重賢「新島先生の貫録」二三二頁、『新島先生記念集』、同志社校友会、一九六二年）。

時には「八重さま」です。裏が大磯から八重に送った手紙には、「八重様」だけでなく、「八重さま」と書かれたのが、二通あります（④三二〇、三五一）。それまでは、一貫して「八重様」でしたから、死を前にした特別な想いがあったのかもしれません。

学生にとっては、こうした新島校長の言動は、驚天動地だったはずです。これは、妻に対してわざわざ敬語を使う男性は、当時は皆無だったことの証拠になります。

「あなた」

妻だけでなく、生徒や学生、用務員に対しても「さん」づけで呼んだり、「あなた」と呼んだりしました。「先生は誰れにでも、決して呼び棄てになさらなかった」と卒業生（亀山昇）が証言しています（亀山昇「親心の教育」一五五頁、『新島先生記念集』）。要するに、徹底的に「一視同仁」でした。

亀山は、九州男児で、世にいう「熊本バンド」のひとりです。それだけに男尊女卑をひっくり返した流儀には、著しい違和感を抱いたと思われます。その結果、彼らは、校長を軟弱、八重を悪妻として攻撃しました。

けれども、そういう彼らも卒業して、結婚すると、「皆、先生に倣《なら》って」、妻君を呼ぶのに、一応に「あなた」という尊称を用いるようになります（村井知至《ともよし》「みこころのままに」一五八頁、『新島先生記念集』）。

不戦勝から好取組へ

教え子の夫婦関係にも感化を及ぼすほど、新島は徹底した男女平等論者でした。今風に言えば、男女共同参画の先駆者です。ある女性教授は、襄をとらえて「近代の夜明けにふさわしい、真正にして最大のフェミニスト」と激賞します（秦芳江「新島襄のフェミニズム（女権思想）について」三四頁、『新島研究』六五、同志社新島研究会、一九八三年三月）。たしかに襄は、家政婦や宿の女中に対しても、敬語を使っています。

つまり、新島は日本の家庭に、「新らしき空気と生命」を吹き込んだ、と言えます（「みこころのままに」一五八頁）。これに対して、現実の尚之助は、新島程の先駆性はなかった、と考えるのが、まずは順当なところでしょう。

つまり、大河ドラマ以前では、ふたりの勝負は、最初から見えていました。いや、もともと勝負にならないほどの格差がありました。言うならば、襄の不戦勝です。

それがここへ来て、急変しました。ドラマ効果で、尚之助の好感度が急激にアップし、彼の存在感がグンと増しました。その結果、襄と尚之助のふたりは、世間が注目するほどの、好敵手になりました。相撲で言えば、勝敗の予想がつかない好取組です。ドラマでは、尚之助が新島より先に八重に敬語を使うのですから、二度目の夫の「八重さん」発言には、もう誰もびっくりしません。

「ハンサム・カップル」

それにしても、襄はアメリカで、理想の女性を見つけられなかったのは、なぜか、です。彼はアメリカで留学生として八年間を過ごしました。が、ついに結婚相手を見つけることはできず、三十一歳の時に独身のまま、帰国しました。もともと本人も、アメリカ人を娶《めと》ることは、考えていなかったようです。

つまり、アメリカ人女性と結婚する可能性は限りなく低かったようです。E・フリントの証言があります。

「結婚について一言。君が特に好意を寄せているアメリカ人女性で、先方もまた君と結婚したいと思うほど君を愛している人が、もしもいなければ、安心して未来に希望を託してください。

二、三年して日本に帰国すれば、日本人のクリスチャン女性を見つけられると思います。もし見つけられなかったとしたら、パウロのように終生、質素に、さらに長生きできるでしょう——そうです、独身で。帰国の予定はいつですか」（『新島襄宛英文書簡集（未定稿）』一、六五五頁、同志社大学人文科学研究所、二〇〇七年）。

これは、新島が帰国する八か月前の手紙（一八七四年三月二三日付、ヒンズデールから）です。

新島の結婚相手

手紙を書いたフリントという人は、新島がアンドーヴァーで留学生活を始めた時、襄と同じホームステイ先に妻と住んでいたアンドーヴァー神学校の学生（院生）でした。彼は、妻とともに襄の勉強を助けてくれました。いわば、家庭教師です。

したがって、新島はフリントが地方の教会に牧師として赴任した後も、交流を続けています。それだけに、フリント夫妻も新島のことを気遣い、進路や結婚についてもかねてから助言をしていたと思われます。

そのフリントの予言です。帰国すれば「日本人のクリスチャン女性を見つけられます」というのは、さすがに新島をよく知る人の身通しです。彼の予言は、一年後にみごとに的中します。京都で、八重と知り合うのは、これから十三か月目（一八七五年四月上旬）のことです。

ただし、八重はまだクリスチャンではありません。京都市民の中では、男女を問わずクリスチャンはゼロです。教会も牧師もゼロの時代ですから。八重と襄の双方にとって、伴侶としては選択肢は他にないのも同然です。

「八重の桜」の総括

今日は、四月に始まった「八重の桜」講座の最終回です。番組と同時進行でドラマのウラ情報も含めて、毎回九十分、都合九回にわたってあれこれ紹介してきました。最終的に東北ガンバレ番組だったことも、お分かりいただけたでしょうか。

今日は八重の夫を手掛かりにしました。八重本人を取り上げても、実は同じことが言えます。終始、会津人としての八重を描くことが、番組の狙いです。ですから、会津の近親者があらかた亡くなった時点で、物語は終息します。八重本人は、八十六歳まで長生きしますが、綾瀬はるかサンは、五十代半ばで人生《ドラマ》をひとまず閉じます。

三日前の最終回、それもラストシーンが印象的でしたね。会津を訪ね、若き日のジャンヌ・ダルクに戻ります。ですが、京都で襄に出会い、クリスチャンになった後ですから、ハンサム・ウーマンとして最後の銃弾を、敵ではなくて空に向けて発射します。

「私《わだす》は諦《あぎら》めねぇ」が、最後の決めゼリフでした。京都人の私としては「ぜったいあきらめへんで！」とでも言ってほしかったですね。八重は最後まで京都弁ではありませんでした。会津で始まりましたから、会津で終わった見事なエンディングでした。私も、九か月にわたったロングラン講座を閉じるのに、綾瀬はるかサン愛用の言葉を借りてお礼とします。

「ありがどなし！」

（大河ドラマ同時進行「八重の桜」講座、NHK文化センター京都教室、二〇一三年一二月一七日）

コラム(7)

山口サダ（貞）——八重の養女——

襄の死後、八重は３人の養子をとった。山口サダ、甘糟初、そして大塚小一郎である。このうち、親子関係が一番長く続いたのが、初子である。八重が亡くなった時、初子は新島家に代わって、夫（広津友信）、長男（広津旭）と共に、葬儀全般を取り仕切った。

３人の養子のことは、「八重の子どもたち」と題して、前に紹介した（拙著『八重さん、お乗りになりますか』231頁以下）。

初以外の残るふたりは、今では忘れられた存在である。とくにサダの知名度は低い。14年前に、子孫（娘）を取材したことがある。サダは、八重の勧めで看護婦、産婆になっていた（同前、224頁）。

看護婦と言えば、八重はそれ以前にも姪２人（姉・窪田うらの娘・伊佐と清《せい》）を看護学校に学ばせている（佐伯理一郎『京都看病婦学校五十年史』巻末１頁、京都看病婦学校同窓会、1936年。同志社大学同志社社史資料センター編『新島八重関連書簡集』８頁、同センター、2014年）。

これまで無名のサダであったが、「八重の桜」効果で、今や週刊誌（『週刊朝日』2014年１月31日号）が、八重の子孫を取り上げる時代になった。

「末裔《まつえい》バンドが大人気——島津、西郷、新島八重の子孫が集結」と題して、かつて敵・味方に分かれて戦った者たちの子孫が、今や共に「刀をマンドリンに持ち替え、カントリーを熱演」するバンド・ミュージシャンになっている、と紹介する。

この記事中、八重の末裔《まつえい》として登場するのが、山口サダの子孫、山口恭《やすし》（82歳）・恒《ひさし》（80歳）兄弟である。恒氏のコメントが出ている。

「昨年初め、NHK で『八重の桜』が始まったので、私の祖母の山口サダが、八重の養女だった時期がある、とこのステージで発表しました。それまでは、話しても『八重さんて誰？』ってなもんですから、黙っていたんです」（36頁）。

恒氏は同志社大学の卒業生である。「八重の桜」の放映以前、同志社教職員ですら、サダと八重の関係を知っている者は、わずか３人だけだった。

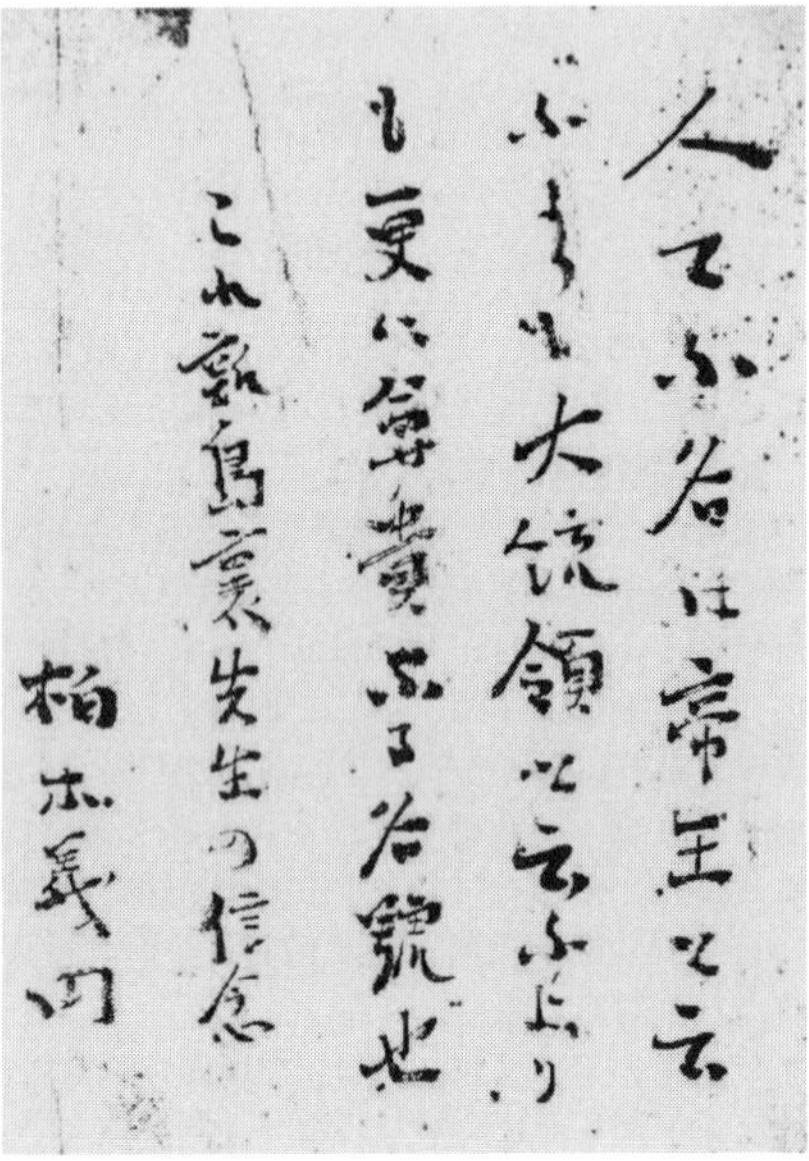

「人てふ名は帝王と云ふよりも大統領と云ふよりも
更に尊貴なる名號也　これ新島襄先生の信念
柏木義円」

新島襄のことば（3）

W・E・チャンニングの言葉を柏木義円《ぎえん》が書き留めたメモ（新島学園蔵。『夢故園花』八、一〇頁、淡路博和、二〇一二年三月二日）。チャンニングは、十九世紀前半にアメリカで活躍したユニテリアン系牧師である。

この言葉は、柏木自身の座右の銘である。そればかりか、彼は新島襄の「信念」（モットー）に重ね合わせている。柏木は、この言葉に続けて、こう断定する。

「〔新島〕先生の不羈独立の精神、自由教育、自治教会主義の根底は、実に此《ここ》に在るのである」（柏木義円「新島襄先生を憶ふ」、『上毛《じょうもう》教界月報』一九二八年一一月二〇日）。さらに柏木が、新島の人格尊重主義、人権意識の高さは、比類ないものと称賛する所以《ゆえん》も、ここにある（柏木義円「吾人の眼に映じたる新島襄先生」、『上毛教界月報』一九〇〇年二月一九日。片野真佐子『孤憤のひと柏木義円』二八四頁、新教出版社、一九九三年）。

柏木は、同志社神学校在学中から新島の信任が厚かった。牧師として人生の大半を新島の出身地、安中市（群馬県）で送ったこと自体が、恩師への忠実な応答であった。

三人のナイチンゲール
――瓜生岩子、新島八重、大山捨松――

日本のナイチンゲール

日本看護歴史学会の皆さま、新島会館にようこそいらっしゃいました。これも大河ドラマ「八重の桜」の恩恵ですね。皆さまに八重ゆかりの新島旧邸（新島会館に隣接しています）を見学していただけるのは、とてもうれしいことです。

新島八重は、看護の領域でもパイオニアのひとりですから、今回の学術集会でも、会長の岡山寧子《やす》教授（京都府立医科大学）を始め、何人かが取り上げられる、と聞いております。私はこの分野は明るくありませんから、「八重の桜」にまつわる裏話やら、八重の周辺のお話をいたします。

幕末から明治にかけて、会津からは素晴らしい女性が大勢出ています。数名をラインアップできます（拙著『日本の元気印・新島八重』一〇二頁以下を参照）。なかでも異色なのは、「日本のナイチンゲール」とでも言うべき女性が、江戸時代末期に相次いで三人も出ていることです。しかも会津からです。これは実に奇遇です。年齢順に挙げますと瓜生《うりゅう》岩子（一八二九～一八九七年）、新島八重（一八四五～一九三二年）、そして大山捨松《すてまつ》（一八六〇～一九一九年）です。

いずれも、あの会津戦争を潜り抜けた女性です。ほかにも海老名リンとか、若松賤子《しずこ》といった優れた女性（いずれも八重や捨松同様にキリスト教信徒です）が出ています。同じ福島県でも会津に集中している感があるのは、なんとも不思議です。

巌本善治・賤子

いま放映中の「八重の桜」で大活躍していますから、川崎尚之助（俳優で言えば、長谷川博己《ひろき》）さんファンが急増中です。皆さまの中にもきっとファンがいらっしゃると思いますので、ちょっと脇道に外れてみます。

会津が維新以後、かなりのクリスチャン女性を生んだことは、これまであちこちで紹介してきました。奇しきことに、このうち、ふたりが但馬出石《たじまいづし》出身の男性と結婚しております。八重が結婚した川崎尚之助、ならびに賤子の夫、巌本善治がそうです。なんとも奇しきことです。

つまり、会津女と出石男のカップルが、二組も、それも相前後して生まれているんです。これには、びっくりですね。

八重と賤子には、もうひとつ共通点があります。八重は後に新島襄と再婚しますが、初婚と違って夫婦そろって信徒です。賤子の場合は、最初から信徒カップルです。これまた、不思議な組み合わせですね。

但馬出石が生んだ偉人

実は、川崎の出身地、出石も維新後、著名な信徒を生み出しております。こちらは、主として男性です。木村熊三《くまぞう》、巌本善治、湯谷磋一郎《ゆやさいちろう》などです。木村はキリスト教系の明治女学校校長（新島襄とも交遊がありました）、湯谷は、同志社神学校卒の文学者です。

信徒以外の男性であれば、一般的には加藤弘之《ひろゆき》や桜井勉《つとむ》（木村の兄）といった人が知られていました。加藤は東大総長、桜井は日本における天気予報の創始者です。これに加えて昨年からは、川崎尚之助が、がぜん人気沸騰で、今では知名度もダントツでしょう。

巌本は、兵庫県師範学校長との対談で、「摂津和泉《いずみ》出身の書生と比べると、丹波篠山《ささやま》出身の学生は師範学校では毎年、成績上位を独占する」と聞いたので、篠山と自分の故郷（出石）を比較し、「感慨に堪へざるもの多し」と述懐しております。というのも、出石は「加藤弘之君、桜井勉君の類を出《いだ》せり。而《しか》して、目下人才、輩出の途、必らずしも隆々たらざるものは、蓋《けだ》し見る可《べか》らざるの弊元《へいげん》其骨髄に存するが故なり」というのです（巌本善治「迎春行」一頁、『女学雑誌』三一三、一八九二年四月）。

加藤弘之

尚之助が浮上するまでは、出石の有名人と言えば、巌本善治が挙げるように加藤弘之でしょう。加藤は川崎尚之助と同郷（但馬出石）であるばかりか、同年齢です。しかも、幕末の江戸で共に同じ塾（大木塾）で研鑽を積んでいました。

加藤は、東大総長の折（新島が二度目の外遊中の一八八四年七月十八日に）、同志社を視察したこともあります。ただし、信徒ではなく、生前の新島と会ったこともありません。それでも、教育者として、新島の事業を評価していたことが、分かりますね（本書一四五頁をも参照）。

しかし、もともと加藤は、キリスト教そのものに対しては、好感を持っていません。青年時代に洋学に触れた際に、「西洋人の最も尊んで居る基督教《キリスト》」についても一通りの勉強を怠らなかったが、「ドウも余り感心することが出来なかった」といいます。やがて「左様《そう》いふ事は、丸で廃《や》めて」しまった、と自身、正直に認めています（吉田曠二《ひろじ》『加藤弘之の研究』四九頁、二五六頁、新生社、一九七六年）。

その傾向は、晩年まで一貫します。七十歳を過ぎた一九〇七年以降、立て続けにキリスト教批判の著作を三冊、出版しました。「此《この》三書は、専《もっぱ》ら基督教旨を攻撃して、殊《こと》に吾国体《わがこくたい》〔天皇制〕に有害なる所以《ゆえん》を説いたものである」と自分でも解説しているくらいです（『加藤弘之自叙伝』四九頁、加藤弘之先生八十歳祝賀会、一九一五年）。

要するに加藤は、一生を通じて「宗教ぎらいのマテリアリスト」でした（『加藤弘之の研究』五七頁）。

これに対して、彼と同郷で同塾、同世代の尚之助の宗教観は、残念ながら一切不明です。

瓜生岩子

会津出身の女性信徒に戻ります。まずは、瓜生岩子です。八重は、知名度や顕彰の面で、これまで大きく水をあけられていました。八重がいまほど有名になる前のことですが、私は東京に行ったおり、福島県八重洲観光交流館（県の都内アンテナショップです）に立ち寄ってみました。店内で一枚のポスターが目に止まりました。「福島県の生んだ偉人たち」というタイトルで、数名の「偉人」が顔写真入りで紹介されていました。

中央は野口英世博士でした。周りの数人の中に女性がひとり混じっていました。それが、瓜生岩子でした。私には、初めての名前でした。八重はこれら数名の偉人の中に入っておりません。やはり、地元でもあまり知られていないことが、分かりました。

さらに、瓜生のキャプションには、「幕末のナイチンゲール」とあるじゃないですか。びっくりしました。すでに「八重の桜」放映が発表されたあとでしたから。NHKは八重の後半生をナイチンゲールで売ろうとしていることが、予想できましたので、歴史を書き換えるドラマになるのでは、という驚きです。

銅像と記念館

八重は記念館や銅像の数では、瓜生に圧倒的な差をつけられています。出身地の喜多方《きたかた》には、瓜生岩子記念館があります。八重のものは、日本中、どこを探してもありません。

さらに、瓜生には、浅草寺《せんそうじ》のものを含めて、全部で七本の銅像があります。それに対して、彼女から「ナイチンゲール」の異名を奪わないといけない立場の八重には、一本もありませんでした。しかし、そこは大河ドラマの威力！　ついに会津に出来ました。「八重之《の》像」です。

建設が決まったのは、割合に遅くて、大河ドラマ開始の四か月後、つまり今年（二〇一三年）の四月だったそうです。像は夏に完成し、来週（九月七日）、鶴ヶ城三の丸で除幕式が行なわれる、と聞いております。制作者は、橋本堅太郎氏（八十二歳）で、「何が何でも作りたかった」と意欲を前面に出されています。福島県二本松市出身の彫刻家で、同市の名誉市民、文化功労者、元日展理事長というこの世界ではビッグな方です。

八重の像

像の高さは百九十センチ、台座は八十五センチあります。右手に銃を持つ二十歳代《はたち》の八重です。つまり、「幕末のジャンヌ・ダルク」としての凛々《りり》しい（山本八重子時代の）立ち姿です。ですが、そこは「八重の桜」以後に制作された作品ですから、近くに立てられた駒札《こまふだ》（名所説明立札）では「新島八重」となっています。

そうは言っても、やっぱり、山本八重子が「正解」じゃないでしょうか。それに百九十センチ前後のスリムな長身スタイルですから、私にはむしろ綾瀬はるか像に近いように思えます。ドラマのおかげで、実物の八重の容姿よりも、綾瀬はるかサンのイメージの方が強烈ですから、これもやむをえませんね。

八重像の除幕式にはその綾瀬はるかサンから、メッセージが寄せられました。本文は、以下の通りです。

「福島会津のみなさん、こんにちは、綾瀬はるかです。

八重さんが愛した会津に銅像を立てて頂いて、八重さんも喜んでいらっしゃると思います。新たなことへ挑み続けた八重さんの晩年は、未来に、そして子供たちに思いを託していたと思います。復興のことも、きっと見守って下さってるのではないでしょうか。

私にとっても、会津は八重さんを演じさせて頂いて、第二の故郷のように思っています。新しい観光名所として、八重さんのこと、会津のことをもっともっと多くの方々に知ってもらい、親しみを持って頂ける機会になることを心から願っています。

八重さん、復興と子供たちの未来をどうぞ見守ってください。福島会津のみなさん、私も近く銅像を見に行きます」(『福島民報』二〇一三年九月八日)。

新島襄の像

八重像がこうして立つと、次は襄、という声が出てきそうです。しかし、これはありません。少なくとも同志社に関しては、です。理由は、「旧約聖書」の「十戒《じっかい》」ではっきりと禁じられているからです。「出エジプト記」(二〇章四節)に、「あなたは、いかなる像も造ってはならない」とあります。

ここは「神の像を刻んではならない」と読むべき個所です。神の像さえいけないくらいですから、まして人間の像を作ることは、ありえません。いったん像が作られると、ひれ伏したり拝んだりされたりすることが、「偶像崇拝」になりやすい、というのです。

したがって、新島の立像の場合、同志社は造る意思はありません。ただ、外部団体（卒業生が組織する校友会など）から、胸像をいただく場合があります。

新島の全身像は、唯一、函館の波止場《はとば》に立っています。これは、函館市が独自に作成し、設置したものです（拙著『錨をあげて』口絵①）。制作にあたって、私は同市から新島の身長と体重を尋ねられました。同志社の協力は、その程度です。

函館から密出国する時の装束を身にまとった青年（二十一歳）、新島の像です。すなわち、新島七五三太《しめた》の時代ですから、「十戒」の呪縛以前、と言えなくもありません。

瓜生岩子のプロフィール

瓜生に戻ります。彼女の略歴を知るには、浅草に像を建設するのに尽力したあの渋沢栄一が、瓜生岩子像の除幕式で行なった演説を見るのが、便利です。彼は、「財界総理」とも言われたVIP（男爵）で、銅像建設委員長の重責を務めました。

「刀自《とじ》は不幸にして早く夫を失ひ、尋《つい》て慈母に別れ、孤児を育て世を渡りし惻隠の心は益《ます》す深く、鰥寡《かんか》孤独［よるべない人々］を見ては、之が救恤《じゅっきゅう》に余念なかりき。此頃《このころ》、会津地方には堕胎の悪風ありしかば、刀自は深く之《これ》を歎き、東奔西走、之が矯正の法を講し、遂に此の悪風を一掃したるは、全く其熱誠の致す所なり」。

瓜生の看護活動

「次《つい》て、貧児養育所を設け貧民の子弟を収養し、又学校を立て、貧児を教育し、或《あるいは》病院を設け、其間自己の艱難辛苦を顧みず、又世の特行の人を見れは、物を送て其行を励まし、或は時に供養法会《ほうえ》を営み、以て戦死者・罹災者の亡魂を慰むる等、実に枚挙に遑《いとま》あらす。

其《その》後、明治廿四〔一八九一〕年三月、東京市養育院の聘を受け東京に出でたるが、予の刀自に面会したるは蓋《けだ》し此時にありき。爾来《じらい》刀自は、同院の為め深く力を尽されたり。実に刀自の一生は善行美蹟を以て終始一貫せしものにして、而《しこう》して其善行美蹟は、決して勉め之を行ふに非ずして、真実天性に出て、止めんとして止む能はざるもの丶如《ごと》し」。

渋沢との接点が、ここで明白になります。彼女は民間人として、あるいは行政人として、今でいう社会福祉の仕事に開拓者として、その身を捧げました。

銅像建設の経緯

最後に渋沢は、銅像建設に至った経緯を紹介します。

「嗚呼《ああ》、刀自の如きは、実に一世に比類なき人なり。之を後世に伝へて亀鑑《きかん》たらしむべき人なり。是《ここ》に於《おい》て有志者相謀りて、銅像建設の事を企図し、広く世間の賛同を仰きしが、幸にして無慮千六百有余君の賛同を得、其寄附せられたる金額は実に四千三百有余円の多きに至り、茲《ここ》に計画を完成するを得たるは、発起人委員一同が感謝措《お》く能《あた》はさるなり。

且《かつ》、此銅像の設計は、大熊氏広氏奮て之に当られ、爾来着々工を進め、又鉄柵・台石等も総て予期に違《たが》はす完備するを得たり。依《より》て本日、即ち刀自が忌日をトし《ぼく》、除幕式を挙行するに至りしなり、云々」（「故瓜生岩子銅像建設報告書」第一、二四頁、一九〇一年）。

山川捨松

いまひとりのナイチンゲールは、山川捨松です。彼女こそ、大河ドラマの主役争いで言えば、八重の最強ライバルの会津人です。

捨松は、八重とは比べものにならないくらい、輝かしい学歴の持主です。会津戦争後、岩倉使節団に連れられて津田梅子らと渡米します。十二歳でした。この梅子はワシントンで、留学中の新島と面談したことが、分かっています。父親の津田仙とは、江戸の塾で共に学んだ仲でした（もちろん、新島の方が、後輩です）。

それに対して、アメリカでの新島と捨松の交流は、記録的には確認できません。にもかかわらず、「八重の桜」では、ふたりの対談シーンが数分、設定されました。やはり、彼女が、会津人であることが、決め手になったはずです。「八重の桜」は基本的に「三・一一」で痛めつけられた福島や東北を応援する番組ですから。

日本人女性初の学士

捨松は、日本の女性として初めて学士号（BA）をとって正規に大学（Vassar College, Class of 1882）を出ます。留学中に洗礼を受けて信徒になります。帰国してからも東京で教会生活を送りますが、結婚相手は信徒ではありません。信徒でないどころか、宿敵の薩摩出身の大山巌、というあり得ないような結婚でした。

ちなみに、新島襄は、日本人として初の学士（BS）です。アーモスト大学（Amherst College, Class of 1870）の卒業生です。

新島はその後、大学院（神学校）へ進みますが、捨松は、大学を出てから、看護学校（Connecticut Training School for Nurses）に入ります。看護学校で学んだ最初の日本人女性です。女子大を出た後、なぜ、看護の勉強をしようと思ったのか、よく分かっていません。

夏の二か月間という「短期コース」だけに、秋（十月）に帰国するまでの時間を有意義に使いたい、との思いでもあったのでしょうか。あるいは、彼女の信仰が少しは契機にでもなったのでしょうか。

看護学に開眼

それにしても、アメリカ赤十字が組織されたのが、その直前、一八八一年のことですから、日本人（留学生）で赤十字活動に目を向けたのは、捨松が最初でしょうね。それでも、彼女は看護学校に入学した当初は、帰国しても看護婦になるつもりはほとんどありませんでした。

しかし、在学中に心変わりいたします。看護婦の仕事は自分に向いており、とても興味がある、と前向きになります（久野明子『鹿鳴館の貴婦人　大山捨松』一四一～一四二頁、二八七頁、中公文庫、一九九三年。以下『貴婦人』）。

結果的にこの時に学んだ看護の勉強や実習、あるいは深まった関心が、帰国後におおいに役にたちます。いまだ看護婦不在の日本では、それまで、病人の看護や世話をするのは、蔑視された仕事であり、それに従事する「看護人」は、男の仕事でした。そんな賤しい「男の世界」だった看護の領域に、捨松は新しい風を吹き込みます。この点では、「女だてらに」この世界に踏み込んだ八重も同じです。パイオニアとして、双璧です。

看護学校設立を支援

捨松は、帰国後、看護婦養成所の必要性を説きます。説くだけじゃなく、そのための資金作りとして、日本初の慈善《チャリティー》バザーを開こうとします。さらに、日赤に篤志看護婦人会を創設し、看護法や衛生学の普及や実践にも努めます。こういったことをして、看護婦の地位向上に尽力いたしました（『貴婦人』一四二頁）。

捨松はニューヘイブンにいた時分、「アワー・ソサエティ」というその地の女性団体に入っていました。「貧困にある女性と子供達に救いの手をさしのべる」ために、さまざまなチャリティ活動をする地元の団体です。この精神をそのまま日本で実行したのが、捨松です。すなわちチャリティ活動の導入者でもあります。

こうして一八八四年に、捨松自身が運営委員会の会長として、鹿鳴館で開いた慈善バザーは、空前の成果を挙げました。三日間で一万二千人が入場し、収益も目標の千円をはるかに超えて、八千円にも上りました。この資金をもとに、日本で初めての看護学校（有志共立東京病院看護婦養成所）が開設されます（『貴婦人』一一八頁、一一九頁、二一七頁）。

ちなみに、新島襄が同志社に付設した看護学校（京都看病婦学校）は、日本で二番目のものです。こちらは、ミッションの資金が主流です。貴婦人や富豪といった、資産に恵まれた日本人サポーターたちの支援は、限定されていました。

篤志看護婦人会

ついで、捨松は、一八八七年に日本赤十字社篤志看護婦人会の発起人となります。後に八重も、京都で同会支部に入会します。

「八重の桜」（第四十八回）では、東京の大山邸で開かれた設立集会に、八重がわざわざ京都から参加したことになっています。ふたりが力を合わせて創立したとなると、すごいことですが、実際には、それはなかったと思います。

捨松は一九〇一年には、さらに愛国婦人会を立ち上げます。彼女によると、その目的は、「戦死した兵隊の子供や未亡人の世話をすること」でした。これにも八重は入会いたします。捨松からの協力要請があったかも知れません。

捨松が見るところ、日赤に入っている女性たちのほとんどは、「召使いの手を借りなければ、着物も着られず、ハンカチよりも重い物を持ったこともなく、お供の者なしに外出したこともない人達ばかり」でした。そうした深窓育ちの上流貴婦人たちを相手に、捨松は的確な指示を与え、次々と率先垂範の行動を推し進めます。留学経験で鍛えられた実践力は抜群です。

とりわけ、日露戦争時における救援活動は、彼女にとっては華《はな》の出番です。手紙にもこう記します。「日本赤十字の会員の婦人達は、毎日、病院に行き、包帯作りをしています。私も時間が許すかぎり、病院に行き、朝の九時から四時まで働いています。皆、看護婦の制服を着て、手や服を消毒してから、仕事を始めます」。奉仕の時間は、次第に延長されます。「私も週に三回は、朝八時から夕方五時半まで病院に行っています」（『貴婦人』二七七頁、二九六頁）。

新島八重の場合

一方、八重がナイチンゲールと目されるのは、日清・日露で篤志看護婦として奉仕活動をしたこと、これが一番大きいと思います。その後、政府から民間女性としては初の勲章（宝冠章）やら勲位（勲七等、勲六等）を貰っていますので、社会的にも評価されました。

この面における彼女の活躍は、日赤社員になったことから始まります。やや不可解なのですが、裏が創設した同志社の病院（同志社病院）や看護学校（京都看病婦学校）との関わりが、八重の場合は日赤に比べるとはるかに弱い、という点です。理由はよく分かりません。

一八八五年、京都婦人愛隣会が発足すると、八重は幹事（三人）に就任いたします。ついで、新島を亡くした直後の一八九〇年には、日赤京都支部正社員になります。

実際の活動は、日清戦争中（一八九四年）、広島陸軍第三予備病院で見せた篤志看護活動です。同年、日赤終身社員に、ついで翌年には特別社員になります。

一八九六年、戦中の奉仕活動が評価されて、勲七等宝冠章を受けます。翌年から一九〇六年まで、およそ六年間、日赤篤志看護婦人会京都支会幹事を務めました。

その間、一九〇〇年には、看護学助教になっています。さらに、一九〇五年に日露戦争が起きると、陸軍大阪予備病院で篤志看護活動を再開します。その功が認められ、戦後（一九〇六年）には、勲六等宝冠章を受章します。

八重の変身

以上のような八重の奉仕活動に関しては、なぜ、とよく聞かれます。動機は何か、というのです。

本人はまとまった答えを用意していません。だから、憶測で私見を言います。八重の生涯を眺めてみると、解答がぼんやりとですが、浮かび上がってきます。

八重の前半生は、会津戦争で活躍するジャンヌ・ダルク的な活動が突出します。それが、二十六歳で京都に転じてからは、キリスト教や新島襄に出会い、ハンサム・ウーマンに変身します。その延長線上に、ナイチンゲール的な人生が形作られて行きます。

敵を憎み、敵を殺す人生から、敵を赦し、敵を愛する生き方へと百八十度、反転いたします。敵味方なく人を愛する女性への変身です。「八重の桜」の場合、こうした変身ものがたりとして、ドラマが作られています。

八重が瓜生岩子や大山捨松と決定的に違うのは、ナイチンゲールをモデルとするまでは、それとはまったく正反対のライフ・スタイルが正しいと信じて疑わなかった点です。

篤志看護の動機

もちろん、それ以外の要因も考えられます。たとえば、八重は、捨松のような留学体験はありません、看護学校で正規に学んだわけでもありません。せいぜいが日赤の講習です。ですから、若き日の会津戦争（戊辰戦争）での看護体験が、後日の生活のベースになったのじゃないでしょうか（戦争当時、捨松はわずか八歳でした）。

加えて、八重は戦争志向です。晩年になってからも、「戦いは面白い」と言っております。女性ながら、何らかの形で、戦闘に加わりたい気持ちは強かったと思います。

しかし、やっぱり大事なのは、キリスト教信仰が、後半生の彼女を変身させたことです。彼女にとって、会津戦争と日清・日露に違いがあるとしたら、後者では信徒としての想いがあらたに加わっているはずです。会津第一主義とでも言うべき郷土意識に堅く立ち、薩長を敵として憎んだ時代に比べると、そうした郷土愛から少しは自由になっていたと思われます。

ナイチンゲールのように、「敵味方」を問わず看護したいという気持ちが、信徒としての彼女の気持ちの中に、大きく広がっていったはずです。

八重と捨松

それにしても、鶴ヶ城に籠城して、新政府軍と戦った会津の女性たちのなかから、八重と捨松というふたりのナイチンゲールが出る、というのは、なんとも奇遇です。先月、佐賀市に行ったさい、地元の博物館（佐野常民《つねたみ》記念館）で珍しい展示をやっていました。

「新島八重と大山捨松――篤志看護の双華――」という展示（七月二十日から九月二十三日まで）です。なぜ、会津の女性ふたり（だけ）が、佐賀で顕影されるのか、びっくりしました。その解答は、記念館のチラシの文章が、明らかにしてくれます。引いてみます。

「一八八七（明治二十）年に博愛社は日本赤十字社と改称し、佐野常民（旧佐賀藩士）を社長として本格的に赤十字活動へと乗り出そうとしました。そのとき赤十字社を支援する団体として篤志看護婦人会が設立されました。

この団体は（佐賀藩主の）鍋島直大《なおひろ》夫人、榮子《ながこ》を会長に女性皇族、政府高官夫人たちが集まって発足し、これに参加したのが新島八重と大山捨松でした。

二人は福島県会津若松出身であり、若くして幕末期一八六八（明治元）年の戊辰戦争の際に、新政府軍による会津攻めを経験するなど悲惨な体験をしております」。

篤志看護婦人会

「明治時代になると八重は、新島襄と結婚し、同志社の経営に協力するとともに篤志看護婦人会に参加して、日清、日露戦争にも救援活動を行うなど日本赤十字社の活動を支援いたしました。

また、捨松も津田梅子とともに岩倉使節団に随行して、米国留学を果たし、帰国後、鹿鳴館において『社交界の華』とも称されました。その後、大山巌と結婚し、篤志看護婦人会では、最初の発起人にも名を連ね、鍋島榮子会長を助けて活動してきました。発足後は、理事として働きます。

佐賀の企画展では、『篤志看護婦人会』という視点から、新島八重と大山捨松という二人の会津出身の女性を取り上げ、過酷な状況をくぐり抜けながらも、篤志看護婦人会、日本赤十字社を通じ社会へ貢献していった足跡を皆様に御紹介いたします」。

以上の記念館案内文で、ふたりの共通点がお分かりいただけたか、と思います。なお、八重たちが敬慕した勢津《せつ》子姫（秩父宮妃）は、父親が会津藩主・松平容保《かたもり》の子息（信雄）、母親が鍋島直大の娘（信子）です。佐賀ゆかりの女性なんです。

熊本と日赤

さて、日赤の前身、博愛社が一八七七年、西南戦争のさなかに誕生したことは、よく知られています。創立者は「日赤の父」佐野常民と「日赤の母」大給恒《おぎゅうゆずる》のふたりです。ちなみに、大給は三河（愛知県岡崎）の出身ですので、私とは同郷です。一方の佐野に関しては、西南戦争中、総司令官（鹿児島県逆徒征討総督）の有栖川宮《ありすがわ》熾仁《たるひと》親王に熊本で認可要請をしたことが、よく知られています。

その現場に注目しておきたいです。親王の宿舎・旧熊本洋学校教師館です。現在はジェーンズ記念館・日赤記念館として、水前寺公園の脇に保存、一般公開されています。ふたつの記念館が同居しているのが、奇遇です。

一階が、ジェーンズ（Leroy Lansing Janes）を記念する展示室、そして二階が「日赤発祥の部屋」です。創始者や新島夫妻から見れば、とても不思議な絆があります。

というのは――ジェーンズは、いわば同志社の影の創立者とでもいうべき働きをしました。そして、八重が貰った日赤正社員証には、熾仁親王と佐野の署名がなされています。従軍記章之証や勲記は、大給恒の名で出されています。

熊本と同志社

もともとジェーンズ記念館は、熊本藩立熊本洋学校（一八七一年～一八七六年）がアメリカから招いた元軍人、ジェーンズのために建てた教員住宅でした。唯一の教員、ジェーンズの感化で、キリスト教に傾斜した学生が生まれたために、学校は廃校になります。

空いた建物が、その後、西南戦争総司令官の宿舎やら、日赤支部などに転用されたというわけです。

ジェーンズは、信徒になったり、キリスト教に傾斜したりした卒業生、在校生たちに、開校直後の同志社に入学・転校することを勧めました。最終的に三十数名となった入学生を受け入れた同志社の宣教師は、やがて彼らを「熊本バンド」と総称しました。

小崎弘道を始め、海老名弾正《だんじょう》、伊勢（横井）時雄、不破唯次郎、徳富猪《い》一郎（蘇峰）といった猛者《もさ》たちです。大河ドラマでは、「過激な転校生」というタイトルで、猛者振りが紹介されました。新島校長だけでなく、八重に対しても容赦ない非難、攻撃を加えました。

リーダー格とも言うべき小崎は、卒業後、東京で伝道をし、たちまち大教会（霊南坂教会や番町教会）を立ち上げます。捨松が東京では、小崎の作った教会に所属して、その指導を受けるというのも、不思議な巡り合わせです。

同志社の病院と看護学校

次に、八重からちょっと外れますが、新島襄の医学部構想について触れておきます。新島は、福沢諭吉先生よりも早く、日本における最初の私立大学設立運動に着手します。当初の構想は、文学（神学）部、法学部、医学部という三学部構想です。

つまり、最初から医学部が見込まれています。帝大医学部に満足できなかったからです。ドイツ医学をモデルとする帝大とは異種の医学教育、すなわちキリスト教系、英米系医学をベースにしたかったのです。

その準備もあったからでしょう、留学中から欧米で病院や看護、医療に関する見聞や見識を広めています。たとえば、ロンドンではセント・トーマス病院を視察しています（⑦六四）。一八七二年六月二十一日のことですから、ナイチンゲールの生存中です。それから十四年後に作成した新島稿「看病婦学校設立の目的」（一八八六年九月二十日）では、「ナイティンゲール女丈夫」に言及しています（①一一〇）。

京都看病婦学校

新島は、医学部構想の一環として看護学校をまず開校させました。名前は京都看病婦学校です。日本で二校目と言われています。看護婦という言葉が、まだ一般化していない時代ですから、看病婦としています。

場所は、京都御苑《ぎょえん》西にあったデイヴィス（Jerome D. Davis）の邸内です。現在、ＫＢＳ京都放送のある所です。お帰りにでも確認してください。

デイヴィスと言えば、同志社最初の外国人教員（宣教師）で、「八重の桜」にも出ています。彼は自宅で八重に洗礼を授けたり、翌日、彼女の結婚式を司式したりしました。帰国休暇から日本に戻る時には、なんと留学を終えて帰国する捨松と同船でした。船内では、彼女の世話をしております。

京都看病婦学校で見逃せないのは、現役の看護師をアメリカから招いたことです。「アメリカ初の有資看護婦」（the first American trained nurse）として著名なリンダ・リチャーズ（Linda A.J.Richards,

一八四一〜一九三〇年）です。身分は、デイヴィスと同じく、ミッション（アメリカン・ボード）派遣の宣教師でした。

以前、同志社びわ湖キャンパスに幾棟もの新築校舎が竣工したさい、館名の候補案を頼まれました。私はそのひとつを「リチャーズ・ハウス」に、と提案しました。落選しました。学内では、その程度の認識です。

不破ゆう

彼女の教え子に、不破ゆうがいます。第二期卒業生で、後に同志社神学校卒の不破唯次郎牧師と結婚します。夫が前橋教会牧師（兼共愛女学校校長）のときに、たまたま大学設立募金運動のため同地に来た新島襄と再会します。

大河ドラマの第四十八回、「グッバイ、また会わん」にあったように、新島は前橋でブレイクダウンし、東京、ついで湘南（大磯）で療養生活を送ります。このとき、私は不破夫妻をドラマに登場させたかったのですが、不破は（すでに出ていた）小崎に代行されました。夫人もとうとう出番がありませんでした。

不破ゆうは、前橋でも大磯でも、看護婦として新島の看病に挺身します。新島の臨終看護をしたのも、彼女です。

後に京都に京大病院ができると、不破は初代婦長に招かれました。同志社の看護学校が、諸種の理由で閉鎖された時に、反対運動の先頭に立ったのも、彼女でした。さ来年（二〇一五年四月）、同志社女子大学に看護学部が誕生します。不破ゆうが生きていたら、どんなにか喜んだことでしょうね。

同志社病院

新島は、看護学校とほぼ同時に、同志社病院も開院いたしました。場所は、看護学校と同じところです。

この病院の院長にと、岡山にいた医療宣教師、ベリー（John Cutting Berry，一八四七～一九三六年）を新島が京都に呼び寄せました。ベリーは、御苑東（ここから数百メートル北です）の洋館（元同志社大学ハワイ寮）に居を構え、御苑を東西に横切って、病院に通ったと言われています。その建物は今は、本学の国際交流施設になっています。

院長であったベリーの名を残すために、先ほど申しましたびわ湖キャンパスに新築された建物のひとつに、「ベリー・ハウス」という館名をつけたい、と提案しました。ですが、これもまた「リチャーズ・ハウス」ともども、採用されませんでした。

いま、同志社大学は、医学部設立構想を考慮中です。もしも実現したら、今度こそ、「ベリー・ハウス（ベリー館）」や「リンダ・ハウス（リンダ館）」（男性のリチャーズという名がついた「リチャーズ・ハウス」が、その後出来てしまったため、変更を余儀なくされています）を実現してもらいたいですね。

京都の医療

最後に山本覚馬（八重の兄です）の先見性を指摘しておきます。ミヤコを東京に奪われた京都を復興するために、槇村《まきむら》正直（実質的な府知事）に協力して各種のプロジェクトを進言、実行したのが、覚馬です。そのグランドデザインが、例の「管見」です。

特に教育面での貢献は、抜群です。一八七一年設立の女紅場《にょこうば》は、八重にとっても、意義深い出来事でした。日本で初めての公立女学校とも言われています。八重もキャリア・ウーマンとして、教員を務めました。続く一八七五年の同志社（男子校）創立も、京都復興計画の一環と見ていいと思います。その後に出来た同志社女学校でも、八重は応分の働きをしています。

医療、衛生面でもそうです。覚馬門弟の明石博高《ひろあきら》らが募金に尽力して出来た京都府立療病院開院が、その一例です。ドイツ人医師を招いて、一八七三年に青蓮院《しょうれん》で行なわれた開院式では、覚馬が祝辞を述べています。現在の府立医科大学（病院）の前身です。京大病院（京都大学医学部付属病院）や京都日赤病院よりも早くに実現しております。

同志社の病院と看護学校は、早くに設立されながらも、残念なことに今につながっておりません。もしも存続していたら、この面で京都の先進性は、さらに高まったはずです。

まして、「八重の桜」の筋書き（残念ながら、フィクションですが）通りに、捨松が同志社女学校に就職していたとすれば、京都の医療や看護は、確実に変わっていたでしょうね。

（日本看護歴史学会第二十七回学術集会、同志社・新島会館、二〇一三年九月一日）

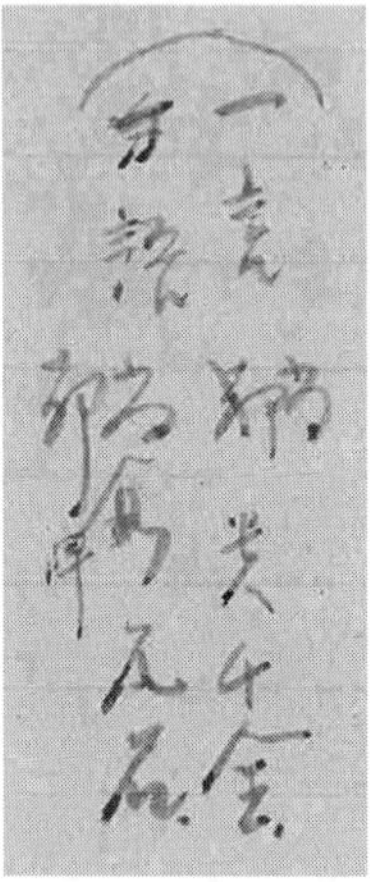

「一言尚貴千金　万語尚却卑如瓦石」

「沈黙は金、多弁は瓦礫《がれき》」と同義語（①一二三）。これは男性に対しても、もちろん当てはまるが、新島襄の女性観が窺える言葉でもある。彼は、どうやらおしゃべりな女性が嫌いだったようである。

「婦人ト云《いう》モノハ、兎角《とかく》、口ノ多キモノニシテ、ヨルトサワルト世間話ヲナシ、多クハ人ノ悪ル口ヲキクノ弊アリ」と慨嘆する（②一三四）。

「兎角婦人ハ多語ヲ用ヒ、大事ヲ破ル」とも言う（①一二一）。「婦女子ノ風説」や「婦女子之流言」などに苦言を呈している（④一六四、二七九）。

したがって、新島はSilent influence of Women（女性の沈黙効果）を期待、推奨する（①一二一）。その点、裏から見て、はたして八重はおしゃべりだったのか、あるいは寡黙だったのか。

コラム(8)

「お母さん、私にも」
――八重の前では子ども――

新島と八重の関係が窺えるほほえましいエピソードがある。

ある時、自宅に遊びに来た学生たちに対して、八重は「取ってお食べなさい」と、器に入れたみかんを回した。器が一回りした後、八重がそれを側に置こうとするや、新島が一言を発した。

「お母さん、私にも」と。

すると、八重はニコニコしながら、「さあ、お取りなさい」と言って、一個、差し出したという。

その場に居合わせた学生のひとり（片桐鏻太郎《りんたろう》）は、このシーンをこう回想する。

「子どもがいなかった先生は、私たちを子どものように遇するばかりか、自分もその一人として、こうおっしゃった」と（『新生命』1938年１月20日）。

新島襄・八重と大山捨松

山川咲子と山本八重

今年（二〇一三年）の大河ドラマで、八重の強力ライバルは、山川捨松《すてまつ》です。主役を対等に争える女性候補です。少女時代は山川咲子、後半生が大山捨松です。八重は年齢では彼女よりも十五歳くらい上ですが、知名度や功績といった面では、これまで捨松に大きく水をあけられていました。

男のような名前ですが、もともとは咲子という可愛らしい名前でした。アメリカ留学（予定の期間はなんと十年です！）をする時に、母親が自ら変えました。「捨てた気持ちであなたを待ちます」というのが、命名の謂《いわ》れです。ですが、なぜか、無事に帰国した後も、咲子には戻りませんでした。

八重と咲子は、会津戦争ではともに籠城していますから、一か月に及んだ城内での生活では、接点はいくつもあったはずです。

白虎隊員にも共通の知人がいました。八重は、隣家の伊東悌次郎を始め、少なくとも三人の少年に銃の指導をしています。一方、咲子の兄、健次郎も隊員でした。それに、飯盛山で自刃した隊員の中で、唯一生き残った飯沼定吉は、咲子の従兄弟《いとこ》（母親の妹の次男）にあたります（拙著『新島襄の交遊』二九〇頁、思文閣出版、二〇〇五年）。

捨松とジョー

それにしても、捨松は帰国してから、名前を咲子に戻すことは、考えなかったんでしょうか。留学中に、「ステマッ！」と呼ばれていたとは、ちょっと考えにくいのですが、手紙などを見ると、自他ともに「ステマッ」ですね。意外です。

新島の場合は、上海で七五三太《しめた》からジョー（Joe）に強制変換させられました。ボストン上陸後は、ジョゼフ（Joseph）と、またまた養父（A・ハーディー）から替えられます。

十年ぶりに帰国したさい、どう名乗るかは、大きな問題でした。少年時代の七五三太や敬幹（成人後の諱《いみな》）に戻ることも、選択肢としてはあったはずです。ですが、戻しませんでした。新島の場合は、別人格にすっかり変身していたために、留学中のジョゼフ（Joseph. 愛称がJoe）に愛着があったのです。それで、帰国してすぐ、横浜でJoeを襄と漢字変換しました。

ちなみに、「八重の桜」では、留学中の呼び名もJoeです。つまり、七五三太からいきなりJoeになっています。アメリカ時代だけJosephにすると、観る側に混乱が生じかねない、という判断からです。

山川家の人たち

山川家に戻します。同家は会津藩では家老を出す名門で、石高は千石です。「八重の桜」では、捨松を始め、男女合わせて十人近い親族が出ております。兄は、大蔵（浩）と健次郎が、姉妹は二葉、登勢、艶《えん》、繰《みさお》、それに捨松（咲子）の四人です。

三番目の兄は健次郎といい、イェール大学に留学後、帝大教授、のちに帝大総長（しかも二度）ですから、負け組の中では、突出した出世頭《がしら》です。さらに京都帝大、九州帝大の総長も歴任します。

姉の二葉は会津戦争後に東京女子高等師範学校（現お茶の水女子大学）の教員として、そして繰も御用掛兼昭憲皇太后附女官、フランス語通訳としてそれぞれ活躍します。

捨松も、兄や姉たちに負けないほどの活躍を見せます。とくに大山巌との結婚披露宴の華やかさや、政府主催のダンスパーティーで、「鹿鳴館の華《はな》」として持て囃《はや》されたことは、ドラマでもちゃんと映像化されました。

それにしても会津の女性と薩摩の男性との結婚は、当時はほんらいあり得ません。ですが、ドラマでは八重が介在して、結婚を成立させるという大胆な設定です。しかも、腕相撲で決着をつけるといいますから、奇抜というか、奇想天外な手法です。驚愕の奇襲作戦ですから、これには、私もアングリでした。

水原希子

捨松を演じたのは、水原希子《きこ》という女優です。私は、今年六月のリハーサル（渋谷）で一度、本人の演技を見ることができました。岩倉使節団に連れられて、日本からやって来た女子留学生（全部で五人）のひとりとして、新島と面談する、というシーンでした。当時、アメリカ留学中の新島は神学校で学ぶ院生（二十九歳）、それに対して捨松は十二歳です。今風に言うと、小学校六年生です。そういう先入観で俳優を見るもんですから、私は中学生位の子役が捨松を演じているものと思い込んでしまいました。女優の実年齢が二十二歳であることを、ずっと後になって知り、びっくりしました。

さらに、日本人でないことも、です。アメリカ人と韓国人のハーフです。道理で、英語がうまいはずです。日本に帰国して、家族と再会した際のシーンで見せたあの英語は、ネイティブです。「鹿鳴館の華」と呼ばれるにふさわしい配役です。

これを見て、初めて捨松を知った人から、「大河の主役は、捨松にすべきだった」との意見が出たとしても、不思議じゃありません。私も各地の講演では、「私が同志社の関係者でなければ、主役は捨松かも」とあちこちで言ってきましたので。

新島がアメリカで出会った日本人少女たち

捨松がワシントンで新島に会った、というのは、資料的には確認が取れません。岩倉使節団が連れて行った五人の女子留学生の中で、新島が確実に会ったのは、津田梅子と吉益《よします》亮子の二人だけです。

ワシントンで書いた手紙に出てきます。「私が下宿している家は、何人かの日本人の少女が一時滞在している所のすぐ近くです。昨日、そのうちの二人に会いました。ひとり〔吉益亮子〕は十五歳くらい、もうひとり〔津田梅子〕はわずか八歳です。

後者は、〔江戸における〕私のかつての学友〔津田仙〕の二女です。彼は、今では母国では名の知られた役人です。彼女は、今まで会ったなかで一番、可愛らしくて賢い少女です」(⑥九七)。

この時、捨松は十二歳ですから、新島が会った二人には、当てはまりません。問題は、その後、新島が捨松に会ったかどうか、です。新島の記録からは、判然としません。「八重の桜」では、新島と捨松がワシントンで親しげに面談するというシーンがありましたが、たぶん、創作でしょう。

捨松と亮子

新島は、吉益と梅子について、続けて次のように報じています。

「私は二人とは大変楽しく話ができました。食事もいっしょにしました。彼らは、〔同居するアメリカ人〕家族の女性たちが、自分たちに何を話しかけているのか、理解できません。だから、私が会いに行くと、大変喜んで会ってくれ、実にたくさんの質問を私にします。

彼女たちは、私に対しては大変なついてくれており、遠慮したりせずに質問をしてきます。というのも、前から彼女たちには、どんなことでもいいから質問をするのをためらうようなことがあれば大変残念に思う、ということを言っておりますから。

私は彼女たちに説教をしてはいません。けれども、楽しいやり方で倫理的に大事なことを教えております。ですから、頻繁に訪ねてはいるのですが、彼らは私のことを女好き(a lover of girls)とは思っていないと思います。親切な教師(an instructor)と思っています。なぜなら、私が話しかけると、そのたびにいつも日本式の礼を恭《うやうや》しくしてくれますから。

彼女たちのために、いささかお役にたてることが、大変うれしいです」（⑥九七〜九八）。

新島がアメリカで親身になって面倒を見た梅子ですが、「八重の桜」では、留学中の出番はありませんでした。帰国後にやっと、新島といっしょに出てきます。個人的には、捨松と同じようにワシントンでの面談シーンで、新島と団らんしてほしかったですね。

捨松と襄の交流

団らんと言えば、捨松（当時は咲子）と襄とは、渡米前にすでに間接的な接点があったようです。会津戦争に敗れた後、山川家は斗南《となみ》（下北半島）へ移り住みます。あまりの生活の酷さに、家族は捨松を会津とも関係が深かった函館に送ります。

同地で捨松の面倒を見てくれたのが、当初は沢辺《さわべ》琢磨《たくま》、ついでフランス人（宣教師とも伝わっています）であったようです。沢辺家には、すでに会津藩家老、西郷頼母《たのも》の長男（吉十郎）が預けられていました（久野明子『鹿鳴館の貴婦人』五七頁、中公文庫、一九九三年。以下『貴婦人』）。

沢辺と言えば、新島が函館から密出国した際のキーパーソンのひとりでした。したがって、もしもその沢辺が捨松の世話をしたとしたら、彼は襄と捨松にとって共通の恩人になります。アメリカで襄と捨松が仮りに「遭遇」しておれば、二人して函館の話に花を咲かせたかもしれませんね。

ベーコン牧師

捨松は、留学中、ニューヘイブンの会衆派牧師（レオナルド・ベーコン）の家（牧師館）に引き取られました。少弁務使（今なら駐米大使とでも言うべき外交官）の森有礼《ありのり》が、旧知のアメリカ人、セオドール・ウールゼイ（イェール大学前学長）、バージー・ノースロップ（コネティカット州教育委員長）といった有力者に依頼して、紹介してもらった「アメリカの父」です。

このうち、ウールゼイは有名な政治学者で、イェール大学ではベーコンと級友でした（ベーコンは、アンドーヴァー神学校を出ております。つまり新島の先輩です）。さらに、ウールゼイの娘（メアリー）は、ベーコンの息子（アルフレッド）と結婚していますから、両家は遠戚関係にあります（『貴婦人』九三〜九四頁）。実はこのウールゼイは、同志社に来た宣教師、D・W・ラーネッド（彼もイェールの卒業生です）の叔父さんなんです（拙著『ビーコンヒルの小径』二五五頁）。

だから、ベーコン家とラーネッド家もまた、縁続きの関係にあります。それに、ラーネッドの父（これまたイェール大学卒）は、ニューヘイブンに近いニューロンドンで、同じ教派（会衆派）の牧師をしておりますから、いわばベーコンの同僚です。にもかかわらず、同志社や東京で捨松がラーネッドと交流した、という話は聞いたことがありません。なぜでしょうか。

ニューヘイブン

ニューヘイブンと言えば、イェール大学の拠点です。新島は、この大学のN・ポーター学長から、大変可愛がられました。学生時代に大学を訪問したのは、都合四回ですが、そのうちなんと三回は、学長宅の客になっています。二度目の渡米の際も、三回、泊まっています。つまり、学長宅が定宿と思われるくらい、深い親交がありました（拙著『ビーコンヒルの小径』二三七〜二三八頁）。

留学生としての最後の訪問は、日本に戻る前の月（一八七四年十月）でした。市内の教会（ベーコン牧師の教会ではありません）で、演説もしております（⑦九二）。

捨松は永井繁子とともに、一八七二年の十月にこの地のベーコン家に引き取られています。新島がイェールにやって来た一八七四年にも同地で生活をしております。したがって、新島と捨松たちがニューヘイブンで落ち合う可能性は、十分ありました。いや、面談しないほうが、不思議ですが、なぜか、すれ違いに終わっています。理由は不明です。双方とも情報不足だったのかもしれません。

捨松の信仰

帰国してからも捨松は、留学時代に引続いて教会生活を大切にしようと考えていたようです。しかし、日本の社会は、それを許してくれません。ベーコン家のアリスへの手紙で、こうぼやいています。

「今あなたが、私が日曜日にしていることを知ったら、きっとびっくりするでしょう。外国人のあなたでさえ、日本に来てみれば、たとえあなたのように自分に厳しい人でも、考えが変わる、と思います。

日本では、アメリカのように安息日〔日曜日〕を守ることは、とうてい不可能です。日本人がどんなに堕落しているか、あなたは想像もつかないでしょう。余りにも多くの不正が平気で行われているので、安息日を守らないことなど、罪とは思っていないのです。

日本の社会の現状を改良しようという考えを何度、あきらめようとしたか、わかりません。やらなければならない仕事が、余りに多すぎるのです。一人や二人の女性が持つ影響力など、たかがしれています」（『貴婦人』一六三頁）。

読むのが辛い内容ですね。彼女のイライラがよく伝わってきます。信仰心あふれるベーコン牧師の家庭で育まれた彼女の信仰は、日本では維持するのが至難のようですね。日曜日を「聖日」として厳守することをほぼ諦めざるをえない心境です。

信仰に変化

だからでしょうか、捨松の信仰生活は、じょじょに家庭〈集会〉中心に移って行きます。一九一八年の時点で、「教会には出席せざるも、牧師の来訪を歓迎し、且《か》つ年々、家庭のクリスマスを執行して、挙家親族打ち集い、天父の栄光を讃美し」と伝わっています（警醒社編『信仰三十年基督者列伝』二〇三頁、同社、一九二一年）。

振り返りますと、留学中、捨松はピューリタンでした。はやばやと十代半ばでベーコンの教会〈センターチャーチ〉で洗礼を受けています。むしろ、イェール大学に留学していた兄の健次郎が、懸念するくらいでした。彼は、キリスト教を嫌い、在米中、一回も教会に足を踏み入れませんでした。そうした健次郎を見て、ベーコンの娘（レベッカ）は、父親にこう報じています。

「彼は、妹がキリスト教の家庭で規律正しい生活を送ることには、反対しないけれど、妹をキリスト教徒に改宗することは、絶対にしないで欲しいそうです。聖書も立派だけれども、儒教の教えと比べると、たいしたことはない、と考えているようです」（『貴婦人』一〇〇頁）。

小崎弘道と捨松

捨松はアメリカでホームステイ中に指導を受けた牧師が、会衆派に属していたので、帰国後も会衆派（日本では同志社系の組合教会派）の霊南坂教会や番町《ばんちょう》教会で、小崎弘道《ひろみち》（同志社を出た牧師）の指導を受けています。時には、大山家で家庭集会が開かれ、夫の大山巌《いわお》も出席したりしています。これに関しては、小崎の回想があります（『新島襄の交遊』二九〇～二九一頁）。

「大山巌公に就《つい》て一言しよう。捨松夫人は、明治の初年に津田梅子、瓜生〔永井〕繁子〔ら〕と共に日本最初の女子留学生として米国に赴いた人で、ニュウヘブンの牧師、ベイコン博士の宅に寄寓中、其《その》教会にて受洗した。

彼〔彼女〕の帰朝した明治十五〔一八八二〕年頃は、一時、洋学の廃れた時期であるが、間もなく大山公に嫁し、折々、番町教会〔の礼拝〕に出席された。公が陸軍大臣当時、私は其官邸で聖書を講じた事もあって、其頃より公と交を結んだ。

私が同志社〔二代目社長〕を辞して東上し、京橋教会を組織した時には、公も青木〔周蔵〕公其他と共に、毎月、幾何《いくばく》かの献金をして、援助された。私が霊南坂教会に復任するや、夫人も同教会に転会され、大正十三〔一九二四。実は一九一九〕年、死去された時は、遺言に依て、私が葬式を司った」。ただし、生前からの本人の希望にもとづき、会場は大山邸でした。神式でも仏式でもなく、参列者が棺に花を捧げる形がとられました（『貴婦人』三二八頁）。ひとまずはキリスト教式に執行されたようなんですが、詳細は不明です。

大山巌の求道生活

一方、大山巌の求道についても、小崎は興味深いことを証言しています。

「日露戦争後、公が一時、沼津の別荘に静養せられた頃、一日、私は彼を訪問し、基督教信徒とならんことを勧めた処、公の曰《のたま》ふには、『自分は基督教は大賛成で、出来得べくんば、信者ともなりたいのであるが、幼少の時より郷里、鹿児島にて神仏を無視する習慣に狎《な》れ居れ、如何《いか》にしても信仰が起らないのである』と語られた。

私は更に勧めて、『人には必ず宗教心の存する者である。只、之《これ》を用ひないため、其心が起らないのであれば、始め努めて会堂にも出席し、礼拝にも列なり、祈祷もし、聖書をも読む様にしたなら、後には信仰も芽生《めばえ》の現るゝは、疑ひのない事である』と言ったが、遺憾ながら公は、之を採用せず、空しく不信の儘《まま》で、世を終られた」（『新島襄の交遊』二九一頁）。

山本家と山川家

キリスト教信仰という視点で、山本家と山川家とを比較してみると、顕著な違いが見えてきます。山本家は、ほとんど一家全員が信徒になっています。それに対して、山川家では、洗礼を受けたのは捨松だけです。

その捨松ですら、どこまで信仰を貫いたか、と言うと、判然としません。後に見ますように、特にキリスト教教育にこだわった形跡もありませんから、青年時代の信仰が、そのまま持続したとは、ちょっと言い難いですね。津田梅子との交遊が最期まで続いたことを考えますと、ふたりの宗教観はどこかで通底していたような気がしてなりません。

山川家出身の教育者

山川家が山本家よりも勝っているのは、輩出した教育者の数です。捨松本人のほかに、姉の二葉（八重のひとつ上です）、操、それに兄の浩と健次郎が、教育界（しかも官立校中心です）でそれぞれ活躍しています。

長女の二葉は、同郷の東京女子高等師範学校（現お茶の水女子大学）校長、高嶺秀夫の推薦で、同校に二十八年間、勤務しました。

三女の操は、夫を亡くした後、宮内庁に入り、フランス語通訳並びに昭憲皇太后付女官となりました。なお操の会津戦争における籠城体験談は、八重のものとともによく読まれています。山川操「十七歳にて会津籠城中に実験せし苦心」（『婦人世界』一九〇九年七月発行）がそれです。

浩は、軍人でもあるのですが、その一方で東京高等師範学校・同付属学校や東京女子高等師範学校の校長も務めました。

健次郎は、兄弟姉妹中、もっとも華々しい活躍をしました。イェール大学を出て帰国してからは、帝大（東大）教授、最後は総長（しかも二回）、ついで京都帝大総長、九州帝大総長を歴任するという活躍振りです。

デイヴィスと捨松

捨松に戻ります。彼女は、同志社の宣教師とも付き合いがありました。J・D・デイヴィスです。一八八二年十月、帰国休暇を終えてシカゴから同志社に戻る時、デイヴィス夫妻は捨松と梅子の二人を同伴しました。一行は、途中、シャイアン（ワイオミング州）という町に立ち寄ります。かつてデイヴィスが牧師をしていた街です。

当然のように、デイヴィスも夫人も、この地の教会やミッションの集会で講演をしました。捨松も後者の集会で話すことを突然、依頼され、戸惑うどころか、憤慨しています。ですが、なにしろ日本の女性たちは、この地方都市ではすこぶる目立つ存在でしたので、拒否はできません。「私達は、まるで名士扱いです」と捨松も書き残しています（『貴婦人』一四二〜一四四頁）。

実は、新島もそれより八年前（一八七四年十月）にこの街に立ち寄っています。彼もまた十年振りに帰国する途上でした。土地の人（家具屋の店主）に、デイヴィスがかつて牧師として働いていた教会を教えてもらい、訪ねました（⑥九八）。

十一年振りの帰国

デイヴィスたちの一行は、サンフランシスコからは、アラビック号で横浜を目指しました。連日、大荒れの航海でした。乗客は、まるで地獄にいるかのような苦しみを味わったといいます。捨松は船内では座ることも歩くこともできず、夜はベッドにしがみついているのがやっとという有様でした。

乗客は十九人でしたが、そのうち宣教師がなんと十三人を占めていました。そうでないのは、捨松、梅子を含めてたった六人、という変則さです。これを捉えて船員たちは、暴風雨に見舞われたのは、「宣教師が大勢乗っているから、海に呪《のろ》われた」と毒づいています（『貴婦人』一四五頁）。それでも、なんとか横浜に着港できました。航海中、デイヴィスと捨松の間で、八重のことが話題になってもおかしくありません。おそらく八重の話も出たと思われます。

神戸に帰港後、デイヴィスはただちにボストン（ミッション本部）に安着を伝えています。残念なことに、そのハガキには、捨松らのことは出ておりません。「実に酷い」航海だったので、体重が十ポンド（約四・五キロ）も減ったとあります（J.D.Davis to N.G.Clark, Nov.27, 1882, Kobe）。

帰国後の捨松は、梅子と同じように、デイヴィスを始め、同志社の宣教師とはつき合いがありません。梅子がミッション嫌いなのは、よく知られたことですが、捨松はそうではなかったはずです。なのに、交流がありません。

神田乃武との結婚問題

帰国した捨松が、直面したのは就職問題と結婚問題です。前者で言えば、アメリカ帰りの神田乃武《ないぶ》から求婚されました。結局、捨松は承諾しませんでした。かえって、親友の津田梅子に振ります。けれども、梅子もまた、捨松と同じ理由で、求婚を退けます。官費留学生であった責任と義務を十分に果たせるような結婚ではない、というのです。彼女たちの結婚観は、おのれ一個の私的な利害ではなく、あくまでも公的な、「お国のため」という視点に立っています。

その証拠に、捨松は神田の人柄を激賞しております。「彼は本当に立派な若者だと思います。私の知っている方達の中でも、彼ほど立派な人間は見当たりません。道徳心があり、自分勝手でなく、誰からも好かれており、時にはそれを利用しようとする人が、いる程です」（『貴婦人』一六七頁以下）。

神田乃武と新島襄

興味深いことに、この神田という青年は、新島とも交流がありました。在学期間は重なりませんが、同じアーモスト大学の同窓です。新島より九年遅い一八七九年の卒業生ですから、新島の後輩にあたります。

新島は留学中にアーモストで交流する機会が何度もあったのでしょうね。帰国後、恩師のJ・H・

シーリー教授（アーモスト大学）に宛てた手紙で、盛んに彼のことを報じています。

「今週中にも、彼の父親〔兵庫県県令の神田孝平《たかひら》〕に会うつもり、と神田氏に伝えてください」（一八七五年一月一〇日、東京、⑥一六〇）。要件は、アメリカを去るさい、神田から預かった手紙を彼の父親に渡すことです。

「神戸を最初に訪れたさい、彼の手紙を父親に手渡した、と神田氏に伝えてください」（一八七五年四月二七日、大阪、⑥一六六）と書き送っていますから、約束は果たされました。

「神田氏にお会いになられたら、よろしくとお伝えください。この短い春休みの間に、彼の父親を訪ねるつもりです」（一八七六年三月二七日、京都、⑥一七二）。知事との交流は続いています。

「神田氏によろしくお伝えください。大学生活を順調に送っているものと思います」（一八七七年七月一八日、和歌の浦、⑥一八四）。

神田孝平

神田乃武の父、孝平は山本覚馬、それに八重の最初の夫である川崎尚之助と江戸で交流があったと言われています。出典が挙げられていないので、確証はとれませんが、次のような興味深い指摘がなされています。

「覚馬がはじめて川崎尚之助と出会ったのは、安政二年（一八五五）の秋、江戸藩邸の学問所へ神田孝平の代講として、〔川崎が〕姿を見せたときである。覚馬は二十七歳、尚之助はまだ十八歳の若さだった。年は若かったが、神田孝平が推挙するだけあって、尚之助は蘭学と舎密術《せいみじゅつ》の講義を立派にこなした」（吉村康「心眼の人〈会津びと山本覚馬〉京を駆ける」二〇頁、『会津人偶像』一九、歴史春秋社、二〇一一年四月）。

その神田孝平とは、息子の乃武を介して新島も交流があったのです。つまり、孝平の周囲には、覚馬、尚之助、襄といった八重の縁者が、早くから顔を揃えていたことになります。まさに奇遇ですね。奇遇ついでに、もう一件。尚之助は杉田成卿《せいけい》（杉田玄白の孫）にも師事したようですが、襄もまた杉田との交流がありました。杉田を媒介すれば、尚之助と襄との接点が分かるかもしれません。

長澤鼎

捨松の結婚に移ります。彼女の結婚相手は、神田氏以外にも、紆余曲折がありました。最初に捨松にプロポーズしようとしたのは、長澤鼎《かなえ》でした。長澤、捨松ともにアメリカ留学中のことでした。彼は幕末、薩摩藩がイギリスに密航させた十九人の留学生のひとり（十三歳でした）で、森有礼もその中にいました。後に森らとアメリカに渡り、「カリフォルニアのブドウ王」の異名をとるほどの成功者になりました。

長澤は、少弁務使となっていた森から捨松を紹介されるや、たちどころに見初めたといいます。しかし、捨松が帰国後に、大山と結婚したために、長澤は大いに傷つきます。その結果、生涯、独身を貫いたといいます（『新島襄の交遊』二九〇頁）。

一方、森は、日本人の人種改良に熱心で、在米時代は、日本からの留学生にアメリカ人女性との結婚を盛んに奨励していました。自分ももちろんその線で、「婚活」をしていたくらいです。それだけに、日本人同士の結婚には、あまり賛成できなかったはずです。

捨松の女子教育

結婚問題と同様に悩ましいのが、就職問題です。捨松は、永年のアメリカ留学がむしろ災いとなって、帰国してからも就職口がなかなか見つかりません。そこで、「八重の桜」では、兄の浩が襄や八重に頼んで、同志社女学校に女性教員として受け入れてもらおう、ということになります。襄や八重はもちろん、デイヴィスも喜んで迎えます。いい話しではありますが、実はこの、捨松の同志社就職の件は、創作（ウソ）です。

キャリア・ウーマンが珍らしい時代ですから、女性にとっては就職難でした。捨松が期待したような官立女学校は不在でした。国費留学させてもらったお返しができる職場、あるいは彼女の才能がフルに活かせるような受け皿は、ほとんど未整備でした。

帰国して二年後、ようやく政府は華族女学校の創立に取り掛かります。捨松は下田歌子と共に、創立委員（二人）に指名されます。当時の捨松の女子教育観が分かる興味深い資料があります。姉とも言うべきアリス（ベーコンの末娘で、捨松より二歳上）に宛てた手紙です（『貴婦人』二一〇頁）。

「皇后陛下の御後援のもとに、影響力をもった人達の手で、学校を設立することを考えています。

日本には現在、女子のための満足な学校は、一つもありません。小学校を除いて、女学校は二つしかなく、どちらもひどい状態なのです」。

アメリカ、それもニューイングランドで、進んだ女子教育を実地に体験した捨松から見れば、こうした評価は当然なのでしょうね。

捨松とミッションスクール

続いて、キリスト教系の女学校に関して次のようにコメントします。

「勿論《もちろん》、ミッションスクールはいくつかありますが、それぞれに欠点があります。それに、上流階級の人達は、娘をミッションスクールには入れたがりません。ですから、今、日本は本当によい学校を必要としているのです。でも、大学はまだ必要でありません。女子に高等教育を受けさせようとする人は、いないでしょうから」(『貴婦人』二一〇頁)。

キリスト教系の女学校に対して、はなはだ点が辛いのです。このあたりに彼女の信仰の内実が、多少、窺えます。

この手紙が書かれた時期(一八八四年三月八日)は、同志社女学校が開校されてから、すでに数年を数えています。それでも、捨松の目から見れば、「欠点」が目につきます。たしかに、日本人スタッフと女性宣教師との間には、摩擦がありました。

その好例が、寮母をしていた山本母子をめぐる問題です。八重と佐久に対する苦情や批判が、宣教師の側から投げかけられます。まさか、捨松が八重から直接、そうした消息を聞き及んでいたとは思われません。それでも何らかの情報をつかんでいたんでしょう。

ともあれ、こうした衝突は、この翌年にいたって校内で表面化し、廃校騒動にまで発展いたします。したがって、ドラマにあったように、捨松が同志社女学校に就職するという話は、現実のうえではいたって可能性が少なかったはずです。

教育者としての捨松

もともと捨松が帰国直前に夢見たことは、アリスといっしょに日本（東京）で学校を開くことでした。「二人で一緒の家に住み」、アリスが英語と文学を、そして捨松が生理学と体育を教える「二人の学校」です（『貴婦人』一三九〜一四〇頁）。しかし、大山巌と結婚してからは、実現は至難でした。

それで、政府が開いた華族女学校、ついで東京女子高等師範学校で教鞭をとります。一九〇〇年に至って、両校の教員を辞め、女子英学塾（現津田塾大学）の開設に専心いたします。畏友の津田梅子の夢が実現するよう、尽力しました。開校後は、顧問として側面からサポートします。

自分で女学校を開く夢を抱いていた捨松としては、梅子の学校を応援することが、自己の夢を追う道でもあったはずです。

看護婦養成

捨松の功績で大きいのは、看護教育における先駆性です。「八重の桜」以前から、八重は篤志看護婦としての働きが、その筋ではわりあいに知られていただけに、時に「日本のナイチンゲール」と称えられたりします。

実は八重の同時代、それも会津出身者に限っても、ナイチンゲールと呼びたくなるような女性は、他にも二人います。瓜生《うりゅう》岩子とこの捨松です（本書一六六頁以下）。

三人のうち、捨松の活動は、群を抜いています。日赤（篤志看護婦人会）での活動や看護教育といった面では、東京で指導的な立場におりましたから。詳しいことは、ここでは省略いたします（本書一七五頁以下を参照）。

捨松と巌

捨松と大山との結婚生活に移ります。最終的に、捨松が夫に選んだのは、薩摩出身の軍人、大山巌でした。初婚にして、いきなり三人の子どもの母親です。夫妻の歳の差は、十八もありました。

多くの政府高官がお茶屋遊びに現《うつつ》を抜かすのに対して、イワオは、家庭生活を大事にしました。夜の招待や接待もなるべく避けて、家族と一緒に食事をするようにしていたといいます（『貴婦人』二二〇、二二三四頁）。

たしかに大山の素行は、他の顕官とは違っていたようです。クリスチャンの証言があります。津田梅子も大山の人柄を信頼し、捨松との結婚に（瓜生繁子とともに）賛同していました。「彼はクリスチャンではありませんが、有名な男性には珍しく道徳的で、お酒飲みでもなく、みっともないこともしないし、大変楽しい人柄で、親切な人物です」（『新島襄の交遊』二九〇頁）。

もう少し、後になりますが、大山の国葬の前日、同志社チャペルで波多野培根《ますね》という教員が、大山についてこう語っています。大山は品行方正で、私行の点で非難すべきことはない、と（村上寅次『波多野培根《ますね》伝』稿本、八三〇頁、未刊。塩野和夫氏提供）。波多野自身、熱心な信徒ですし、その彼がチャペルで大山を取り上げるくらいですから、この大山情報については、それなりの根拠があったんでしょうね。

襄が厳に陳情

一方、新島と大山は、実際に交流がありました。一八八四年二月に、新島は大山を自宅に訪ねています。徴兵令改正に伴い、徴兵猶予の特典が私学には適応されないことになったのを受けて、陸軍卿であった大山に直接、陳情するためです。大久保利通の息子、牧野伸顕《しんけん》に紹介を依頼しました。

襄の日記（⑤二五二）によると、二月九日の朝九時に訪問したところ、「先生、フランネルノ夜衣装ヲキテ、突然ト出タリ。其ノ不人品ナル、薩ノ一書生カト思ヒ、少シク話ヲツ、シミタレハ、談判中、慥《たしか》ニ陸軍卿ナルヲ知リタ〔ル〕ヲ以テ、徴兵令ノ事ヲ談ス」。

「不人品」とあります。「書生」と間違えていますから、よほどラフな格好で、新島を出迎えたようです。それにしても、「薩摩語ニテ甚タイトヒトヤカニ話サレタレハ、予モ之ニ大ニ困却セリ」とありますから、どこまで聞き取れたのか。そもそも会話が成り立ったのか、こころもとないですね。だからとは言いませんが、会談は、不調に終わりました。

それでも、新島は折角の好機ですから、持論を吐露して帰ってきました。「延〔述〕へ得ル丈《だけ》ノ情実ヲノへ、而《しこうして》〇〇教〔基督教《キリスト》〕ト国民トノ大関係ヲ試察スヘシト語リ、辞〔シ〕去ル」（『新島襄の交遊』二九一頁）。

大山夫妻の家庭生活

新島が大山家を訪ねたさいには、捨松にも会った可能性があります。が、新島の日記には、その記述がありません。

日常生活では捨松は、夫を「イワオ」と呼び捨てにしました。こういうところは、八重的ですね。一方のイワオですが、若い妻に対して、相好を崩して返事をしたそうです。

食事に関しても、大山は襄と同じく調理を自分でしたかどうかは、分かりません。和食よりも洋食を好んだ点は、襄と似ています。新しいコックを雇う時は、まずオムレツを作らせてその腕を試すのが、捨松の仕事でした。

ただ、大山家の子どもの中には、連日の洋食に辟易《へきえき》すると、台所で白米にかつおぶしと醤油《しょうゆ》をかけてこっそり食べる子がいたといいます（『貴婦人』二三四頁）。

ひょっとしたら、襄の生前、八重も、時にはこっそり隠れて和食を食べていたかもしれませんね。

車の相乗り

捨松は、イワオと人力車や馬車にふたり乗りしていたのでしょうか。当時のセレブたちがお手本とした明治天皇の場合、一八八九年の二月まで皇后との馬車相乗りは、考えられません。天皇と皇后の相乗りを初めて見た外国人女性は、天皇が妻の社会的地位をようやく認めた、と高い評価を下しています。「妻の地位というものの西洋的な考え方を公式に採用した」点で、「この出来事は、日本の女性にとって実に大きな進歩」だというのです（『貴婦人』二二九頁）。

であれば、新島がこれより十数年も早く、八重と相乗りをしたことは、男性としてはとんでもない行為と思われたでしょうね。八重が、この一事だけで「悪妻」呼ばわりされても、仕方ないですね。

八重と捨松との交流があれば、ふたりはお互いのパートナーについて、あれこれ情報交換したに違いありません。時には溜飲を下げる場面も、あったかもしれませんね。そんなことを想像しながら、ドラマを観るのも、また楽しいですよね。最終回にも捨松は、ちゃんと出てきます。チェックをお願いいたします。

（全国地域婦人団体連絡協議会近畿ブロック会議、同志社・新島会館、二〇一三年九月二五日）

コラム(9)

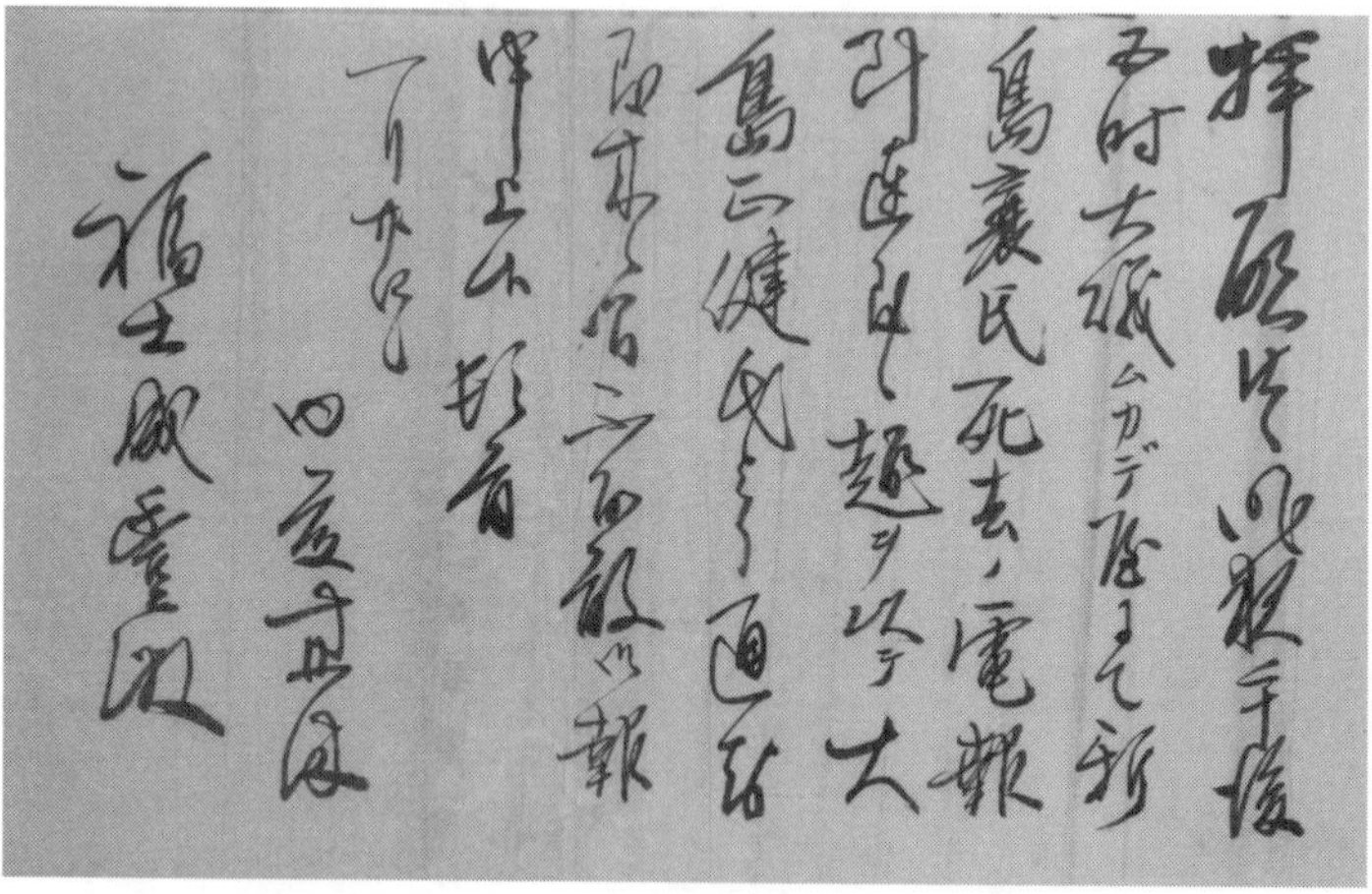

福士成豊と内藤兼備の交流

福士成豊（卯之吉）は、函館のイギリス人商会（ポーター商会）で働いていた頃、襄の密出国を手助けした（本書282頁参照）。新島が帰国した時は、すでに札幌に居を移し、土地の名士となっていた。

札幌では、内藤兼備《かねとも》との交流が密である。新島の旧友（福士）と、八重の幼馴染（日向《ひなた》ユキ）の夫（内藤）とが、札幌で知己となるのも奇遇である。

この手紙は、新島が大磯で死去した翌日（1890年1月24日）、内藤が福士にその旨を通知したものである（同志社社史資料センター蔵）。23日に福士に電報（同志社社史資料センター蔵）を打ったのは、新島公義であった。

覚馬の全国デビュー

ジョーと高知

新島襄は、高知に来ておりません。が、代わりに、と言えば変ですが、オダギリジョーさんは、岡山の高校を出た後、高知大学理学部へ進学するはずでした。ですが、現役合格しながら、手続きの時点で、入学を辞退したといいます。映画監督になりたくて、英語力を磨き、結局、カリフォルニア州立大学に留学した、と聞いています。

こういうことをお聞きになると、高知の人は残念に思われるんじゃありませんか。龍馬に続いて、再度、大河ドラマに絡めたかも知れませんから。

NHKのリハーサルでオダギリさんに会った時、拙著『日本の元気印・新島八重』を名刺代わりに差し上げました。本の中で、新島襄役を射止めそうなイケメン男優を十人くらい、候補者として挙げていました。その中で、お勧めは「ジョー繋がりでオダギリジョー」と書いておいたからでした。おじんギャグがらみで、彼をトップに挙げたんです。

なんと、これがアタリました。私は新島襄を四、五十年、追っかけてきましたが、生きているジョーに会えるとは思ってもみませんでした。ですが、ロケに入ってからは会えるチャンスは、意外に少なかったです。

「八重の桜」の最終回（第五十回）のロケは、はやばやと九月末に終ったのですが、その間、私が生《なま》のジョーに会えたのは、結局一回だけでした。ということで、私の時代考証の仕事も、クランクアップであらかた終わったのも同然です。現在、残ってるのは、毎回の番組最後に流される「八重の桜紀行」（八重ゆかりの地めぐり）の仕事《チェック》くらいです。

「誰も知らない女性」

クランクアップは、さっそく報道されました（nikkansports.com，二〇一三年九月三〇日）。

記事によれば、総括責任者の内藤慎介氏は、八重に関して「誰も知らない女性」と認めています。たしかに、「八重の桜」が公表されるまで、ＮＨＫ幹部のひとり、柳沢秀夫氏（会津高校卒、ＮＨＫ解説委員長）ですら知らなかった女性です。

なぜ無名の八重が主役に、という質問に、ＮＨＫは正面から答えません。ＮＨＫが挙げるのは、「三・一一」です。私なりの「解答」は、すでに出しております（拙著『日本の元気印・新島八重』参照）。

ともあれ、大河ドラマのおかげでここへ来て、八重は一気に全国区の女性になりました。知名度は、新島襄を越えたかもしれませんね。

それが確認できる講演会が、京都でありました。元ＮＨＫアナの松平定知《さだとも》氏が、「八重と京都」と題して、二〇一三年十月五日に同志社女子大学で講演されました。

松平氏は、会津の松平家ではなく、愛媛の松平家の子孫です。NHK在職中は、周辺から「殿」と呼ばれていたといいます。その点、「八重の桜」の周辺のひとり、と言えなくもありません。

松平定知氏から見た「八重の桜」

その松平氏が、今年の「八重の桜」は、歴史に残る作品になる、と断定されていました。その理由はふたつ。ひとつが、無名の福島県人（八重）を抜擢した震災復興支援のためのドラマ、という点です。やはり、誰が見ても無名の主役です。

漏れ伝わって来るところでは、あの「三・一一」でNHKは大河ドラマの制作方針をきゅうきょ変え、八重を選んだといいます。内定したのが五月（公式発表は六月二十二日）だったといいますから、いわば突発的な抜擢です。だから会津や同志社にとっては、晴天の霹靂《へきれき》です。

いまひとつの理由は、維新を「負け組」（敗者）の視点から描く異色の作風である点。これは、当初から内藤プロデューサーも公言されていました。

さらに、篤志看護婦として、八重が発揮した博愛主義は、同志社のキリスト教精神の表れだ、とも松平氏は分析されていました。

新島夫妻の墓

松平氏は、講演会の直前に八重の墓参りをされたらしく、若王子《にゃくおうじ》山の同志社墓地は「辛かった」と漏らされていました。「ぜいぜい言いながら二十分くらいかかった」そうです。

同志社墓地では、新島の墓碑銘にある「島」の字を見て、明らかに「誤字」と断定されました。だから、同志社が案内板で「海舟の癖」と説明するのは、間違いとも。これには反論あり、です。横棒が一本抜け落ちているのは、海舟の癖ではなく、確信犯的なミス（書き方）だと私は思うのですが――

「島」の字をめぐる謎に対して、「正解」を出すのは面倒です。参考になりそうなのは、新島の父親の出身地、群馬県安中《あんなか》（龍昌寺）にある馬頭《ばとう》観音の碑です。ここの「馬」の字も、字画がひとつ不足しています。

なぜかに関しては、新島が指導を受けた安中藩儒者の間でも、答えが分かれています。山田三川《さんせん》は「読めさえすればいい」、大山融齋《ゆうさい》は「王羲《ぎ》之《し》の法帖にある」と理由づけしています（柏木義円「鶏肋《けいろく》漫筆」、『新生命』一九三七年八月二〇日）。

襄と八重を演じて

「八重の桜」に戻ります。ドラマのクランクアップを前に、オダギリジョーさんと綾瀬はるかさんは、次のような感想を公表しました。まず、ジョーですが――

「ドラマに登場する襄は、学校作りへの思いが強すぎるせいか、他の部分は不器用で、若干頼りない、といった感じに表現します。ちょっと情けない裏の姿を見守る八重は、同志であり、姉でもあるかのように見えるかもしれません(笑)。ただ、実際の新島襄を知っている方から見たら、少し違和感を覚えるかもしれませんね」(オダギリジョー、NHK「八重の桜」後半のパンフレット)。

「少し違和感を覚えるかも」という辺りは、多分に同志社サイドの人間、とりわけ新島襄研究者を意識した発言ですね。次に、はるかサンは——

「ここまで八重を演じてきて、改めて思うのは、八重のあきらめない精神です。私自身も、かんたんにあきらめてはダメだな、と常に思うようになりました。見ていただく方にも、そんな八重の強さを感じていただければ、と思っています」(綾瀬、同前)。

打ち上げ

クランクアップの直後、新宿の某ホテル地下ホールで「八重の桜」打ち上げ会(二〇一三年一〇月三日)が開かれました。同志社からは、私を含めて四人が参加しました。五百人くらいの出席者中、俳優さんたちが百名はおられたでしょうか。残念ながら、オダギリさんは、欠席でした。

会の雰囲気は、予想外に悪かったです。役者とスタッフとの馴れ合い気分が充満していました。たとえば、綾瀬はるかサンのスピーチにしても、半数の人は聞いていません。それで、私にも番が回ってきた時には、四十五秒で切り上げました。同志社サイドからのお礼だけ言って、壇を降りました。

私は、それ以前に綾瀬はるかサンとは、京都で会う機会がありました。で、私がこの日、ぜひお話ししたかったのは、覚馬役の西島秀俊さんでした。テレビで見るより、カッコよかったですね。

「覚馬の桜」

「歴史秘話ヒストリア」の覚馬編（今年の八月二十八日に放映された「明治の京都へおこしやす――千年の都　復興ものがたり」）は、HNK京都放送局が制作しましたので、私も「出演」しました。その番組が、高視聴率だったことを伝えると、西島さんは喜んでおられました。打ち上げ会に参加する直前、「ヒストリアとしては今年度、二番目の高視聴率」をとった、という連絡が、担当ディレクターから私のところへ入ったばかりでした。

「八重の桜」の前半では、覚馬は主役の八重を押さえて、たえず前面に出ていました。まるで「覚馬の桜」、と陰口さえ叩かれていました。確かに、京都のシーンなど、天皇、将軍、公家、大名、家老といった重い人物が登場する場合、八重の出番など考えられません。会津色を出すためにも、やむなく覚馬（覚馬でも難しい場合が多かったのですが）を絡ませる以外に手はありませんでした。

四人の蘭学所教授

会津時代で言えば、日新館蘭学所を扱う時も、同じです。当時、覚馬の周辺には、三人の蘭学者がいました。いずれも、日新館蘭学所の教授です。この蘭学所は、覚馬の尽力で一八五七年にようやく創立されたもので、もっぱら洋学を学ぶ新しい藩校です。

教授を務めたのは、当初は山本覚馬、南摩綱紀《つなのり》の二人です。南摩は、覚馬にとっては、先輩にあたります。後に帝大教授になる逸材です。ついで、川崎尚之助、古川春英の二人が、スタッフに加わります。

後者の二人は、覚馬や南摩と比べると、あまり知られていませんでした。「古川春英・川崎尚之助」(『会津藩教育考』)とか、「古川春英と川崎尚之助」(『会津会々報』第二〇号、一九二二年六月)で早くに紹介されているのですが、川崎の方がここに来て、「八重の桜」によってひとまず先に全国区になりました。置いてきぼりを食らった古川は、未だに知名度が低いままです。

古川春英

彼のプロフィールは、「八重の桜」HPから抜粋すると、以下の通りです。

「医師の山内春瓏《しゅんろう》の家弟となって医学を学ぶ。しかし、漢方医学の限界を感じ、無断で藩を飛び出し大坂の適塾に学ぶ。帰藩を許されると蘭学所の教授となる。戊辰戦争の際は城内の病院で活躍する。婦女子の協力を得た治療看護活動は、後世の看護制度の嚆矢《こうし》ともいわれているという。チブスの治療中に感染し、死去。墓地は福島県耶麻《やま》郡河東町駒坂にある」。

古川と覚馬は、生まれが同年です。年齢だけで言いますと、南摩は先輩、川崎は後輩にあたります。古川については、松本良順と絡む有名な挿話が残されています。

「慶應四年(一八六八)戊辰戦争が勃発し、戦地から後送されてくる戦傷者の手当てに窮した藩は、松本良順に応援を依頼する。良順は会津に赴き、治療を手がける傍ら『古川春英はどこにいるのか。会津藩には名医古川春英がいるではないか。早く彼を呼びなさい』と藩首脳部に訴え、藩は慌てて春英を探し出して召還させたという」（ネット文献「会津藩士　幕末人名事典」古川春英の項、二〇一三年一一月一日閲覧）。

一八六四（元治元）年、長崎に遊学し、オランダ人医師ボードインから本格的に西洋医学を学んだ点でも、覚馬と軌を同じくする人物です。長崎出張を命じた田中土佐は、覚馬に対して、「長崎に行ったら、蘭方医（眼病医）の古川から目の治療を受けるように」とも命じます。

同志社から見て興味あるのは、吉川春英の役を同志社大学の卒業生がやっているという点です。小《こ》市《いち》慢太郎という役者です。

兄の掌の上で踊る

ドラマの後半、京都時代になっても、覚馬の勢いは衰えません。冒頭のタイトルロールが良い証拠です。配役の名前が上がる順番は、綾瀬はるか、西島秀俊、そしてオダギリジョーの順番です。

ドラマの中では、八重は相変わらず、兄の指示や指図を受けて、進路を決めたり、行動を興したりしています。最後に近いところで、八重は覚馬にこう打ち明けております。「私は、あんつぁまの背《せ》中《なが》を追って、ここまで来た。無駄だったごどなんか、何ひとづねぇ」（第四十九回）。

ちょっと強い言葉を使えば、八重の生涯は「兄の掌《てのひら》の上で踊る」人生では、なかったでしょうか。

「三・一一」を踏まえて

この点は、ドラマ制作の公表後に、私がＮＨＫスタッフから取材を受けた際、脚本家の山本むつみさんらにもお伝えいたしました。その時点で、覚馬が準主役の位置を占める見通しが、十分、予想されましたから（『八重の桜・襄の梅』一八八頁）。

「八重の桜」は、あの「三・一一」という大惨事がなければ、浮上しないドラマでした。福島、ひいては東北全体に勇気と元気を運ぶのが、狙いです。だから、取材の時に、ドラマの軸足は前半（八重の福島時代）に置かれるのではないか、という個人的な見通しもお伝えしました。具体的に言えば、全五十回中、三十回くらいを占めるのでは、と。

実際には、八月の十一日（第三十一回）から後半（京都時代）に入りました。私の予想が、ほぼ的中しましたので、自分でも驚いています。それに、京都時代に入っても、覚馬の出番は、相変わらず多いですね。

京都でも「兄の見取図」

父親（権八）が戦死してからは、覚馬が八重の父親代わりになりました。それは想定内でした。しかし、予想を超えたのは、父親レベルから「心の師」扱いへと進化、昇格したことです。覚馬あっての八重です。

たとえば、ドラマの第三十二回のタイトルは、台本では「新天地を切り拓《ひら》け」でした。私はチェックの時は、気に入っていたんですが、いざ放映となると、「兄の見取図」に代わってました。たしかに、八重の進路設計は、覚馬次第ですから、これはこれで上手《うま》いネーミングです。

加えて、俳優の西島秀俊人気が、これに拍車をかけます。

後半も準主役か

先日、「新島論文コンクール」の審査中のことでした。学内中学（同志社香里《こうり》中学校）一年生男子の応募作文を読んでいたら、覚馬、いや西島さんが出てきました。「西島秀俊さんがかっこいい、と姉があまりに騒ぐので、大河ドラマを見てみました」。五月の放映時です。

そう、新島襄も、役柄では西島秀俊（覚馬）には敵《かな》いそうにありませんね。以前、私が出した、「ニイジマはニシジマを越えられそうにもない」との予想（拙著『八重の桜・襄の梅』一八七頁）がどうやら、当たりそうになってきました。ちなみに、新島本人も現実に一時、西島と呼ばれた時期があります。アメリカ留学中のことです。岩倉使節団で出会った木戸孝允は、留学生の新島のことを幾度《いくど》も「西島」と誤記しています。

中学生の作文に戻ります。続きはこうです。五月に大河ドラマを見て以来、しばらく「ご無沙汰だったが、夏に久しぶりに見てみると、なんと覚馬は目が見えないうえに、車椅子だし、しかも京都府庁で働いている――会津時代と「全然違っているので、びっくりしました」とあります。

駕籠か車イスか

びっくりしたのは、この中学生だけじゃありません。私も、です。車椅子が出てきましたので、ドキドキ、ハラハラしました。アレは本当だろうか、と。

同志社の創立十周年記念式（一八八五年）の際、覚馬は請われて一場の演説を披露しています。新島校長の演説と並んで、出席者に大きな感動を与えました（本書二三五頁）。問題は、覚馬の移動方法です。その場にいた学生によると、駕籠《かご》を利用しています。どんな駕籠かというと――

「籠は、昔の山籠の様なもので、上の棒を抜くと、屋根と前の両側の垂れとがそっくりと取りはずされて、残るものは坐して居る処と、後《うしろ》のもたれる処と丈《だ》けで、恰《あたか》も今の一森式の椅子《イス》の様な形ニなるのである」（『創設期の同志社』二五二頁、同志社社史資料室、一九八六年）。

駕籠の証言なら

これは、貴重な観察記事です。覚馬が使用した移動手段に関しては、これ以外に史料がありませんから。あるとすると、フィクションです。ある小説の中では、覚馬は車椅子（ルドルフ製とあります）に乗っています（吉村康『新島八重の生涯』一〇四頁、歴史春秋社、二〇一二年）。

これ以外、車椅子だった、とする描写は、まったくありません。だから、通常は駕籠なんでしょうね。駕籠で檀上まで運ばれて来た覚馬は、「其処《そこ》〔籠の中〕で其のまま話をせられた」といいます（『創設期の同志社』二五二頁）。

だから、私はＮＨＫが、車椅子を覚馬のために「発明」するまでは、人に背負われる、でなければ、人力車（遠距離）、もしくは駕籠（近距離）で移動した、と思い込んでいました。まさか、その当時、日本（京都）で車椅子がすでに使われているとは、思いもしませんでしたから。

覚馬の参列と演説

車椅子以上に大事なのは、覚馬の演説や思想の中身です。問題は、演説家としての資質です。彼は新島と並ぶ同志社の創業者ですが、なにしろ重度の身体障がい者ですから、学校の式典に参加したり、壇上から学生たちに語りかける機会は、わりあいに少ないほうでした。ですが、多少の資料はあります。

まず、『山本覚馬・新島八重　その生涯』（四～六頁、同志社、一九八九年）などから、分かっている限りの学校行事への出席を見てみますと、以下の通りです。

(一)、新キャンパス（今の今出川キャンパスの前身）での最初の校舎献堂式（一八七六年九月一八日）が行なわれたさいの式辞（⑧一五七）。

(二)、同志社英学校（余科）第一回卒業式（一八七九年六月一二日）に参列。

(三)、同第二回卒業式（一八八〇年六月二五日）で式辞、「書生の心得」を披露。

(四)、同第三回卒業式（一八八一年六月二四日）。「此日《この》、山本覚馬氏もその思想を述べられたり」といいます（『安部磯雄日記―青春編―』二六頁、同志社社史資料センター、二〇〇九年）。

(五)、同志社神学科卒業式(一八八四年六月二六日)では、欧米遊行中の新島に代わって、校長代理として列席し、「卒業証書附与」を担当。翌日の同志社普通学校卒業式でも、「卒業証書附与」。ただし、「山本氏ハ足立タズ、盲目ナル故、辞ノミヲ出シ、市原〔盛宏〕氏、昨日モ今日モ〔卒業証書〕渡セリ」という状況でした(『池袋清風日記』上、二七〇頁、二七三～二七四頁、同志社社史資料室、一九八五年)。

(六)、同志社創立十周年記念式(一八八五年一二月一八日)で「学芸教育」と題して演説。

(七)、同志社普通学校卒業式(一八八七年六月二四日)で仙台出張の新島校長に代わって、校長代理として式辞を担当(『山本覚馬伝』改訂増補版、三一四頁、京都ライトハウス、一九七六年)。

「貧民の友となれ」

いずれも原稿は残っていません。わずかに二編だけ、第三者によるまとめが、残されているだけです。ひとつは(六)創立十周年記念式のもの(後述します)です。もうひとつは、(七)一八八七年の卒業式式辞を会場で聞いた卒業該当学生(丹羽清次郎)が、その要旨を書き留めています。

後者がもっともまとまっていますので、全文を引いてみます。題をつけるとすると、「貧民の友となれ」でしょうか。

「諸子の今や、業を終へて、各其目的とする処に進まんとす。或は、尚、学海に遊泳を試みるものあらん、或は宗教社会に入るものあらん。而《しか》して其従事すること、等しからずと雖も、子等是非とも勉むべきは、貧民の友たること、之《これ》なり。吾れ思ふに、日本は将来、英国の如く、貧富の懸隔、追日《ひをおうて》、甚しきに至らん。此時に辺り、能《よ》く弱を助け、強を挫《くじ》き、貧を救ひ、富を抑ゆるものは誰れぞ。諸子、乞ふ。吾が言を常に心に服膺《ふくよう》して、忘る丶勿《なか》れと」（『山本覚馬伝』三一四頁）。

実は新島にも同じような発言が、あります。イエスは「貧民の友である」との指摘が、そうです（⑦三二九）。

社会福祉思想のパイオニア

「貧民の友となれ」といった覚馬の考え方は、例の「管見」では希薄です。ですが、今でいう社会福祉の考え方の見事なまでの先駆です。キリスト教信仰の感化がすでに窺えます。

この点は、『山本覚馬伝』でも高く評価されており、次のように指摘されています。

「山本の言葉は、すでにせまり来る社会問題を予見して、『貧民の友』たれと述べ、『能く弱を助け、強を挫き、貧を救ひ、富を抑ゆるものは誰れぞ』と、キリスト教信仰に基づく博愛、人道の戦士を奨める。

それはまさしく、信仰に基づく社会的実践であり、社会福祉の戦士となれ、というにある。かれ自らが、かく決意して進んで来た道を、卒業する学生に餞《はなむ》けとして勧める姿勢である」（三一五頁）。

「弱者の盾となれ」

覚馬のスピーチとして「八重の桜」で使われたのは、創立十周年記念式でのこの演説ではなく、卒業式での式辞です。ただし、ドラマですから、時や内容ともども、かなりの創作が交じえられました。タイトルを「再び戦を学ばず」と銘うった第四十九回で、一八九〇年六月の同志社卒業式が取り上げられました。当時は、新島総長（社長）を失った直後ですから、同志社は、共同創業者であった山本覚馬にワンポイント・リリーフ（臨時総長）を要請いたしました。台本では、その年の同志社卒業式のシーンで、覚馬に次のような式辞を披露させています。

「諸君は学業を終え、これがらそれぞれの仕事に就かれる。どうか、どんな時《とき》でも、貧しい人々の友となり、弱い者を守る盾《たて》となってください」。

前に見たように、実はこれは覚馬が一八八七年の式典で実際に述べた一節、「能《よ》く弱を助け、強を挫《くじ》き、貧を救ひ、富を抑ゆるものは誰れぞ」に基づいています。

「再び戦を学ばず」

式辞のセリフはさらに続きます。「弱者の盾となれ」に続いて、覚馬は次のように持論を展開します。

「かつて私は会津藩士として戦《たたか》い、京都の町を焼ぎ、故郷を失いました。その償いの道《みち》は、まだ半《なか》ばです」。

「今、世界が力を競いあい、日本は戦に向けて動き出している。どうか、聖書の一節を心に深く刻んでください――その剣《つるぎ》を打ち変えて鋤《すき》となし、その槍を打ち変えて鎌《かま》となし、国は国に向かいて剣を上げず。二度と再び、戦《ただか》うごとを学ばない」。

実際には、草稿もないばかりか、はたしてこうした内容の式辞を述べたかどうかも、不明です。特に一八九〇年の卒業式で述べたかどうかは、分かりません。ですが、式辞の内容（式辞を披露したと想定した場合ですが）そのものに関しては、覚馬に不釣り合いな、まったくのフィクション、とも言いかねます。構成から言えば、あきらかな合成です。

「日本のトルストイアン」

演説の後半がまったくの作り物でない証拠があります。覚馬に私淑した同志社卒業生（水崎基一《きいち》）に、次の証言があります。水崎は、平和主義、非戦論を唱えたトルストイを十九世紀末の「活基督《キリスト》」（生けるキリスト）と称え、その文豪に覚馬を擬《なぞら》えます。

「〔覚馬〕先生の性情行径《ぎょうけい》は、全然トルストイたりと謂《い》ふにあらざれども、亦《また》、大《おおい》に似類《じるい》する処のものもあるを信ずる也《なり》」。

水崎が覚馬に、トルストイ張りの平和思想を見出す所以《ゆえん》は、万国公法（今の国際法）です。世界を平和的に統一させるものこそ、万国公法であるが、覚馬はこの「万国公法を消化して来たりて、己が血肉となし」ていた、と言うのです。

水崎は、同志社在学中に、山本家に通って、実際に万国公法を習っています。「先生、常に万国公法を、十数年以前の記憶中より回想し来り、朗誦以て教ゆる処のものありし也」とその当時を振り返っています。失明している覚馬が、ちゃんと講義してるんですから、スゴイですね。大事な箇所は記憶していたんでしょうね。まさに「血肉」となっています。

『旧約聖書』

かりに覚馬が「日本のトルストイアン」だとしてもですよ、聖書の一節を典拠にして、卒業生に餞《はなむけ》の言葉を贈ったかどうか、それは多少疑問です。引用されている聖書（旧約聖書です）の箇所は、現代語訳で引くと、次の通りです。

「主は国々の争いを裁き、多くの民を戒められる。彼らは剣を打ち直して鋤とし、槍を打ち直して鎌とする。国は国に向かって剣を上げず、もはや戦うことを学ばない」（「イザヤ書」二章四節、「ミカ書」四章三節）。

正確に言いますと、この箇所は、トルストイの平和主義を説明するのに、水崎が上げている聖句です。トルストイは、若い頃は「有為《ゆうい》の将官」として勇敢に戦争に従事しましたが、その後は、一転して平和主義に転じます。すなわち、「その剣をうちかへて鋤となし、その槍をうちかへて鎌となし、国は国に向ひて剣をあげず、戦闘の事を再びなさざるべしと誓ひし」と水崎は述べています（『山本覚馬伝』三三七頁）。

「八重の桜」は、これに基づき、トルストイ張りの平和思想を覚馬のセリフに織り込んだ、と思われます。

覚馬の教育観

社会福祉や平和思想以外にも、ドラマで覚馬が披瀝する見解には、素晴らしいものがさらにあります。とりわけ教育観は、スゴイですね。私がNHKスタッフにあらかじめ伝えたいようなことが、すでに前もって入っているくらい、よく調べたうえで台本が作られていることが、わかります。例の「管見」以外、本人の言葉は残っておりません。だから、彼の意を汲んで創作するほか、ありません。その好例は、次の発言（第三十六回）です。

「生徒に西洋の文化を伝えておきながら、それを作り上げた《つ》キリスト教の考えだけは伝えないなんて、どだい無理な話だ。今は開かれた世。技術も思想も全て入ってくる。その中から《なが》、我々が自分で選びとるのです。形だけまねても、西洋を追い越すごどは、できません」。

覚馬の先駆性

この発言は、覚馬が言いそうな発言として、創作されました。逆に、ドラマでは使われませんでしたが、現実に残っている記録では、次のようなものがあります。（六）同志社創立十周年記念式（一八八五年）での演説です。

「同席ニテ山本覚馬先生ハ、我儕《われら》ハ目的ヲ高尚遠大ニシテ、而シテ常ニ卑キ小サキ事ヲ熱心務メ為《な》ス可キ事ヲ演《の》ヘラレタリ」（『同志社百年史』資料編一、五八五頁）。

演説をその場で聞いた学生によると、この日、覚馬は「初めて蘭学をせられた苦心談をせられ、皆なを激励せられた。西周《にしあまね》等と同じ学友の間柄であった」といいます。話の中身に関しては、「新島先生の講話と並びて、生徒一同ニ非常な感動を与へられた」と称賛しています（『創設期の同志社』二五二～二五三頁）。

学生からの評価は、結構高いですね。なかなかの演説家です。実際、覚馬の先見性や先駆性は、稀《け》有《う》のものです。抜群です。「あんつぁま」（兄様）礼讃を八重のセリフから抜いてみます。

「新しい知識は、いつもあんつぁまが持ってきた。あんつぁまの目は、人より先《さき》を見ていて、周りがどんなに反対しても、進むべき道《みち》はこっちだと言い続けでだ」（第四十九回）。

八重ばかりか、学生から見ても、覚馬は、たしかに「こころの師」でした。

理財の人

覚馬は八重ばかりか、京都復興、ならびに同志社にとってもすごい存在でした。公的な活動だけじゃなく、私的な働きも見ておきます。理財や利殖にも明るい人でしたから、あちこちの土地や家屋を買っております。

身内の窪田仲八（姉の夫）を府庁に就職させるのに骨折ったことは以前、紹介しました。窪田家が住んだ家（京都市西三本木）のことも、です（拙著『八重さん、お乗りになりますか』二一九〜二二二頁）。

そうしたら、歴史家（あさくらゆう氏）が京都の法務省で家屋調査をされ、窪田家の住んだ土地が、覚馬の所有地であることが、判明しました。覚馬はここに借家を三軒持っていましたので（『山本覚馬伝』改訂増補、一七四頁）、その一軒かも知れません。

もともと、三本木には会津藩が借家した家屋が多数あったようです。出典が不明なんですが、ブログ情報にはこうあります。

「秋月《あきづき》〔悌次郎〕さんがおられるのは、多分公用方の宿舎として使われていた三本木にある三本木屋敷ですね。三本木は東に鴨川、西に河原町通りを隔てたところにありました。最初は戸数四十五軒の、店と仕舞屋《しもたや》〔町屋〕が並んでいたのですが、会津はその仕舞屋の何軒かを借り受けていたのです」（ブログ「大河逍遥」by みかん）。

維新後、覚馬はそのうちの何軒かを手に入れていたんでしょうか。薩摩藩邸を入手《ゲット》するほどの手腕家ですから、仕舞屋など簡単にものに出来たはずですよね。

京都復興と同志社の恩人

大事なのは、公的活動です。同志社開校への支援に関しては、何度も強調してきましたので、ここでは宣教師の証言を引いておきます。ミッション（アメリカン・ボード）に所属するＪ・Ｄ・デイヴィスという牧師で、最初は神戸、ついで京都（同志社です）で活動しました。

この人は、同志社創立という点では新島、覚馬と並ぶ三本柱でしたから、まさに同時代の証人です。一八七五年の開校をこう回顧しています。

「新島氏は〔帰国後、〕大阪に此学校《このがっこう》〔同志社〕を設立すべき許可を得んと欲し、東奔西走空しく、数ケ月を費しぬ。〔渡辺昇《のぼる》大阪府〕知事は、同氏の学校設立には異存なかりしも、その学校に一人たりとも宣教師を用ゐん事を肯《がえ》んぜざりき。

是《ここ》に於《お》いてか、我等は大阪を去て、京都に向へり。同地には当時、京都府の顧問たりし旧会津藩の志士、山本覚馬氏あり。

氏は、不幸にして明を失せしも、見識凡庸ならず。既に二、三年前より、親しく〔阪神在住のアメリカン・ボード〕宣教師と交り、又、彼等〔のひとり、M・L・ゴードン〕が同氏に貸与せし書籍〔『天道溯原《てんどうそげん》』〕に由《よ》りて、基督教《キリストきょう》に興味を感ずるに至りしなり」(J・D・デイヴィス「基督教主義の教育に於《お》ける予が経験」三八～三九頁、『回顧二十年』警醒社出版、一九〇九年)。

京都博覧会と宣教師

デイヴィスの回顧はまだ続きます。

「因《ちな》みにいふ、当時、京都に博覧会の催しありしが、その開期中は外国人の該市に赴く自由、許されたり」。

首都を東京に奪われた京都は、町おこしのために、一八七一年から毎春、三か月間に限って博覧会を開き、市外から見物人、とりわけ外国人観光客を誘致することにしました。その発案者は、おそらく覚馬であったと推測できます。

博覧会の成功は、現在の国際観光都市・京都の起点となりました。このことも、大河ドラマ効果で広く知られるようになりました。NHKは、三か月前（二〇一三年八月二十八日）に放映した「歴史秘話ヒストリア」の中で、「明治の京都へおこしやす――千年の都　復興ものがたり」と銘打って、覚馬の功績を発掘しようとしました。

年に一度の博覧会という機会を逃しては、それまで外国人オフリミットゾーンであったミヤコに入ることができません。そこで阪神地方にいた宣教師たち（新島の先輩格にあたります）は、こぞって博覧会見物を名目に入洛《じゅらく》いたしました。ゴードンが漢文のキリスト教入門書である『天道溯原《そげん》』を覚馬に手渡すことができたのも、この博覧会見物が契機でした。

「山本氏の尽力に由りて」

この結果、新島が帰国して大阪に赴任した頃には、覚馬はキリスト教のかなりの理解者になっていました。両者が京都で初めて会った時に、キリスト教学校の設立に関して、たちどころに意気投合できたのは、そのためです。こうした背景抜きには、同志社設立は説明できません。デイヴィスは、続けてこう言っています。

「山本氏の尽力に由りて、京都府知事〔大参事の槇村正直〕は遂に同市に〔キリスト教〕学校を設立する事を許可せしを以て、明治八〔一八七五〕年十月、予は家族と共に神戸より該市に移れり」（同前、三九頁）。

覚馬は、大阪から京都に転居した新島を自宅に住まわせます。そのうえ、府知事から設立認可をとったばかりか、校地を提供し、学校名も「同志社」と命名します。最後は、妹の八重を新島に嫁がせます。府庁の幹部の目には、同志社はさながら「覚馬の学校」と映じたかもしれません。

同志の結合

「八重の桜」では、このあたりのことを窺わせるようなシーンが、用意されていました。京都と同志社は当時、誰が見てもミスマッチでしたが、これをラブマッチに変えた功績者が、覚馬です。京都府顧問として槇村正直を味方につけてくれました。

同志社の京都開校は、京都府からのいわば「誘致」に相当します。大阪での開校に失敗した新島を救ったのが、覚馬です。ついで、大阪に対抗心を抱いていた槇村が、覚馬の進言で、思わぬ形で新島を拾うのです。

校地（旧薩摩藩邸跡地）の確保、校名決定も覚馬主導でした。とりわけ、命名のシーンは感動的でした。「同志社」と書かれた半紙が登場しました。

その時のセリフはこうです。覚馬「学校の名前を考えでみだ」。襄「同・志・社」。覚馬「新《あだら》しい日本を作りたいという同志が集《あづ》まる学校だ」。襄「いい。いい名前です」。八重「同じ志を持つ者、ですね」――と続きました。

蘇峰から見た覚馬

新島をよく知る徳富蘇峰も、覚馬が同志社開校に果たした役割をきちんと評価しています。特に京都では新島はまったくと言ってよいほど無名、かつ無力でしたから、覚馬の信用と勢力を借りる以外に学校を開くことは不可能であった、と断定しています。

正確に言いますと、「日本国民一般に於《おい》ては、新島襄は全く無名氏で」、しかも福沢諭吉や大隈重信と違って、地盤に関する限り、「新島には何もなかった」。それゆえ、「但《た》だ山本覚馬の協力によって、山本其人の信用と勢力とを新島の地盤としたに過ぎなかった」というのです（『三代人物史』四九七頁）。

だからこそ、覚馬抜きに同志社の京都開校はありえませんでした。

デイヴィスの貢献も大

しかし、そのうえに宣教師の支援がなければ、無理だということも、同様に事実です。その点は、デイヴィスの次の証言を見れば、すぐ分かります。

「〔京都に移った翌月の〕十一月二十九日、借家にて開校せしときは、生徒僅かに八名、その中の六名は、神戸に於ける予が学校〔宇治野英語学校〕にありし者にして、すべて基督教の信徒なりき」（「基督教主義の教育に於ける予が経験」、三九頁）。

この証言は大事ですよ。同志社の始まりは、八名の学生と二名の教員であったことは、よく知られています。が、十名の構成員のうち、神戸からの移籍組が七名も含まれていることは、あんがい見逃されています。オーバーに言いますと、同志社は、神戸にあったデイヴィスの学校が、京都に引っ越して来たような始まり方をしています。

「神戸バンド」

私は、神戸から入学した六名の学生を「神戸バンド」と名づけて、翌年から入ってきた例の「熊本バンド」と対比させています（拙著『徳富蘇峰の師友たち――「熊本バンド」と「神戸バンド」――』教文館、二〇一三年）。

「八重の桜」にも、もちろん二つのバンドの学生が、何人も出ています。が、主流はあくまでも「熊本バンド」です。「神戸バンド」（在来学生）で名乗りを上げているのはせいぜい、杉田勇次郎ひとりに留まっています。デイヴィスの私的な書生を神戸時代からやっている青年です

「神戸バンド」は、威勢のいい「熊本バンド」の影に隠れてしまいがちですが、中々の人材揃いですよ。現に、杉田は後の元良《もとら》勇次郎で、帝大（現東大）教授になります。同期の中島力造も、末は帝大教授です。

デイヴィスが「熊本バンド」を絶賛

デイヴィスも「熊本バンド」の功績は認めています（本書九二頁以下）。しかし、神戸で彼が開いた学校（「神戸バンド」）がなければ、そもそも同志社の発足は、ありえませんでした。キリスト教のまったくの空白地帯であった京都、しかも抵抗勢力が日本で最大というミヤコのことですから、教会にしろ、学校にしろ、市民は寄りつきません。デイヴィスが次のように言う通りです。

「初め六年間（一八七五年から一八八一年）、基督教に対する偏執と反抗とは、中々烈しかりき。その結果、京都市民にして同志社に入りし者、極めて寡《すくな》く、基督教の集会の為め市内に家を借り入るゝ事は、殆ど不可能なりき」（「基督教主義の教育に於ける予が経験」、四〇頁）。

北垣国道

こうした京都の状況を考えると、いち早くキリスト教の理解者となった覚馬や八重の存在は、まさに砂漠の中の金みたいなもんです。同志社は、知事顧問であった覚馬から「誘致」されたような恰好で、神戸のデイヴィスの学校（教員と学生）が京都に移転して、初めて出来た学校です。ふたりを取り結んだキーパーソンこそ、新島襄、すなわち覚馬の妹婿でした。

ただし、同志社の開校を認可してくれた槇村正直は、長州出身でしたので、いざ開校してみると、佛教側からの猛烈な反対に遭遇いたします。特に西本願寺は、長州とは切っても切れない関係にありましたから、槇村への反発は、相当のものでした。それで、今度は一転して、同志社や覚馬に冷たくなります。

知事が同志社やキリスト教に友好的になるのは、次の北垣国道からです。北垣は、但馬の出身で、高知県の県令（一八七九年〜一八八一年）、徳島県の県令（一八八一年〜一八八二年）を経て、京都府知事に就任します。在任は十年に及び、その間、娘や息子の教育を新島に託します。

薩長土肥

薩長との関係で言えば、襄も覚馬も戊辰戦争の「勝ち組」から取り立てられた感が、ちょっといたします。同じ勝ち組でも、土佐となると、ドラマでは陰が薄いですね。顔を出すのは、せいぜい板垣退助くらいです。新島が遭難後の板垣を見舞いに行って、彼の面前でミルクシェイクを作って飲ませたエピソード位でしょうか。

陰は薄くても、新島の死後、土佐からは「熊本バンド」に混じって、同志社総長が初期には二人も出ています。西原清東《さいばらきよはる》と片岡健吉です。いずれも信徒で、しかも板垣の門弟です。同志社は立志社当時から高知とは太い絆がありましたから、決して関係が薄いわけじゃありません。

むしろ、両者には不思議な縁がありました。高知の皆さま、お分かりいただけたでしょうか。

（同志社大学キャンパス・フェスタin 高知、ザ クラウンパレス新阪急高知、二〇一三年一一月四日）

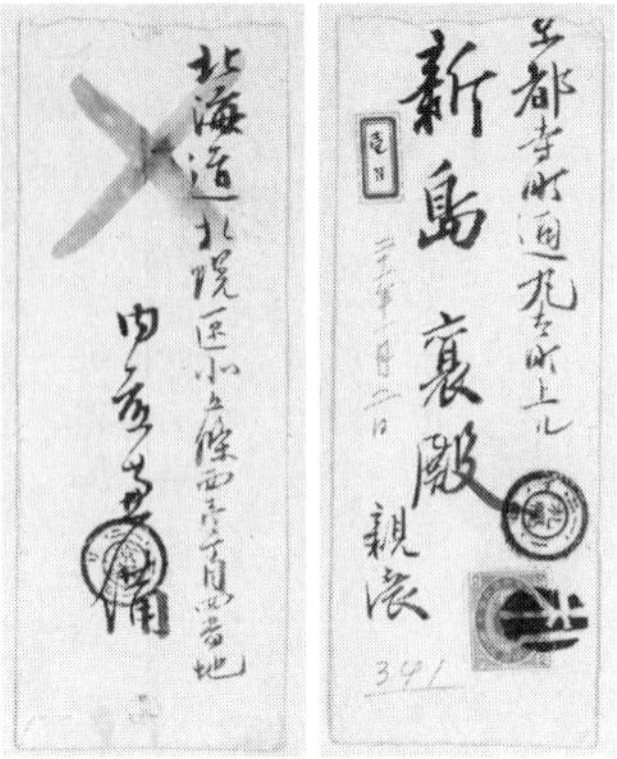

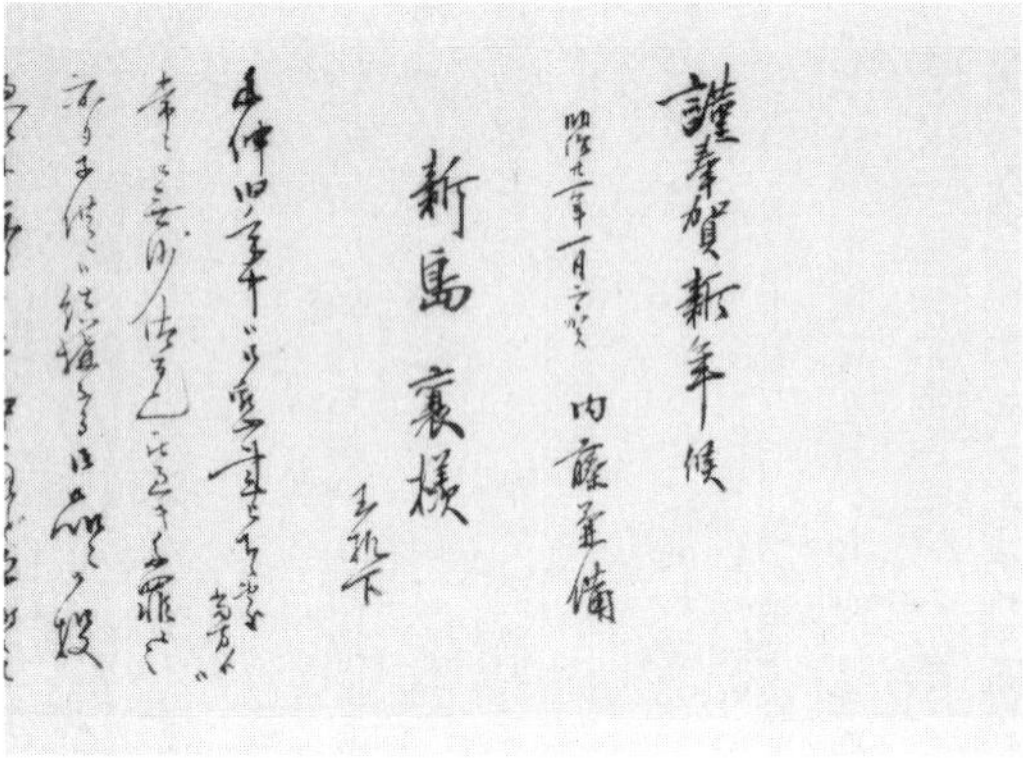

翌月（1888年２月22日）、神戸で避寒中の新島から札幌へ手紙が送られた（④三九一）。夫妻連名であるのは、珍しい。「御令息、一雄君」の同志社受験に関する問い合わせへの返事である。一雄は、この年の新学期（９月）に同志社に入学し、在学中は新島夫妻から可愛がられた。彼の名前は襄の葬儀の参列者リスト（同志社社史資料センター蔵）の中にもある。

コラム(10)

新島襄夫妻と内藤兼備夫妻

——ユキが取り結ぶ縁——

右の写真は、新島襄に宛てた内藤兼備《かねとも》の手紙。1888年1月2日、札幌から京都宛てに発信された年賀状である（同志社社史資料センター蔵）。内藤は、薩摩出身の官吏（開拓使、札幌県）で、新島と交流があった。

内藤と新島の交流を取り結んだのは、内藤の妻（会津出身）である。新島は自身の日記の備忘録（アドレス欄）に「おユキ女ノ良人《おっと》、〔札幌市〕北五条橋南　土木課長、薩人、内藤兼備」と記す（⑤三一四）。つまり、内藤夫妻は、（大山巌・捨松夫妻と同じく）会津・薩摩カップルである。

内藤夫人は、旧姓、日向《ひなた》ユキといい、高木時尾と共に八重の幼馴染である。会津では日向家と高木家は隣同士、しかも、山本家ともほぼ背中合わせの位置にあった。八重は少女時代、高木のおばあちゃんに裁縫を習うために、ユキたちと同家に通った。その高木家の娘が時尾である。時尾は、後に旧新選組の斎藤一（藤田五郎）と結婚する（本書口絵⑥参照）。

新島は八重とともに1887年の夏、福士成豊の持家を借りて、札幌で避暑をした。八重がユキとの旧交を温める一方で、新島は、内藤に札幌市内の土地を購入したい、と申し出た。

新島夫妻が帰宅後、適当な物件（900坪）が見つかった、という連絡が、この手紙の趣旨である。別紙（地図）も同封されている。福士が、日ならず札幌から関西に出張するので、委細は彼と相談されたい、ともある。

その後1月16日になって、札幌の橘仁から、依頼されていた土地は入手不可、との連絡が新島に入る（⑨下、三三九）。先の土地と同一の売地であるかどうかは、不明である。

福士の入洛は1月22日である（③五一五）。新島との面談結果の詳細は、伝わってはいない。↗

「百折不屈ハ男子ノ常」

新島襄の手紙の一節（③二一八、三五〇）。「百折不屈」は、新島の生活上の信条である。「百折不撓《ふとう》ノ鉄腸ヲ練ラシメ」（①四〇）、「不撓ノ堪忍ナキヲ憂ハンヤ」（②五四）とも言う（本書一四五頁参照）。ある伝道師に対しても、新島は「不撓之信仰」と「不抜之精神」が好結果を生む、と奨励する（④三七）。

さらに、狙ったものに対しては「カブリ付キテモ離サス」（④一八〇）とまで助言、激励するあたり、まるでスッポンである。「小生モ小肝モノ乍《なが》ラ、一度企テシ事ハ、貫徹スルノ覚悟ニ有之候」と不退転の姿勢を力説する（④二六九）。

「不撓不屈」は会津精神にも通じる。藩校（日新館）では困難に立ち向かう際には、「ならぬものはならぬ」という不屈の精神が力説された。八重の頑固さも同根である。西会津高等学校ばかりか、戦後に設立された京都外大西高等学校も、「不撓不屈」を校訓とする。創設者が、会津若松出身の森田一郎・倭文子《しずこ》夫妻だからである。子息の森田嘉一《よしかず》氏（京都外国語大学理事長・総長）は、現在、京都会津会の会長でもある。

覚馬・八重の改宗騒動
——信仰遍歴の真相を探る——

山本覚馬がいた

大河ドラマのおかげで、同志社でも京都でも、山本覚馬の凄さがクローズアップされるようになりました。この人がいなくて新島ひとりでは、同志社は京都に生まれませんでした。

しかし、教会に関係する私たちにとって見落としてはならないのは、彼が信徒になったという一点です。戊辰戦争前後から目を傷め始め、戦争後はついに失明します。ほぼ同時に脊髄をやられたために、歩行もできなくなります。重度の身体障がい者です。

にもかかわらず、開明性と国際性では突出した存在になります。維新の京都で、誰よりも早くキリスト教にも開眼します。「肉眼」を失っても、「心眼」でものが見えたのです。「見えないもの」が見えたのです。

覚馬の洗礼

ただ、残念なことに、資料不足です。前半生もそうですが、とりわけ後半生に至っては、目が不自由であっただけに、覚馬の自筆の手紙や書は、極めて限られています。私たちが簡単に読めるのは、せいぜい口述筆記させた「管見」くらいです。だから、信仰面のことも、確実な記録がきわめて少ないのです。

ただ幸いにも、代筆ではありますが、洗礼を受ける直前に率直な思いを綴った手紙が一通、残っています。新島襄宛です。貴重な資料ですから、全文を引いてみます。

「一別以来ハ絶《たえ》て御左右も伺ひ不申上、御寛恕可被下候。小生モ幸ニシテ、身無恙《つつがなく》神恩之下ニ起居安康ニシテ、渡光罷在候間、御休神ヲ奉乞候。

扨《さて》、此度者《このたびは》、御懇愛身ニ溢ル、計《ばかり》ニ御恵書ヲ賜リ、感喜奉拝読候。小生モ、兼て御承知ノ通、身不自由ニシテ、是《これ》迄尊下、及ビ諸兄より主ノ救、道ヲ被説已□十年ノ星霜ヲ相経候処、近来ニ至リ□リニ良心、洗礼ヲ受ン事ヲ望ミ、神誘日夜ニ加ハ、リテハ、断シテ此礼ニ預ラズンバ、心中不安ノ思ヲ起シ来ルニ付、此度〔一八八五年五月十七日に〕受洗仕候」（⑨上、一八一）。

新島襄から祝辞

ここには「此度受洗仕候」とあります。一八八五年五月十七日に宣教師（同志社教員）のD・W・ラーネッドから京都第二教会（現同志社教会）で洗礼を受けたことを意味します。この手紙を誰かに口述筆記させたのが六月二十九日ですから、受洗から四十日以上経ってからの手紙です。

おそらく、新島から「御恵書」（お祝いの手紙）を貰った返事だろうと思います。新島は当時、アメリカ再訪中でした。八重からの手紙で、覚馬が洗礼を受けたいと言ったことを知らされ、舞い上がっています。

「御兄ニハ、此度洗礼御望みのよし、珍重――、日本を出しより是程《これほど》喜はしき新聞〔ニュース〕ハ、未た承り不申候」というほどの喜び方です（③三四三）。

八重の手紙は、四月三日に書かれていますから、襄が「御恵書」を覚馬に発信したのは、四月から五月にかけての頃と思われます。したがって、覚馬がこれを受け取ったのは、洗礼式が終わってからだろうと思われます。

「此心未ダ不盲《めしいず》」

覚馬の手紙は、さらに続きます。

「幸□御祝謝可被下、未ダ聖書ニモ暗ク、諸事□不行届ニ候得共、兼てノ素志ハ尺寸モ退カズ。生已《すで》ニ老ヒタリト雖《いえ》トモ、此心未ダ不盲、偏《ひとえ》ニ御安慰可被下候。寔《まこと》ニ此度ハ過分ノ御賞辞ニ預リ、難有奉鳴謝候。

小生受洗ノ事ヲ喜ビ被下候ハルデー〔A・ハーディー〕様御夫婦へ呉々モ宜敷御礼、御陳被下度候。尊下、神ノ為、国家ノ為、折角御身御大切ニ奉願候。　草々拝白

六月廿九日　山本覚馬

新島襄様」（⑨上、一八一）。

覚馬自身も、本文中で「過分ノ御賞辞ニ預リ」と恐縮していますね。新島の喜びがいかに大きかっ

たか、ここからも窺えます。それにしても、「兼テノ素志ハ尺寸モ退カズ」というあたりに、覚馬の不退転の姿勢がよく表われています。肉眼の視力は失われても、「此心未ダ不盲」。すごい決意ですね。「心眼の人」・覚馬の面目躍如《やくじょ》です。

評価の難しさ

その後の覚馬の信仰生活や教会生活に関しては、残念ながら資料はほとんどありません。それだけに、彼の信仰の内実についてはなかなか判断や評価がしにくいですね。その結果、時にはこう評価されます。

「覚馬はキリスト者として、満足のなかで永眠した」（吉海《よしかい》直人『二時間でよくわかる　新島八重』二〇九頁、アスコム、二〇一三年）。私もそう見たいのです。が、自信はありません。根拠が見つからないからです。

したがって、「実は覚馬が、山本家でもっとも熱烈なクリスチャンでした」（同前、一五三頁）と持ち上げられても、にわかには賛同できません。これまた、検証抜きの顕彰ですから。

こうした過大評価に対しては、マイナスの見方も考慮に入れるべきです。たとえば、一八七九年の時点（洗礼を受ける六年前）の資料ですが、覚馬はJ・D・デイヴィス（同志社教員）に「新島が不在の時は、日曜毎に自宅に来て、一緒に語り、祈ってほしい」と懇請したといいます。デイヴィスの目には、「山本は福音をしっくりと心で受け止められないので、大変、悩んでいる」と映じています（拙著『新島襄の交遊』一四六頁)。求道精神は、旺盛なのですが、信徒にはまだなりきれていません。

信仰の中身

要するに覚馬の信仰を分析するには、判断材料があまりにも少な過ぎます。「八重の桜」では、その点、(私が予想した以上に)覚馬はひとかどの信仰をもった人物として描かれました。

信仰やキリスト教的な見解をセリフの中で披瀝するシーンも何回かありました。個人的には感心しました。外からは、「神学部教授だった本井が時代考証をしてるから、入れ知恵したんだろう」と思われがちです。とんでもありません。脚本スタッフがよく勉強されていて、私が進言するまでもなく、事前に台本に入れたケースがほとんどです。

ドラマを観る限り、覚馬は立派な信徒です。ですが、ドラマではなくて実生活となると、実際のところは分からないことが多いですね。

手代木勝任(直右衛門)から見た覚馬

会津藩士であった手代木勝任《かつとう》(通称は直右衛門《すぐえもん》)の手紙(一八七九年四月十日)に覚馬の信仰のことが書かれています。数少ない資料です。

「山本覚馬ハ依然タリ身体格別衰弱不到。志ハ以より盛ナリ。基督教ヲ信ル以より深く、それが為、槇村[正直]ニ容られされとも、晏如《あんじょ》タリ」(句読点とルビは本井)。

キリスト教を信じていたために、槇村から京都府顧問を解任された、と受けとめられています。主因が実は同志社への肩入れだけに、かなり伝聞に基づいた判断ですね。ですが、覚馬がクリスチャンであることは、世間的にはよく知られていたことが、ここから窺えます。

ちなみに、手代木の娘二人は（八重が働いていた）京都女学校（女紅場《にょこうば》）へ覚馬の世話でこの頃、入学しています。さらに手代木の孫（甘糟初子）はのちに八重の養女となります。（吉田幸弘「『我友山本覚馬』——廣澤安任《やすとう》の遺した資料——」一八九～一九〇頁、『同志社談叢』三四、同志社社史資料センター、二〇一四年）。初と手代木については拙著『八重さん、お乗りになりますか』（二四五頁以下）で紹介いたしました。

覚馬の改宗

覚馬の信仰に関する資料は少ないのですが、注目すべきは、最晩年にカトリックへ改宗したという資料（洗礼台帳）です。早くに青山玄《げん》神父が発見された事実ですが、公表は二〇一三年に出版した拙著（『八重の桜・襄の梅』一八五頁）が最初でした。

当のカトリック教会内部でも、「八重の桜」が完結する頃に、ようやく話題になるという程度の扱いです（大塚喜直「山本覚馬と久栄《ひさえ》の洗礼」、『カトリック河原町教会だより』二〇一四年一月）。だから、教会外の方や、信徒でない人にとっては、カトリックであろうが、プロテスタントであろうが、キリスト教に変わりはありません。はっきり言って、どうでもいい、というか、どっちでもいい些末《さまつ》な問題です。

しかし、特定教派の信仰を持った者にとっては、大きな違いがあります。とりわけ、十九世紀はいま以上に教派間の関係や距離は、隔絶していました。現に、新島その人は、カトリックに相当の違和感を抱いていました。

改宗の真相

では、覚馬は、なぜにプロテスタントからカトリックへ改宗したのか。「熱烈なクリスチャン」だったからか、それともさほど特定の教派や信仰、神学に拘《こだ》わらなかったからか。これは悩ましい問題です。

場合によっては、信仰に疑念を抱かせるようなマイナス材料にもなりえますから、取扱いに慎重な注意が必要です。現状では、真相は闇のなかです。研究者でさえ、あまり問題にしません。

ですが、改宗の要因を解明しなければ、覚馬のキリスト教信仰の中身は、つかみ難いですね。さいわい、社会的に問題にされたり、騒動が起きたりしたわけでもなさそうです。きわめて個人的な問題であるだけに、当事者も公表などした形跡がありません。それ以上に、世間の注目を浴びるような社会的出来事でもなかったんでしょうね。

八重の信仰評価は二極に分裂

次に、妹の八重の信仰をみてみます。これに関しても、覚馬同様に判断材料がけっして十分ではありません。それだけに、諸説紛々です。結論を先に言えば、学内でも二極化しております。評価するか、評価しないか、のどちらかです。

これまでは、どちらからと言うと、ダメ派が優勢でした。その典型は、亡くなられた和田洋一氏（同志社大学教授）で「特に宗教的情操豊かな女性であったとも思えない」とバッサリ切り捨てられています。四十一年前のことです（拙著『ハンサムに生きる』九三頁）。

八重情報を古老の先輩から聞いたことがある、という年配の卒業生もそうです。いわば「悪妻」伝説にまみれた八重だからでしょうね、吐き捨てるように、「好きになれん」と言われます。

こうした見方を支持するような宣教師側の資料（とくに同僚の外国人女性教師）が、その後、出て来たことも、マイナス説に拍車をかけることになりました。そこでは、根本的な疑念が提示されています（『ハンサムに生きる』九四頁）。

最近のマイナス評価説

最近（二〇一二年一二月）では、伊藤彌彦名誉教授（同志社大学）です。八重は「問題の多い人物」なので、「評価できるイメージが出てこない」と切り捨てられています（伊藤彌彦「内部溶解の始まった同志社――新島襄と現代――」一六二頁、『Doshisha Spirit Week 講演集 二〇一二』、同志社大学キリスト教文化センター、二〇一三年一二月）。

マイナス評価をもうひとつ挙げます。同じく名誉教授の北垣宗治氏の見解です。

「クリスチャン・レイディとして八重を規定しようとする人々は、涙ぐましい努力をして、八重のクリスチャンぶりを示す事例を集めてきました。しかし、結局のところ、故郷、会津若松で八重が示したのは、会津魂の全身に充満した女丈夫、というのが、八重に関するいちばん自然な解釈であるかと思います」（北垣宗治「発表レジュメ」、同志社新島研究会、二〇一三年八月三日）。

八重は洗礼を受けたけれども、結局は会津魂に支配された女性で終った、という非信徒説です。

大河ドラマ効果

それに対して、「八重の桜」で八重に関する評価に変化が出てきました。ドラマは創作ですから、どこまで八重の実像に近いのか、問題が残ります。「八重が急に立派に描かれて、ブームになる」ことに苦言が呈され始めました（「内部溶解の始まった同志社」一六四頁）。

八重評価の転換で言えば、典型は吉海《よしかい》直人教授（同志社女子大学）でしょう。ドラマ化を契機に、「八重を学ぼう、八重に学ぼう」をスローガンにして、八重の「復権」を目指しておられます（『同志社の母　新島八重』一六頁、同志社女子大学、二〇一二年）。「八重は知れば知るほど、すばらしい女性」なので、「こんなすごい生き方をしている」人物を、若い女性や女子学生の「良きお手本」にしたい、と切望されています（『二時間でよくわかる　新島八重』四二頁、二四六頁、アスコム、二〇一三年）。

「八重の桜」によって外部評価される前に、「早急かつ徹底的に八重の再評価を行ってみたい」との決意も、表明されています（吉海直人『新島八重　愛と闘いの生涯』二四五頁、角川選書、二〇一二年）。

プラス評価

さらに吉海氏は、八重に「どうしていままで光が当たらなかったのか」、不思議でならない、と訝《いぶか》ってもおられます（『二時間でよくわかる　新島八重』四二頁）。研究をするだけの「価値ある女性」と信じてやまないとも（『新島八重　愛と闘いの生涯』八頁）。

これに対して、八重は「問題の多い人物」と断言される先の伊藤氏は、だからこそ「これまで取り上げてこなかったことが、同志社の節操だったのでは」と述懐されています（「内部溶解の始まった同志社」一六二頁）。二人の研究者の立ち場は、まさに真逆《まぎゃく》ですね。

吉海氏は、覚馬の信仰だけではなく、八重の信仰に関しても、あくまでも肯定的な立場です。「八重が、どれほど熱心なクリスチャンだったかについては、新島襄研究者の目は厳しいものがあります。しかし、なにしろ襄は宣教師ですから、襄の信仰心と比べるのは無理があります。八重は、洗礼を受けた普通のクリスチャンだったのでしょう」（『二時間でよくわかる　新島八重』一五三頁）。

「熱心なクリスチャン」であれ、「普通のクリスチャン」であれ、信徒説であることには、変わりありません。

試金石

要するに同志社の関係者に限定してみても、八重評価に関しては対極的な立場が見られます。そこで、両者の説を分析する際に、試金石ともいうべき出来事をひとつ取り上げてみます。

「袈裟《けさ》事件」(一九三〇年)です。八重の信仰を論じる場合、よく引き合いに出されます。事件の中身とは——茶道《ちゃどう》(裏千家)を通じて懇意になった建仁寺《けんにんじ》管長、竹田黙雷《もくらい》和尚から八重が袈裟をもらった、というのです。晩年の八重はお茶三昧の生活でした。

交流は当然、大徳寺や建仁寺を始め、佛教界(禅宗)にも広がって行きます。特に建仁寺と言えば、開山した栄西禅師が栄《そう》から茶の種を持ち帰って喫茶を普及させたという「日本の茶祖」ですから、茶道では特別な位置を占めているお寺です。

スキャンダル報道

その寺の管長と日頃から親交するばかりか、袈裟までちょうだいしたというのですから、世間がびっくりするのも、不思議ではありません。袈裟をもらうということは、弟子(門徒)としての修業が十分に行なわれた、と寺から公式に認められたことを意味します。

だから、竹田の死後にいたって、新島未亡人が佛教に改宗した、という報道をマスコミが流し始めます。今から言えばスキャンダルです。まっさきにこれを取り上げたのは、京都の地方紙、『京都日日新聞』(一九三〇年一二月七日)でした(以上、『ハンサムに生きる』一六二〜一六四頁)。

事件の報道は、八重にとっては、もちろん不利な立場からのものです。それだけに、八重の信仰を理解するうえで、新約聖書の言葉(「ペテロの手紙(一)」二章六節)で言えば、「つまずきの石」、「妨げの石」になりかねません。

八重の改宗騒動

これに対する八重の弁明は、これまで新聞記事が頼りでした。たとえば、『京都日日新聞』の場合、記者が八重の見解を取り次ぐ形で、彼女の気持ちを代弁していました（本書二六九頁参照）。

この事件は、ゴシップとなって、あちこちの新聞が追随して報道をしたようです。とりわけ、裏の出身地、群馬県でも大騒ぎになりました。京都で報道された翌日に地元紙の『上毛《じょうもう》新聞』が取り上げています。すばやい反応ですね。

群馬の人にとっては「郷土の偉人」に関わる衝撃的な事件だけに、見逃がすわけにはまいりません。見出しには、「基督教《キリストきょう》界の大先覚新島氏の未亡人が佛教に入る　キリスト教以上だとの理由」とあります。

本文を見てみます。「最近、基督教を捨てて、禅宗の門に走り、佛教の都に賑やかな話題を提供してゐる八重子刀自《とじ》は、此間《この》、死去した建仁寺管長、竹田默雷師に深く帰依《きえ》して、寿桃《じゅとう》大師と云ふ安名《あんみょう》迄、貰った程であるが」と記されています（『上毛新聞』一九三〇年一二月八日）。

八重の弁明

記事の公平さを保つために、同紙には八重の釈明も入っています。こうです。

「刀自が基督教から佛門に帰依した理由に就《つい》て」として、次のような八重の言葉が引用されております。

「私は黙雷師の人格に打たれて、禅宗の門に入りました。老師と昵近《じっこん》になったのは、同師が御茶の趣味を持って居られたからで、私は彼の位〔あの位〕、人格の高い方は、私は今年八十六歳になりますが、未だ嘗《かつ》て会った事はありません。

同師には、確にキリスト教以上に学ぶ処がありましたと語ってゐる」（同前）。

八重にあらためて取材する時間も方法もなかったはずです。間接的な報道だけに、八重のこの言葉の出所がどこか、疑問が残ります。『京都日日新聞』では、「一つの宗教に籍を置いてゐるからといって、他の宗教の方のお話を聞ひてはいけない、といふ事は、ないでせう」とさらりと言ってのけているだけです。

それが、群馬の報道では、かなり長文の弁明になっています。情報源が不明なだけに、あるいは、記者が八重に代わって、彼女が言いたいことを推測、あるいは創作でもしたんだろうか、と勘繰りたくなります。

『上毛教界月報』に八重の手紙

けれども、もっと確実な記録がありました。八重自身が自分の言葉で釈明している手紙です。しかも、安中《あんなか》で出されたキリスト教系の新聞に掲載されました。安中教会牧師の柏木義円《ぎえん》（同志社初期の卒業生で、新島襄の愛《まな》弟子のひとり）が発行しておりました『上毛《じょうもう》教界月報』（一九三一年一月二〇日）です。私はそのコピーを杉野徹名誉教授（同志社女子大学）からいただきました。

見出しはなく、いきなり次のリードから書き起こされています。

「京都の佛教新聞、先づ之《これ》を伝え、東京の或《あ》る新聞より我県下〔群馬県〕の上毛新聞等に至るまで、新島先生未亡人改宗談をまことしやかに記したがる。今回、同未亡人より御弁明の御書翰を得たれば、之を左に掲ぐ」。

文面から推測できるように、八重が編集部に寄稿したというより、編集者の柏木義円が要請した、と思われます。生前の新島から信頼され、八重ともかねてから交流のあった柏木としては、ほってはおけない事件でした。

「毎日聖書を拝読して」

では、「御弁明の御書翰」の本文を見てみましょう。クリスマスに記されています。ということは、スキャンダル報道の直後（十八日後）に認められた手紙です。

「謹啓、本年の聖誕祭〔クリスマス〕を祝し、来《きた》る新春の萬福を祈上《いのりあげそうろう》候。扨《さ》て、先般来、私の信仰問題に就《つ》き、様々の誤報が伝へられ、皆様にも定めし御迷惑を相掛けし事と遺憾に存上《ぞんじあげそうろう》候。茲《ここ》に一言、中上度《もうしあげたき》事は、私は基督《キリストきょう》教信者として、〔夫が創設した〕同志社教会に属し来り、今後も永久会員として教会に出席仕《つかまつ》る心得に御座候。

又、毎日、聖書を拝読して、祈祷を捧げつゝ、老後の日を送り居る者に御座候」。

ここまでのところで注目すべき言葉は、「誤報」です。自分（八重）の「信仰問題」に関してマスコミが流した情報は間違っている、事実ではない、と断定しています。

「信者」を断定する発言

八重は自身、「基督教信者」である、とちゃんと告白しております。さらに、「今後も永久会員として〔同志社〕教会に出席仕る心得」との決意をも表明しています。「永久会員」とは、終身会員という意味でしょうか。死ぬまで同志社教会の会員であることを辞めない、という彼女なりの決意表明でしょうね。

この言葉がウソでない証拠に、覚馬や久栄（姪）がカトリックに改宗した時にも、八重だけは同調、追随しませんでした。同志社教会から動こうとは、決してしませんでした。あれほど、覚馬の指導や指示に従った八重にしては、珍しいことです。

信仰に関しては、山本家よりも、新島家を優先させた形です。この点にも、私は襄の感化の深さが窺えるような気がしてなりません。

竹田黙雷和尚との交遊

『上毛教界月報』の記事に戻ります。ついで、八重は誤報のもととなった和尚との交遊について、次のように釈明します。

「然《しか》るに此の十年来、竹田黙雷師と茶道の友として御交際致し来りし関係上、時には禅師に対し、善き御教訓にても承《うけたまわ》り度《た》き旨、申上候も、禅師は常に『貴女《あなた》は基督教を信仰される事なれば、別に佛教を説くの必要なし。常に友として御交際申さん』との事にて、引続き往復致居候処、同師より小さき『袈裟』の様な物を贈られ候。

併《しか》し、更に着用せし事も無之候へしが、禅師〔十一月十五日死去〕の御葬式の節、其の御厚志に酬ゆる為め、其袈裟を着用して列席致したるより、人々の疑問生じ、一日、婦人新聞記者〔佛教新聞か〕、来訪せられて、『貴女は基督教を捨てゝ佛門に入られしや』との質問に対し、其の大なる誤解なる旨をくはしく申上たる次第。

竹田師の御人格に敬意を表し候も、決して佛門に入りたつには候はず。薄信不肖乍《なが》ら、依然、基督教徒にて有之候間、此儀御諒承成下度、念の為め申上げ候。アーメン。

昭和五年十二月二十五日　　　　新島八重　」。

「大なる誤解」

記事は、以上です。事件の発端は、默雷禅師の葬儀であることが判明します。八重は、「大なる誤解」という言葉を繰り返しています。「依然、基督教徒にて有之候」との言葉には、八重の自負すら感じられます。弁明書を「アーメン」で結ぶあたりにも、確固とした姿勢がよく窺えます。

その意味では、この手紙（亡くなる二年前のものです）は、八重の信仰、特に最晩年の信仰のありようを物語ってくれる貴重な資料です。一種の「信仰告白」です。これ以上のものは、八重の長い人生を見ても、ほかにはなさそうです。

普段は自身の信仰をほとんど黙して語らないのが、八重です。ですが、「大なる誤解」が生じたために、あるいは、夫の愛弟子《まな》の柏木（それだけに八重にとっても大事な牧師だったはずです）から真相を究明されて、語らざるをえない立場に追い込まれた、と言うべきです。

「袈裟問題」は、八重に信仰の消息を吐露させる絶好の機会をはからずも与えてくれたことになります。繰り返しますと、八重の信仰を論じる場合、これはいわば試金石です。肯定的であれ、否定的であれ、この八重発言をどう解釈するのか、避けて通れない関門です。

群馬で相次ぐ発見

『上毛教界月報』に八重が告白し、自負していることが真実とすれば、袈裟問題はおのずと結論が出ます。安中の柏木牧師と言えば、夫の襄が信仰や伝道の面ではもっとも大きな期待を抱いた門弟です。その彼を八重としては裏切ったり、悲しませたりすることなど、考えられなかったはずです。

さらに昨年、同じ群馬で八重の書いたメッセージ（一九一〇年）が発見されました。一九一〇年という年は、ちょうど襄の永眠二十周年でしたので、安中教会が追悼記念集会を開催いたしました。これに招かれた八重は、藤岡教会のある信徒に求められて、賛美歌に「クリストの心を心とせよ」と一筆、認《したた》めました（山下智子『新島八重ものがたり』一三〇頁、日本キリスト教団出版局、二〇一三年）。

八重の書の写真は、拙著『八重の桜・襄の梅』（口絵①）にも収録しておきました。この文言は、八重の言葉じゃなく、文語訳新約聖書の一節です（「ピリピ書」二章五節）。八重自身が、自ら共鳴しているからこそ、他人にもこれを書き贈ったはずです。ちなみに襄もまた、ある伝道師に対して「基《キリ》督《スト》の心を以て心とし」と書き送っています（④八八）。

以上、八重のふたつの資料は、ともに群馬（安中市）に関係するものですが、八重の信仰を吟味する際には、大事な材料となるはずです。

信仰と会津魂

八重の信仰に関しては、私もすでに四年前に『ハンサムに生きる』でざっと述べました。その後も「新島八重とキリスト教」という題で三度にわたって講演（一～三、拙著『八重さん、お乗りになりますか』）しており、あらかた分析を済ませております。慎重・批判派から見れば、「涙ぐましい努力をして、八重のクリスチャンぶりを示す事例を集め」ようとした作業です。

集めた資料をもとに、私はそれなりの証拠をあげて、彼女が終生、心底では信仰を貫いたという結論を引き出しました。ただし、肯定的な結論を出したからと言って、彼女が「信仰の全身に充満した女丈夫」であるとは、ちっとも思いません。「会津魂」が抜き切れていないことも、決して無視してはおりません。

表面的に見た彼女の信仰生活については、私はどちらかと言うと「厳しい」目で見ます。が、彼女の意識の深いところでは、信仰は最期まで彼女の生活の規範であり続けた、と思います。

女紅場時代の信仰

もうひとつ、最近見つけたデータを追加します。八重が牧師の新島と婚約したことが、京都府知事（槇村正直）の怒りを買い、女紅場《にょこうば》（府立女学校）教員のクビを切られた話は、ドラマにも出ましたから、よく知られていますね。その背景には、八重が校内で伝道活動をしたことが、潜在しています。

彼女に洗礼を授ける前のことですが、宣教師（同志社教員）のJ・D・デイヴィスは、こう証言しています。「府立の女学校の生徒たちは、学校で毎日の祈祷会を始めた」と（J・D・デイヴィス著・北垣宗治訳『新島襄の生涯』一八三～一八四頁、同志社大学出版部、一九九二年）。

襄にも似たような証言があります。「彼女はキリスト教を信じるようになってから、学校〔女紅場〕でもしばしば神の真理を語って」いた、と言うのです（『ハンサムに生きる』九七～九八頁）。八重によってキリスト教的な感化が、校内にじょじょに広がり始めていました。知事はこうした動きを無視できず、逸脱、さらには危険だと判断したのでしょうね。

当時の八重は、信仰的には頂点にいたのかもしれませんね。理不尽な理由で教員を免職されたにもかかわらず、前向きです。あっぱれです。「いいのよ、これで福音〔キリスト教〕の真理を学ぶ時間が、もっととれるわ」と襄に語ったといいますから（同前、九八頁）。

検証と顕彰

皆さまのように教会生活を送られている方は、総合的に見て、八重や覚馬の信仰生活をどう評価されますか。肯定、否定、どちらですか。

山本兄妹ふたりの信仰を公平に評価していただくための材料を、今日はいくつか提供してみました。ちなみに、対象の人物が誰であれ、伝記を作ったり個人を研究したりするスタンスは、研究の発展に伴い、「顕彰」から「検証」へと進化するものです。甘口の「べったり派」から辛口の「突き放し派」へ移行する、と言い換えることもできます。

新島襄の場合で言えば、近年、ようやく客観的、かつ冷静な態度で新島研究に取り組む環境なりスタンスが備わってきました。それ以前は、新島の偉さを強調したり、崇《あが》めたりする、要するに新島を顕彰する（持ち上げる）ための「新島先生研究」が主流でした（拙著『魂の指定席』一五九頁）。

これに対して、八重の場合は、「八重の桜」の番組公表以前には、研究が未開拓であったという特殊な事情が介在します。だから、「顕彰」の時代やステージがありません。いきなり、「顕彰」と「検証」が入り混じったステージに放り込まれたのも同然です。

じゃ、現時点でどちらが優勢かと言えば、前者です。「八重の桜」自体が、八重を思いきり「顕彰」するためのドラマ（創作）ですから、研究もそれに引きずられがちです。

八重研究のありよう

と言うことは、裏の研究とは、流れが逆です。八重の研究の場合は、「顕彰」から入っていますから、「検証」面も同時進行させて行かなければなりません。

八重の信仰を理解、分析する場合も、そうです。否定派が「検証」重視に対して、肯定派は「顕彰」主体で行けばいい、といった姿勢は、マズイでしょう。

私はこれら両極端の立場のどちらからも学びたいと思います。歴史家として大事にしたいのは、一方で「顕彰」に流されることなく、しかし、それを完全に放棄せず、他方で、史実や典拠を探り出して、きちんと「検証」して行く、という姿勢です。

つまり、八重の実像に迫るために、彼女のマイナス面を一方的に切り捨てない、と同時にプラス面を過大に評価することもしない、といった客観的な道を模索したいですね。

八重の改宗の真相

結論はこうです――現時点では、研究者として、また信徒（彼女と同じ教会に所属する会員）として、私はこう思います。八重の信仰を最初から全面否定しない、評価できる史実は積極的に拾い上げて、彼女の深層に迫り、信仰心を見出してゆく、といったスタンスが一番、真相に迫りやすいのでは、と。

覚馬や八重が、最晩年、ともに「改宗」（兄はカトリックへ、妹は禅宗へ）していたとすると、新島襄は、どう見たでしょうか。プロテスタント、しかも会衆派に終始した襄からすれば、自分の死後のこととは言え、さぞかしとまどうのではないでしょうか。

さあ、教会の皆さまは、どう思われますか。

（公開講演会、神戸市・日本キリスト教団須磨教会、二〇一三年一一月一七日）

心境うつる新島未亡人
キリストから禪宗へ
故默雷師の高潔さに歸依して
「壽桃大師」の安心立命

同志社の創設者であるとゝもに我國におけるキリスト教の大先輩である新島襄氏の未亡人八重子刀自は目下京都市上京區寺町丸太町上るの寓居で朝から夕方まで生花の師匠として老後を養つてゐるがこの八重子刀自が最近キリスト教を棄てゝ禪宗の門に教へを乞ふてゐると云ふ近頃珍しいニュースがある――ことのおこりは八重子刀自がこの間遷化した建仁寺の管長の竹田《たけだ》默雷師に深く歸依して「壽桃大師」と云ふ安名まで貰つたゝめであるがこの『壽桃大師』の八重子刀自がキリスト教から佛教に入つた理由として同刀自は左の如く語《かた》つてゐる

私は別に禪宗信者になりきつたといふわけでもありませんが默雷師の高潔な人格に感じて同師の教へを乞ふやうになつたのです、同師と近づきになつたのは同師がお茶に趣味をもつておられたからですがあの位人格の高い人は私も今年で八十六歳になりますが未だ會つた事はありません、同師にはたしかに耶蘇以上に學ぶ所がありました、一つの宗教に籍をおいてゐるからといつて他の宗教の方のお話を聞いてはならないといふ事はないでせう、老師からは色々公案が出されますが私には一度も問はれませんでした、お前はもうキリストで充分出來てゐるから何もいふ事はないと仰有るのです

コラム(11)

なほ同刀自は一両村雲尼公についても説話《せつわ》を聞いてゐるがとくにキリストを棄《す》てゝ佛教の門に走《はし》つたわけでもなく自由《じゆう》な宗教的態度に基《もと》くものらしい（寫眞は八重子刀自）

八重の改宗を報じる『京都日日新聞』（1930年12月７日、夕刊）

「袈裟事件」に関して、八重はこう弁明しています（本書257頁参照）。

「私は別に禅宗信者になりきつたといふわけでもありませんが、黙雷師の高潔な人格に感じて同師の教えを乞ふやうになつたのです。同師と近づきになつたのは、同師がお茶に趣味をもつておられたからですが、あの位人格の高い人は、私も今年で八十六歳になりますが、未だ會つた事はありません。同師にはたしかに耶蘇以上に学ぶ所がありました。一つの宗教に籍をおいてゐるからといつて、他の宗教の方のお話を聞いてはならないといふ事はないでせう。老師からは色々公案が出されますが、私には一度も問はれませんでした。お前はもうキリストで充分出来てゐるから何もいふことはない、と仰有るのです」。

群馬県安中と八重

八重と安中

三年連続の安中《あんなか》教会です。新島襄永眠記念の集会にお招きいただき、ありがとうございます。大河ドラマ「八重の桜」が終わったところですから、総括的に群馬県と新島八重の関係を振り返ってみます。実はドラマでは扱われなかったことの方が多いので、そのあたりのこともいろいろ紹介してみましょう。

八重は、ここ安中を何度も訪れています。この地が新島襄の出身地であるというだけでなく、安中教会や有田屋があるということが、訪問の主たる理由です。中島ノブユキさんが言われるように、「八重さんにとって、新島襄やキリスト教は切っても切れない関係」なんです(『朝日ぐんま』二〇一三年一〇月一八日)。

ただ、そのあたりのことが、「八重の桜」でどう描かれるか、当初は未知数でした。なにしろ、公共放送の建前として、NHKは特定の政治団体や宗教組織とは深くコミットしないのが原則ですから。しかし、私の予想以上に、キリスト教色は出ていたと思います。礼拝のシーンこそ少なかったものの、襄が祈る姿や、覚馬の洗礼式、それに聖書の言葉(聖句)の朗読やら讃美歌斉唱など、そこそこ出ておりました。

中島ノブユキさん

中島さんは、「八重の桜」の劇中音楽担当者ですね。安中の原市《はらいち》出身ですから、皆さまの方がお詳しいと思います。明日は、お隣りの新島学園中高に出向いて、中島さんの後輩諸君に礼拝でお話しをすることになっています。

私が中島さんのことを初めて伺ったのは、NHKの内藤慎介プロデューサーからでした。音楽担当が内定した翌月だったと思います。「坂本龍一さんの推薦があったので、お願いしました。そうしたらその後、新島学園中高の卒業生だったことが分かりました」と縁《ゆかり》の深さにびっくりされていました。だから私は、毎回の「八重の桜」の最後に流れる「八重の桜紀行」に、一度はぜひ新島学園の映像を出してほしいと思いました。時代考証の仕事の中に、「八重の桜紀行」の場所の選定やら、ナレーション原稿の作成・チェックといったことも含まれていましたので、NHKに打診やら提案をしてみました。「戦後の新しい学校なので」という理由で、取り上げてもらえませんでした。もちろん、この安中教会は、私などがお願いするまでもなく、最初から「当確」でした。

母校のチャペルで録音

中島さんが最初の録音を母校のチャペル（パイプオルガン）でされたことも、内藤さんから伺いました。ご本人が語るその理由は、以下の通りです。

「宗教音楽にしたかった訳ではなく、オルガンの響きや讃美歌で彼ら〔新島夫妻〕の日常を彩《いろど》りたかった。母校のオルガンを使うことで、僕の気持ちも入るし、安中がドラマに深く関わっていることを、見る人に伝えられると思ったからです」（同前）。

作曲は全部で百を越えたといいますが、それぞれの曲の使い方に関してはノータッチとか。完成版を見て、「そこで使うかよ！」と驚いたり、感心したり、だったようです。昨年十月に新島学園のチャペルで行なわれた「新島襄生誕百七十周年祭」記念コンサートのＤＶＤに、そうありました。

可能性のひろがり

他のところでも、氏は同じようにこう告白されています。「そんなことをされたら、他の作曲家は腹を立てる人もいるかもしれないけれど、僕は、そう腹が立たない。むしろ、自分の中では、この場面でしかないと思っていた曲が、違う場面で使ってもらうことで、自分では思いもしなかったその曲の他の生かされ方に気づかされて、おもしろいなあと思う」と（辻村好「可能性のひろがり」、『清風』一〇〇、同志社女学校父母の会　二〇一四年二月）。

中島氏はなんとも寛容ですね。私もドラマ時代考証の体験上、氏の気持ちがわかります。じょじょに自説にこだわらず、スタッフの主張や希望をできるだけ優先させるようになりましたから。

音楽の面でも、最後はＮＨＫスタッフが決めるというか、現場主導であると聞いて、納得しました。

ちなみに、中島氏の先の発言を講演で聞いた方が、感心されていました。自分が思い描いていたものが、人の手によって思っていた以上に広がることがある、これは「可能性のひろがり」ではないか。私たちはこうした予想を越えた現象にもっと注目すべきではないか、と（同前）。

四回の安中訪問

さて、本論です。八重と安中の関わりで言えば、彼女の安中訪問は四度に及びました。㈠まず初回は一八八二年七月です。㈡、ついで一八八八年九月。以上の二回は、いずれも襄と訪ねています。以後の二回は、襄の死後のことです。つまり、㈢、三度目が一九一〇年一月。そして最後が、㈣、一九二一年八月です。

このうち、「八重の桜」が取り上げたのは、最初の訪問だけです。新島夫妻が、安中から会津に足を延ばした時です。この時の安中訪問は、八重には初めてのことでした。逆に会津訪問は、襄には初めての経験です。

二人が京都から安中に向かった経路は、別々のルートです。襄は、伊勢時雄（横井時雄）や徳富蘇峰、湯浅吉郎《きちろう》（安中出身です）といったかつての教え子たちを同行して、陸路（中山道）を九日かけて、安中に到着しています。

一方の八重は、伊勢峰（時雄夫人）と江場かねを同行して、神戸から横浜へと、海路をとります。安中へは八重たちの方が早く着いたので、彼女たちは、湯浅治郎宅（有田屋）で襄たちを迎えました。

ドラマでは、新島夫妻は海老名弾正《だんじょう》（襄の教え子で、当時、襄の推薦で安中教会の牧師をしておりました）の家に泊まったという設定でした。

二回目の安中訪問

二度目の訪問は、それから四年後のことです。伊香保《いかほ》で避暑をしていた襄のもとに八重が後から駆けつけます。夫妻は避暑を終えてから、共に前橋で四日間を過ごしました。八重はこの間、ある要件のために安中へ単独で赴きます。

要件とは、新島家の跡取り息子である新島公義《こうぎ》（襄にとっては、義理の甥にあたります）の婚約（祝言《しゅうげん》）について相談するためでしょう。安中近在の九十九村《つくもむら》国衙《こくが》にある公義の実家（植栗家《うえぐり》）を訪ねたのです。

実はこの直前、公義の実母は、八月に伊香保に出向き、避暑中の新島夫妻と三週間ばかりいっしょに滞在しております。その後、九月に入って、公義と河合某女（奈良県の河合淡の娘）との婚約が、正式に決まりましたので、八重はあらためて植栗家を訪ねる必要が生じました（⑧四五六〜四六二）。

植栗家

植栗家のことは、不明なことが多くて、困っています。襄の葬儀に際しては、植栗源次郎なる人物（九十九村）が、八重と公義宛てにそれぞれ弔文を寄せています（上一三四九、一三五五、新島遺品庫資料)。同家は、新島家にも繋がる家系だけに、無視はできません。

現在では、同地に関係者は不在のようです。

もともと早くに帰農した家のようで、戸主の植栗義達(次男が公義)は収入役を務めています。この地では、同家を中心に、安中教会の信徒が集団を形成しています(大濱徹也『明治キリスト教会史の研究』二八八頁の註一三、吉川弘文堂、一九七九年)。

それだけに、近在の信徒たちから見れば、サロンの役目を果していました。「其処《そこ》より西方の求道者が、松原を通る毎に、植栗家に立ち寄りては、接待を受けた」と言われていますから(同前、一三六頁)。

ちなみに、この時の公義の婚約は、婚約者が病気で急死したために、結婚には至りませんでした。公義がその後、新しく妻に選んだのは、滋賀県出身の福谷かず、です。この夫妻の子孫が、現在、新島家を継いでいる方々です。

三回目の安中訪問

初回、ならびに二度目の訪問に関して、八重は何の記録も回想も残しておりません。それに対して、三回目(一九一〇年)の安中訪問は違います。新島襄永眠二十周年記念会(安中教会)に招かれたので、行事資料が残っています。たとえば、教会堂の前で来賓四人が、揃って撮った記念写真です。八重以外のゲストは、山室軍平、J・D・デイヴィス、小崎弘道です。いずれも八重とも深い関わりがある同志社人です。

山室は、「日本救世軍の父」と呼ばれる同志社出身者です。在籍中に新島の死に遭遇し、すぐに関係者の間を廻って、亡き校長の聞き取り（インタビュー）を十回ほど試み、追悼集（原稿）を編んでいます。

もちろん、八重にも取材をしております。ただ、八重は会津時代の体験談を力を入れて語ったようです。「夫人は先生の事よりも寧《むし》ろ多く、夫人自らの閲歴を語り、会津の籠城のことから、さては白虎隊の話など、語り聞かせられました」。山室がこの時受けた印象は、一言で言えば、「女丈夫だな」でした。

のち、晩年の八重との交流が深いため、葬儀説教を担当するよう、生前の八重から指名されます。告別説教では、八重の「雄々しい女丈夫」の姿が、浮き彫りにされました（『追悼集』五、七〇頁、七三頁、同志社社史資料室、一九九一年）。

三者三様

一方、デイヴィスは、襄と同志社英学校を立ち上げた外国人教員第一号です。神戸から京都に移ってから自宅で八重に洗礼を授け、翌日、同じ場所で八重の結婚式を司式した宣教師でもあります。

宣教師ですから、八重の信仰が未熟なことを憂えています。同志社女学校の外国人女性教員（A・J・スタークウエザー）ほど厳しくはないですが、それでも八重には信仰の上で「学ぶことは多く、克服すべきことも沢山あります」とコメントしています（拙著『ハンサムに生きる』九四頁）。

最後の小崎は、例の「熊本バンド」のリーダー格です。ですから同志社在学中から、新島夫妻には何かと批判的でした。それでも、襄の臨終で聖書を読み、葬儀で告別説教をしたのは、やっぱり彼です。襄の後を継ぐ二代目の校長も、彼以外には適任者がいませんでした。

八重は、新島の死後、経済的に窮することがあったのか、小崎校長時代の同志社に借金を申し入れたりしています。「金子《きんす》一時借用願い状」が同志社に残っています（同前、六二頁）。ということは、未返済に終わったということなんでしょうか。

いずれにせよ、八重が安中で顔を合わせた三人は、三者三様の対応を八重にしてみせたことになります。

「クリストの心をもて心とせよ」

三度目の安中訪問で生まれたもうひとつの副産物は、八重の自筆資料です。安中に滞在中、近くの藤岡教会の信徒から依頼されて、「クリストの心をもて心とせよ」という聖句（「フィリピの信徒への手紙」二章五節。新約聖書文語訳です）を書いて贈っています（拙著『八重の桜・襄の梅』口絵①）。今となっては、八重の信仰を分析する時の有力な材料です。

さらに、京都に帰宅後、世話になった安中の女性信徒四人（半田たか子、中村梅子、根岸こう子、湯浅とみ子）に礼状を送りました。現物が最近になって発掘されて、新島学園に寄贈されました。お礼として貰ったお金で、羽織を新調することができた、と率直に喜んでいます。八重はお洒落《しゃれ》なんですが、当時、衣装代には不如意《ふにょい》だったようですね（『夢故園花』四、淡路博和、二〇一一年一〇月）。

四回目の訪問

最後となった四回目（一九二一年八月）も、記録が残っています。これがなかなか大事です。山形へ出向いた帰りに、安中に立ち寄った八重は、教会（別館）での歓迎会でスピーチをしています。その要旨が、教会の機関紙、『上毛《じょうもう》教界月報』（一九二一年九月一五日）に載りました。

それによると、八月二十七日の昼前に到着した八重は、湯浅家（有田屋）で旅装を解いた後、教会の礼拝に出席。その後、別館での歓迎会に臨んでいます。その折のスピーチの話題は、ふたつです。ひとつは、襄の少年時代のエピソード。八重が襄からいろいろ聞き出したり、聞かされたりした話題のひとつです。もうひとつは、彼が二十一歳で函館から密出国した消息。密出国した現場を後年、二人で訪ねた折の回想です。記事によると八重は、「当時の光景を面前《まのあたり》見るが如《ごと》くにお話しせられ」た、といいます。

八重は歓迎会の翌日、「先生の旧宅」（厳密に言えば、新島家の旧宅。去年はすごい見学者だったようですね）を訪ねた後、昼の列車で帰途についています。「奥様、今年御歳七十七」とあります。実年齢では七十六歳です。

お百度参り――八重のスピーチから（一）

この教会機関紙に載った八重のスピーチは、記録しておく価値があります。もちろん、事実誤認や記憶違いも散見されます。ですが、注意して読めば、結構面白いと思います。別のおりにも紹介したことがありますが（拙著『八重さん、お乗りになりますか』六三～六五頁）、今日は、もう少し丁寧《ていねい》に見るために、主要部分を引用してみます。

まずは、少年時代のエピソードからです。記事の前後には、「奥様の座談中に」以下の「逸話もありたり。後ち、偶像にあんな事をせしは、残念なりし、と〔襄が八重に〕仰せられし」という記者の言葉が、加えられています。では、八重のスピーチ（要旨）本文です。

「〔新島〕先生十一歳の時、撃剣の仕合〔試合〕あり。三番勝負に是非勝たんとて、有馬の水天宮《すいてんぐう》に祈誓をかけ、愈々《いよいよ》勝たば、お百度を踏まんと誓はれしに、果して勝たれたれば、水天宮の祠《ほこら》に至てお百度を試られたが、八十度位にして、大に疲れ、こんな誓をしなければよかったと思はれしも、既に成した誓ひは果さざる可《べか》らずとて、大に我慢してお百度を果されたり」。

水天宮に願掛け

この話しは、八重にとって印象的だったらしく、彼女が亡くなる三年前のインタビューでも、話題になっています（永澤嘉巳男《かみお》編『新島八重子回想録』一〇八～一一〇頁、同志社大学出版部、一九七三年）。異同も含めて、ちょっと補充しておきます。

同書では、襄が江戸で剣術を始めたのは十二歳（数え）位のころ、とありますから、安中でのスピーチ（「先生十一歳の時」）とは一年、食い違っています。ちなみに、この本では、寒稽古の三番勝負で水天宮に「願をかけた」のは、十三歳の折であった、と断定されています。年齢の違いは、まあ些《さ》細《さい》なことです。

剣術の仕合に勝って帰宅した襄は、何も言わずに二階（一ツ橋の安中藩邸内にあった新島家は、二階建てであったのか）に籠《こも》ってしまったといいます。不思議に思った姉（四人のうちのひとり）がこっそり覗《のぞ》いてみると、ひたすら紙縒《こより》りを編んでいるではありませんか。

「七五三太《しめた》さん、何をしているの」と聞かれた襄は、憮然《ぶぜん》として「女てものは、黙っているものだ」と返答しています。五人目に生まれた新島家待望の長男ですから、姉からも「七五三太さん」と呼ばれるなど、家族みんなから大事にされたようですね。その結果、ずいぶん威張りくさっています。後年のあのフェミニスト紳士の面影は、まるでありません。

その後、襄は紙縒り百本を持って、お百度参りに出かけました。水天宮は、有馬の屋敷内にあり、門から拝殿までかなりの距離がありました。「十五へん位、詣《まい》った時、もう辛くて、足が前に進まなくなって、もう〔異教の〕神様とこんな約束なんかするものでない、とつくづく感じた」と八重に漏らしたそうです。安中でのスピーチでは、「八十度位にして大に疲れ」たので、止めようかと思案したのですが、ここでは「十五へん位」です。なぜか、大きな隔たりが出ています。

回数はともかく、それでもちゃんと約束を果たした襄は、帰宅してから家族にその日の苦行《くぎょう》を明かしています。これに懲《こ》りたのか、「それからあまり〔とくに異教の〕神様に詣ることはなかった」ようです。

襄の密出国——八重のスピーチから（二）

お百度のエピソードに次いで、八重は襄の密出国の消息やニコライ神父などに関して、安中の教会員に語っています。そこには他にはないデータが含まれていますので、貴重です。本文を引きます。

「襄が函館にて、ニコライ師の家に在て日本語を教へて居た時、聖書を教へて下さる様、願ひしも、未だ早しとて教へて下さらなかったが、若《も》し此時《この》、ニコライ師が聖書を教へて下さったならば、ニコライの宗旨〔ロシア正教〕を信じ、米国へ往《い》かずして、露国《ろこく》へ行きしなる可《べ》く、随《したがつ》て同志社も起らざりしならんに、此時、聖書を教へられざりしは、実に妙《た》へなる御摂理なりし、と〔襄は私に〕後に語りました」。

ニコライに聖書の教えを乞《こ》うた、という回顧は、事実ならば貴重です。確認はとれませんが、八重に直接、語った言葉だとしたら、興味深いですね。

ニコライは襄の海外留学や密出国には反対でした。が、もしも彼の手引きでロシアに渡れたとすると、新島が言うように同志社は「起らざりしならん」ですね。かりに起きたとしても、ロシア正教の学校になった可能性が大です。

福士卯之吉――八重のスピーチから（三）

八重の函館レポートは、まだ続きます。

「海外へ脱出に就ては、當時、函館の英人の商館〔ポーター商会〕に在りし福士卯之吉氏が、襄の志を賛成して、百方周旋、小舟に載〔乗〕せて本船〔ベルリン号〕迄送る為め、氏は三日間、特に操舟の練習をせられ、襄を船底に潜ましめ、幕吏の見張線を通過する時、『何者ぞ』と誰呵《すいか》せられしも、氏は何気なく、『福士であります。忘れ物をして本船に取りに参ります』とて通過し、本船に上らんとする時も、船長〔W・T・セイヴォリー〕の注意にて、幕吏が望遠鏡にて監視し居るを避けん為め、反対の側より上ったそうでありました」。

福士卯之吉（後に成豊）の援助はすごいですね。「三日間」予行練習をした、という周到な準備には、びっくりします。おそらく、本番と同じ時間帯（つまり深夜）だったと思われます。港から見えない側から襄をベルリン号に乗船させた船長の配慮も、さすがです。

「後ち〔一八八七年の夏〕、夫婦して函館へ参りし時、襄は私を港に連れ行き、『此処《ここ》は足音のせんことを恐れて、雪駄《せった》を脱ぎし所なり』、『此処より小舟に乗った』など、一々指点して、當時の光景を説き聞かせました」。

小さなことですが、「雪駄」に注目しておきます。英語の回想文では、my Japanese shoes（靴）を脱いだ、と襄は書き残しています（⑦二二四）。かつてここを翻訳する際、「下駄《げた》」にするか、「雪駄」にするか、一瞬悩んだのですが、結局、「はき物」とぼかしました（『現代語で読む新島襄』二二二頁）。

八重のこの回想では、「雪駄」です。この記事は、襄自身が別のところで「雪駄をぬきすて、足袋はだしで」(⑤六九)と書き残していることを裏付けてくれます。

ポーター商会――八重のスピーチから(四)

函館情報の最後は、福士を雇っていたA・ポーターその人の消息です。

「其節《そのはか》、図らずポーターと云ふ名札のある家を認め、刺〔名刺〕を通じて、其主人に面会せしに、実に零落《れいらく》したる気の毒なる姿にて、『予は君を識《し》らず。君は何者ぞ』と反問せらるゝので、襄は、『貴下は私を御存知あるまいが、私は貴店の福士氏と懇意で、屡々《しばしば》貴店に福士氏を訪ふて、貴下に黙礼したこともありました。私は、福士氏の助けに由《よ》って、米国に航じて――』と語り、今回、図らず貴門を過ぎ、往時を追憶して、偖《さ》てこそ訪問せしなりと語りたるに、此人は落涙して、予は當時、函館第一流の雑貨商〔貿易商〕なりしが、店員の不正に由りて破産するに至り、當時の店員の中《うち》、予が財貨を胡魔化《ごまか》して、今は立派の店を當地に開き居る者あるも、更に予を顧みざるに、僅かに予を識りて、君が斯《か》くも温情ある訪問をせらるゝは、実に辱《かたじ》けなし。

君の如き親切の人は、嘗《かつ》て見しことなし、とて喜ばれ、襄は若干の金を呈して辞したことが、ありました」。

八重の他の回想では、襄は「これでミルクでも」とお金をそっと渡して帰った、といいます。それにしても、襄にはこれだけの「温情」があるのですから、(函館で同じく世話になった)ニコライや沢辺琢磨《たくま》に帰国後、まったく会わなかったのが、不思議でなりません。

国語の教科書

さて、以上、紹介した八重のスピーチは、その後、思わぬ展開を見せます。国語の教科書の教材になるのです。先の記事を読んだ劇作家の村上元三《げんぞう》が、八重が披露したストーリーを「放送劇台本」に仕立て上げます。それがなんと教科書（『高等国語』二下、文部省、一九四七年）に収録されました。

安中教会のことが、教科書に載った珍しいケースです。村上元三（教科書では「もとぞう」とルビが振られています）という人が信徒ではないだけに、奇しきことです。

執筆された年（一九四七年）と題名「自由を護った人」に注目すべきです。一九四七年と言えば、一九四五年の敗戦からわずか二年目です。復興まもない頃であるというだけじゃなく、平和と自由をスローガンに、新生日本のこれからの教育をどう展開して行くか、という再出発の時です。

リベラリスト

そうした折に、村上元三の目にモデルとして浮かび上がったのが、新島でした。「自由を護った人」という題には、「元祖リベラリスト」とでも言うべき新島襄の姿が、二重写しのように込められています。新島は、「自由主義」の旗手として、戦後、あらためて脚光を浴びたのでしょうね。

偶然かもしれませんが、この年は安中で新島学園（中学校）が開校した年でもあります。初代の理事長兼校長に、時の同志社総長・湯浅八郎が抜擢（兼務）されたことも、見逃せません。湯浅もまた、リベラリストとして定評があった教育者です。新島学園のモットーの中に「自由」が標榜されているのは、それなりの理由があるわけです。

「自由の戦士」（一）

では、ドラマ（教科書）の中身を見てみます。出演者は、新島夫妻と（新聞記者の）柴英次郎夫妻の四人だけです。ト書きとして、冒頭にこうあります。

「明治二十四年秋、群馬県安中教会における新島八重子未亡人の追憶談の中に、情景として明治二十年夏の北海道函館埠頭、および明治二十二年春の京都烏丸《からすま》〔新烏丸頭《かしら》町〕の新島家〔いわゆる新島旧邸〕、二景を挿入する」（三一頁）。

すでにこの段階で、作家の創作が入っているのが、お分かりですよね。函館訪問談を八重が安中教会で語ったのは、一八九一年ではなく、ずっと後の一九二一年のことです。一八九一年に語ったことになっているのは、襄が永眠した翌年をわざわざ選びたかったのでしょうね。

それに場所的にも、襄ゆかりの安中教会で記念集会が開かれた、とすれば、襄を語るにふさわしい情景が自然と出来上がります。おまけに、スピーカーが八重、と来れば、ドラマの設定としては、申し分ありません。

永眠一周年記念集会

ト書きに続くのは、「解説」です。こうあります。

「明治二十四年の秋、小雨そぼ降る日のことであります。群馬県安中町のさゝやかなキリスト教会堂の前に、故新島襄先生追悼会と書いた看板が立っておりました。

昨明治二十三年一月、民衆とともに生きた輝かしい足跡を残し、天へ帰った京都同志社大学の校祖、新島襄にとって、安中の町は故郷に当たります。この日、教会堂の壇上に立って、会場をうずめた町の人々に向かい、亡き新島襄への追悼を語っていたのは、八重子未亡人でありました」（三二頁）。

襄の永眠一周年を記念する礼拝やら追悼集会は、京都（同志社）で行なわれていますから、（たとえ、群馬県で開催されたとしても、）八重が安中まで出向く可能性は、かなり低いと思います。しかし、ドラマの台本作者としては、八重と安中のコラボを一八九一年に設定するのが、もっとも効果的だと判断したのじゃないでしょうか。

「自由の戦士」（二）

台本の中には、光るセリフが散りばめられています。ひとつは、新島の次のセリフです。

「薩摩や長州の藩閥〔戊辰戦争勝ち組〕が、〔維新以来〕政治を動かしている限り、民衆の自由は束縛され、一将功成って万骨枯る、といった英雄主義が、謳歌されるだろう。

私たちが同志社で行っている個性教育は、自由を護るための戦士をつくることにもなるのだ」（三七頁)。

作者は「自由を護るための戦士」を生み出すことが、同志社の使命だと言いたいのですね。最後に、「自由を護る勇士」という文言が出てくるのは、そのためです。

八重のセリフには、これが裏から聞いた最後の言葉、と断ったうえ、次のような言葉が出てきます。

「新島への追憶を語りおわるにのぞみまして、私はこの教会へお集まりのみな様へ、夫が最後の日に残しましたことばをお伝えしたいと存じます」(四四頁)。

「一国の良心」

放送劇の中で扱われる、八重が本人から直接聞いたという裏の最期の言葉は、次の通りです。

「私のなすべきことは、すでに終わった。だが、私のして来た仕事は、きっとこれから、花を咲かせ、みごとな実を結んでくれるだろう。

一つの国を維持して行くのは、決して二、三の英雄の力ではない。一国を組織する国民の力なのだ。そのひとりひとりは、真に自由を愛し、知識と品行を備えた人にならなければならない。

一国の良心ともいうべきその人々をつくりあげるのは、教育の力なのだ。栄達《えいたつ》を望まず、安楽を求めず、生涯を教育へさゝげる人々に恵みあれ。たとい、生涯の道はけわしくとも、形なき栄光の冠は、その人々の頭上に飾られるであろう。自由を護る勇士として戦ったその人々の上に」(四五頁)。

お聞きになって、思い当たる方も多いと思います。そうです。この発言のベースになっているのは、八重の回想談もさることながら、実際は「同志社大学設立之旨意《のしい》」です。この趣意書を参考、というより引用しています。

袈裟事件

ドラマの台本、「自由を護った人」に作者が盛り込みたかったメッセージは、明白です。繰り返しますと、リベラリストとしての新島の思想を、戦後、新たに発足する教育の中核に据えたいとの篤い思いが、台本からも伝わってきます。

しかも、それを八重の口を通して安中から発信したい、という設定も、無視してはなりません。戦後の自由教育は安中から、と言わんばかりの意気ごみを感じます。

安中は、さらに八重に関して大事な情報を持っています。教会の機関紙、『上毛《じょうもう》教界月報』（一九三一年一月二〇日）に、重要な資料が載っています。一九三二年に書かれた八重の手紙です。

八重がその晩年、棄教して仏教徒になった、というスキャンダル報道が、とつじょ全国的に流されたことがあります。茶道を通して親交があった建仁寺《けんにんじ》管長の竹田黙雷《もくらい》和尚から袈裟《けさ》をもらった八重が、それを管長の葬儀で身にまとったことが、女性記者の目を引き、ニュースになったのです。

群馬の反応

群馬でも『上毛新聞』で報道されました。「袈裟事件」とでも言うべき騒動です。事件を憂慮したひとりが、安中教会の柏木義円牧師でした。

柏木は恩師の新島から、卒業時に「君にコンフィデンスを置く」という餞《はなむけ》の言葉を贈られました（柏木義円「同志社初代の回顧」、『上毛教界月報』一九三五年二月二〇日。同「私と新島襄先生」、『新生命』一九三八年一月二〇日）。新島ゆかりの安中で四十年近く伝道に専念したことは、彼にとっては恩師への応答、あるいは自己の使命であった、と考えられます。それだけに、新島夫人の棄教報道を簡単に見逃すわけにはまいりません。

八重の弁明書

さっそく、柏木は八重に対して真相について問い合わせをしたようです。その返信が、『上毛教界月報』に転載されました。いわば、八重の「弁明書」です。自分はいぜんとして信徒であって、改宗報道は「誤報」だ、と断じています。八重の信仰を論じる場合には、不可欠の資料です。本文は別の折に全文、引きましたので（本書二六〇頁以下）、ここでは要点だけを引用します。

八重が言いたいのは、「竹田師のご人格に敬意を表し候も、決して仏門に入りたつには、候はず。薄信不肖ながら、いぜんキリスト教徒にこれあり候間、この儀、ご了承なし下されたく、念のため申上げ候。アーメン」という点です。

八重は、自身が信徒である証拠を示します。「私はキリスト教信者として同志社教会に属し来たり、今後も永久会員として教会に出席つかまつる心得《こころえ》にご座候。又、毎日、聖書を拝読して、祈《き》とうを捧げつつ、老後の日を送りおる者にご座候」。

「襄のライフは、私のライフ」

八重のこの手紙は、八重の信仰を論議する場合に、決定的に重要な材料になります。襄が自宅に設けた同志社教会（発足時は、京都第二公会）の第一号会員が、八重です。「永久会員」と自称するあたりに、彼女の不退転の決意やら気持ちが込められています。

「襄のライフは、私のライフ」が、八重晩年のモットーでした。そう断言する通り、八重は襄の信仰と志を最後まで受け継ぐ決意でした。それほどまでに襄の感化は、大きかったと思われます。

その点、ふたりは「ハンサム・カップル」です。「ハンサムに生きる」生き方をふたり揃って指向しました。「ハンサムな生き方」とは、新島流に言えば、「見た目ではなく、心がハンサム」な生き方です。聖書（「コリントの信徒への手紙　二」四章一六〜一八節）に出て来る文言を借りると、「見えないもの」や「内なる人」を大事にする姿勢です。

寒梅に倣《なら》う

それだけじゃなく、さらに新島夫妻に共通するのは、「寒梅」的な要素です。今回、八重はドラマで「桜」になぞらえられました。しかし、一方の襄は「梅」、とくに「寒梅」が似合います。「襄は梅」なのです。彼は、「寒梅」の漢詩を二首、残しています。共通する歌詞は、「敢《あ》えて風雪を侵《おか》して開く」と「笑うて風雪を侵して開く」です。

春になって開花する桜と違って、冬のうちに花をつけようとするのが、寒梅です。寒梅は、いくつもの開花の障害を乗り越えて、真っ先に花をつけようと努めます。新島は、そうした寒梅の姿勢に共鳴し、「真理は寒梅のごとし」と詠みました。

彼にとって「真理」とは、キリスト教であり、イエスの福音だったはずです。だからこそ、「寒梅」は彼の生き方のモデルになりました。

雨にも負けず、風にも負けず

襄は、八重にも同じことを期待し、奨励もしたはずです。八重も、それに応えました。その意味では、「八重の桜」には、「襄の梅」が、さらにはイエスの教えが裏打ちされているような気がします。

ふたりは、敢えて、しかもにっこり笑って「風雪を侵して開く」寒梅的な人生をそろって指向しました。どこか宮沢賢治の詩を思い起こさせますよね。「雨ニモマケズ　風ニモマケズ」、ただ黙々と信念に従って歩む、「サウイフモノニワタシハナリタイ」という願いに通じます。

四日後が襄の永眠記念日です。その日（一月二十三日）を迎えるにあたって、ふたりが後半生に追及したライフ・スタイルをご紹介いたしました。夫妻してゆかりの深い安中ですから、それをいま一度、皆さまと一緒に確認できれば、と思います。

（新島襄永眠記念講演、群馬県安中市・日本キリスト教団安中教会、二〇一四年一月一九日）

コラム(12)

八重公園と資料館ができます
——新島八重と群馬県安中市——

「八重の桜」の副産物として、2013年９月に会津若松・鶴ヶ城三の丸近くに八重像が建立された。群馬でも、近く八重にちなんだ公園がひとつ新設される。これまで「新島襄ゆかりの街」で売っていた安中《あんなか》市が、「新島襄・八重ゆかりの街」に変身するために着手する新規事業である。以下は、地元紙の記事である。

「大河ドラマ効果で、群馬県安中市にある新島旧宅〔新島家旧宅〕には観光客が殺到しています。今年〔2013年〕の八月までに、昨年同期の六倍にあたる二万三千人が訪れています。大河ドラマ『八重の桜』で高まった関心を継続するために、岡田義弘安中市長は、定例記者会見で、記念公園と資料館構想を発表しました。

市内にある新島家旧宅や県立学習の森ふるさと学習館などが保有する新島襄・八重の資料を一元的に管理したいというのです。そのために、安中公民館に隣接する二千平米《へいべい》の市有地を記念公園として整備し、『八重の桜』のタイトルにちなんで桜を植栽し、市民と観光客の憩いの場とするというもの。

資料館は、この公園の中に設置するという計画です。今年度中にも基本設計を行ない、二〇一五年春の竣工をめざすといいます」(『上毛《じょうもう》新聞』2013年９月26日)。

桜の学校と梅の学校
――清水安三と新島襄――

新島襄の門弟

ここへ来るのに、石碑の前を通ってきました。「大学設立こそは少《わか》き日に、新島襄に享《う》けし夢かも」と彫られていました。びっくりです。

新島の門弟で、恩師の名前をああいうふうに彫るひとは、珍しいですね。清水安三《やすぞう》先生（以下、清水）が、いかに深く感化を受けられたかが、しっかりと窺えます。さすがに同志社在学中から、「新島襄になりたい」と願う気持ちが、ひと一倍、強かった青年だけのことは、あります（同窓会編『せん方尽くるとも』一〇頁、桜美林学園同窓会、二〇〇六年）。

おまけに、清水の場合は、新島襄から直接に教えを受けてもいないんですから、異例ですよ。直弟《じき》子でしたら、安部磯雄、柏木義円《ぎえん》、徳富蘇峰といった名があがります。そうした教え子に次ぐ第二世代で言えば、もっとも大きな働きをした「門弟」のひとりが清水安三だ、と言えましょうね。

今日は、清水の最大遺産ともいうべきこの桜美林《おびりん》大学、しかも「清水安三が出会った人々」という連続講演会にお招きいただき、ありがとうございます。町田は初訪問です。ちょっと緊張してますが、新島との関連、さらには時節柄、新島夫人（八重）との関連についても、お話しいたします。

清水安三

清水安三の名は、町田や出身地（高島市）以外ではまだまだマイナーですね。新島にくらべると、全国的には知られていません。今日は、桜美林大学の新入生も来てらっしゃる、と聞きましたので、まずは清水の簡単な経歴から始めます。生まれは滋賀県、一八九一年のことです。膳所《ぜぜ》中学校から同志社に進学し、一九一五年に卒業します。その後は、妻の美穂とともに中国に渡ります。一九二一年に妻の協力のもとに、北京で崇貞《すうてい》学園を創設しました。が、日本の敗戦後、中国に没収され、一九四六年三月、裸同然の身で帰国を余儀なくされます。

それでも、教育への使命はとうてい忘れることができませんでした。驚くべきことに帰国二か月目に、二人目の妻、郁子と共に東京都町田に桜美林学園を創設しました。人生において二つの学園を二つの国で、しかも二人の妻と共に設立した人はマレです。きわめて異例の経歴です。

そうした特異な教育者、清水安三が理想とした教育は、幼い頃に学んだ郷里（滋賀県）の安井川小学校と同志社大学の教育でした。とりわけ、同志社を創設した新島襄は、清水安三にとっては、常に教育者のモデルであり続けました。

清水は学園の様々な課題に直面した時、「新島先生だったらどうされただろうか」という思いの中で独り祈り、決断し、幾重《いくえ》もの山を乗り越えて、今日の桜美林学園の基礎を築きます。

それほど、新島襄の存在は、清水にとっては大きかったのです。

清水から見た新島襄

そこで、まずは本人に、「恩師」新島のことを語ってもらいます。

「同志社を建てた新島襄先生は、わたしが生まれるより一年前に死んでおられる。顔を見たこともない。けれども、わたしの恩師は新島先生と思うておる。

今でも、この桜美林学園で問題が起ると、〔新幹線で〕新横浜から京都へ行って、タクシーを雇うて、若王子山《にゃくおうじやま》へ登って、新島先生の墓に詣でて、墓の前で瞑想して、『先生、こういうことが学校に起りましたが、どないしましょう』。そうすると、だんだん心が落着いて、考えが決まる。又、タクシーを雇うて、京都の友人や何処《どこ》も訪ねないで、又、汽車に乗って戻って来る。新島先生は、私の顧問です。

新島先生にこんな逸話〔自責の杖事件〕がある。或《あ》る年、〔同志社に学生ストが起きて〕退校処分をせんならん学生が出た。そうしたら、〔校長たる〕新島先生は桑の木のステッキをもって、〔校長たる〕自分の左の手をピヤッと叩《たた》かれた。血がたらたら流れた。『わしが教育者として行き届かんから、そういう生徒が出たんじゃ。神様、罰です。この新島襄、しっかりせぇ』。

この先生が、桜美林学園の中におられる」（同前、一七二頁）。

私学の創業

清水は、この新島に倣《なら》って、中国と日本でそれぞれ学校を創業した、というわけです。それが戦前の崇貞学園であり、戦後の桜美林学園です。とりわけ、大学を建てるという夢を新島から享《う》けたという点では、キリスト教主義教育の実践者です。

私も、同志社で学んでいた頃、クリスチャン教師を志望するにいたりました。ですが、自分で学校を創れるか、というと、とてもとても、そんな力はありません。で、誰かが創れば、それをお手伝いするという方針に切り替えて、「就活」しました。

幸い、大学院を修了する頃、東北地方で日本キリスト教団が新しくキリスト教主義の学園を立ち上げるという幸運に遭遇しました。新島が苦労して同志社を興《おこ》した経験が、万分の一でも追体験できるかもしれないという、願ってもない巡り合わせです。

さっそく、応募してみました。すでに社会科教員はひとり採用済でした。しかし、幸いにも翌年、二年目から創業作業に加わることができました。勤務は十八年間に及びました。若くして管理職をするなど、そこでの体験は、想定内、想定外を問わず、他では得難いものばかりでした。私の中では貴重な財産になりました。

「ホラ安」

そうした私ですから、同志社の学生時代から、清水安三の名前は聞いておりました。あだ名も、です。「ホラ安」です。卒業生の間では、もっぱら「大ぼら吹き」で通っていたようです。

伝承ではこうです。同志社大学神学部を卒業する時、清水は卒業コンパの席で、こう豪語しました。

「わしは、二十代で小学校を、三十代で〔旧制〕中学校を、四十代で〔旧制〕高等学校を、そして五十代で〔旧制〕大学を建ててみせる」と（同前、二二六頁）。

一方、清水による実話は、こうです。神学部の教員、学生が卒業記念に、石山（滋賀県大津市）の三ケ月楼にいっしょに宿泊した時のことです。八人の卒業生は、代わる代わる五分スピーチをしました。「その時、私は新島襄先生の真似をして、『将来、キリスト教大学を建てる』と云いましたら、皆が『何をぬかすか』と大笑いして、それから私はホラフキと呼ばれるようになりました」。成績も八人中、七番目だったから、無理もない、と冷静に自己分析もしております（同前、一一頁、一四五頁）。

清水が念願の大学（桜美林）を創建したのは、七十四歳でした。時期としては、予定よりもかなり遅れました。しかし、若い時に見た夢を一生追いかけて実現させる、というのは、やはりスゴイです。

大風呂敷バンザイ

実は清水には、自分が「ほら吹き」だという自覚が、ちゃんとありました。ある時の式辞には、「大風呂敷讃歌」というタイトルさえ、自分でつけていますから。「わたしは昔から夢を見る人間です。人はわたしを『法螺《ほら》を吹く』、『大風呂敷を広げる』と言います」とも認めています。桜美林の運動会で、「安さんの大風呂敷」と書いたプラカードをもって、生徒たちが仮装行列をしています（同前、一五四頁）。微笑《ほほえ》ましい学校ですね。

「法螺」と言えば、聞こえが悪いですね。清水は時に「夢」、「まぼろし」と言い換えます（同前、一二頁)。いや、もっと響きをよくするには、「志」です。「志」は、おおいに持たねばなりません。特に私学では、です。「私立」ならば、「志立」であるべきです。まず、建学精神(志)があって、それに共鳴する「同志」たちが、資金を募って「資立」学校を建てる、これが、私立のありようです。だから、「法螺」と見られても、その手の志がなければ、私立はそもそも立ち上がりません。たとえ、建学したとしても、長続きしません。必ず変質します。その点、清水は明らかに典型的な私学人です。新島襄の弟子として、遜色ありません。あっぱれです。

桜美林というこの学園に「立志館」やら「大志館」、「栄光館」と名づけられた校舎がある意味は、実は、なかなか深いんですよ、皆さま。そこに創業者の想いが、込められていますから。同志社にも「立志館」や「栄光館」があります。

桜の学校

ところで、日本で「桜の学校」(大学)と言えば、古くは桜花学園大学(愛知県)、最近では名桜《めいおう》大学(沖縄県)あたりが知られています。しかし、「桜の園」と言えば、やっぱり桜美林でしょう。甲子園で野球部が全国優勝してから、いちやく全国区になりました。

清水が自ら作詞した「旧校歌」は、「美はしのさくら花咲く林ぬち」で始まっています。さらに、「新校歌」にも、「桜の園」がちゃんと入っています。それに、学内には立派な「桜寮」もありますよね。どこまでも、桜が付いて回ります。

さらに校名の由来は、ふたつあると聞いております。ひとつは、アメリカのオベリン大学（Oberin Collge）。清水の母校です。英語の「オベリン」（オバリン）を漢字表記して、「桜美林」（オビリン）としたんですね。もうひとつの根拠は、キャンパス予定地に吉野桜と八重桜が多かったから、です。八重桜と言えば、現在、放映中の「八重の桜」です。清水が恩師と仰ぐ新島襄の妻ですから、ドラマと桜美林は、間接的につながっている、とも言えます。しかし、桜美林そのもの、あるいは清水の建学精神は、桜というよりも、多分に梅的、つまりは、「梅の学校」ですよ。えっ、そんなアホな、と言われそうですね。

裏は梅

ひとまず、説明を聞いてください。

新島には、寒梅を詠った有名な漢詩が二編、あります。その一節に「敢《あ》えて風雪を侵《おか》して開く」とか、「笑ふて風雪を侵して開く」とあります。「風雪を侵して開く」という、梅が花を咲かせようと努力する姿勢に、新島は大変、共鳴しています。自分の人生を寒梅の開花姿勢に重ねております。

ＮＨＫの大河ドラマによって桜にされた八重も、実は、こうした裏の梅的な生き方に関心を寄せています。最晩年に、「裏のライフは私のライフ」と断言していますから。「裏のライフ」とは、もちろん寒梅的人生です。

そう言えば、桜美林も見た目は桜ですが、内実はと言えば、梅的な要素も結構多い学園です。清水自身の建学精神がそうです。校章やモットー（校訓）を見れば、分かります。

荊の冠

まず、校章ですが、荊《いばら》の冠、三本の釘、それに十字架を組み合わせています。荊は桜とは、大違いです。むしろ、梅に近いです。荊はむしろ人を遠ざけます。棘《とげ》がありますから、嫌がられます。同志社の神学館チャペルにも、荊の冠が、天井からぶら下げてあります。私たちがいま居るこのチャペルが入っている建物も、「荊冠堂《けいかんどう》」と名づけられていますね。

次に本学のモットーは、「苦難を通して栄光に入る」です。これぞ、梅的です。桜と違って、梅は「苦難」、すなわち悪条件を克服しなければなりません。風雪を侵さなければ、開花しません。

新島の教え子から見て、新島はまさに「苦難の人」でした。「却《かえ》って荊棘《けいきょく》の路を切開いて、逆境不《ふ》如意《にょい》の間を悪戦苦闘して進むのが、〔新島〕先生予《かね》ての選択であり、覚悟であったやうだ」と回想しています（久永機四郎「少年の眼に映じた先生」八九頁、『新島先生記念集』、同志社校友会、一九六二年）。

ちなみに日本には、「梅の学校」とでも言うべき、梅の名がついたキリスト教主義大学が、ふたつあります。梅光学院大学（下関市）と梅花学園大学（豊中市）です。けれども、両大学の名前の由来は、たまたまそれぞれの学校が他校と合同する際に、一方の学校名に梅本《うめもと》町とか、梅香埼《うめがさき》といった町名が入っていたからです。本来の梅そのものの意味は、含まれてはいません。要するに、寒梅精神とはひとまず無縁です。

半身は牧師

寒梅のごとく生きた、あるいは生きようとした新島という人は、教育と伝道に後半生をすべて捧げました。清水もまたそうです。その意味で、清水にとって新島は常にあこがれの存在でありました。ただ、桜美林は、新島の作った同志社をモデルにしているとは言え、完全なコピー、すなわち第二の同志社に甘んじているわけじゃありません。同志社を越える存在になりつつある、と清水は自負しています。

証拠として挙げるのは、同志社大学法学部の岡本清一教授（私も名講義を受けました）の発言です。岡本は生前、「新島襄の精神は、同志社大学に無くして、桜美林大学にある」と喝破《かっぱ》した、というのです（『せん方尽くるとも』、八七頁）。確かに、「新島精神」を学内で語ったり、説いたりすることが憚られた時代が、同志社にはありました。それに比べれば、桜美林の方が、新島精神をいつも純粋培養していると思われたのでしょうね。

清水にとって、新島は教育者であると同時に、牧師としてもまた格好のモデルでした。新島が自宅に京都第二公会（現同志社教会）を設立したように、清水もまた、桜美林教会（一九六六年）を学内に建てました。

そう言えば、オベリン大学の校名にもなったJ・F・オベリンという人もまた、教育者であると同時に牧師でした。この点は忘れてはなりません。だからこそ、オベリン大学も同志社大学も、清水にとっては、大事なモデル校でありえたのです。

リベラル・アーツ教育

モデル校ですから、教育の内容もリベラル・アーツ教育を目指します。「オベリンはアメリカのカレッジでは、ナンバーワンの学校です」と清水は称賛してます（『せん方尽くるとも』八四頁）。これは、ちょっとひいきの引き倒しです。身びいき過ぎる評価です。今年（二〇一三年）のランキングで言えば、オベリンは二十四位です。

ナンバーワン（リベラル・アーツカレッジ部門の）は、例年、ウイリアムズかアーモストです。今年は前者が一位、後者が二位です。アーモストは、新島の母校です。つまり、同志社のモデル校、アーモスト・カレッジは、全米でトップクラスのリベラル・アーツ教育大学《カレッジ》なんです。

ちなみに、アーモスト（Amherst）は、日本ではアマーストと表記されることが多いです。しかし、同志社では「同志社アーモスト館」といった使用例に代表されるように、アーモスト表記にこだわっています。「八重の桜」でも、最初の台本はアマーストだったのですが、そこは頑張って、直してもらいました。

Oberlin も同じですね。オベリン、オビリン、オバリン、オーバリンなど、さまざまに表記されていますよね。翻訳は、ほんとに悩ましいですね。

ユニバーシティ

一方、ユニバーシティ部門では、HYP《ヒップ》（ハーバード、イェール、プリンストン）がトップスリーの常連です。

カレッジは、専門教育を主とするユニバーシティと違って、人づくり（人格形成）に主眼をおきます。だから、大学院をもたず、四年間の学部教育だけ。そのため、地方に立地して全寮制を敷き、もっぱら教養教育、それも宗教に基づく人間教育に徹します。

アメリカのオベリンが「ナンバーワン」カレッジだと言えるのは、共学を取り入れた最初の大学のひとつ、これなら正解です。清水が、北京で女子教育に取り組んだのは、あるいはオベリンのことが頭にあったのかも知れません。

それはともかく、新島も清水も、自分が学んだカレッジのやり方（リベラル・アーツ教育）を、日本で踏襲《とうしゅう》しようと思いました。つまり、この「師弟」は、教育の目的は人格形成、という点で、はからずも一致しているというわけです。

桜美林のモデル校

ユニバーシティとカレッジは、アメリカではひとまず峻別されています。しかし、日本では、一緒くたにされていて、その理解もぐちゃぐちゃです。その証拠に、いずれも「大学」と訳されています。実は区別する場合は、ユニバーシティを「総合大学」、カレッジを「単科大学」と訳し分けします。実はこれが問題です。混乱のもとです。なぜなら、その場合、両者の「格差」は異常に大きくなるからです。その結果、カレッジは短大規模の三流大学と思われがちです。

ユニバーシティとカレッジに関する正当な理解や評価は、日本では絶望的なくらい、困難です。だから、時に混乱が生じます。桜美林でもそうですよ。

アメリカの「オベリン大学」は、英語では「カレッジ」です。しかし、なぜか日本の桜美林大学では、モデル校の「オベリン大学」を「ユニバーシティ」（J.F.Oberin University）と表記するのが、普通です。その背景を探ってみると――

桜美林大学は、英語名をOBIRIN Universityとしていますから、本場のオベリン大学も「ユニバーシティ」であってほしい、いや、あらねばならない、と考えられたんでしょうか。ちなみに、同志社大学は英語ではもちろんDoshisha Universityです。だからといって、モデル校のアーモスト大学（カレッジです！）をAmherst Universityにすることは、ありません。

興味深いのは、同志社女子大学です。英語名をDoshisha Women's Collegeとするばかりか、そのあとにof Liberal Artsという文言をちゃんと付け加えております。立派ですね。姉妹校の神戸女学院もそうです。あえてKobe Collegeと名乗っています。

同志社よりもキリスト教的

清水から見て、新島の学校は、オベリンとならぶモデル校です。清水は、ある時期、母校の同志社大学で講師をしております。時あたかも、学内の校舎（有終館）で火災が発生したために、同志社総長や理事など、時の役職者が全員、辞任するという事件に遭遇します。

昭和天皇が、たまたま即位式のために隣接する京都御所に滞在中であったので、「恐懼《きょうく》」に堪えない、というのが、辞任理由です。清水によれば、責任を感じてか、「その時、たった一遍、お祈りをもって教授会が開かれた」。これに対して、「うちの学校〔桜美林〕は、創立以来、今に至るまで、教授会は祈りを以って始まっとる」（『せん方尽くるとも』一五五頁）。牧師としての清水の面目が、躍如とする話ですね。

たしかに私の居た神学部教授会でも、祈りで始まるのは学期始めくらいでした。リベラルを売りにしている学園ですから、学校運営でもなるべく型にはまらない流儀を心がけているんでしょうか。

同志社をクビになる

一方の清水は、それでも同志社では、母校愛に燃えていました。それだけに、突然、母校から断ち切られたのは、辛かったはずです。「私は同志社をクビになりました」と清水が言うように（同前、五一頁）、二年間（一九三〇年～一九三二年）務めた同志社大学の講師を免職されてしまいます。

理由は何か。アバウトな性格が、理論家や研究者に向いていないから、と判断されたのじゃないか、と私は思います。というのも、免職の際に、同志社総長（大工原《だいくはら》銀太郎です）から、「学生はあんたの講義を喜んで聴くが、みんなの者が、君は商売人になった方がいい、教育家じゃないと言っている」と申し渡されたそうですから（同前、七〇頁）。

しかし、清水の語るところをよく聞いてみると、部長を引き受けた野球部がからんでいます。部の借金を返すために、立教の野球部を招いて、有料試合をしたことが、「総長の逆鱗《げきりん》に触れ」、「清水は商売人になるべきで、教育家になるべきものじゃない」との烙印を押されてしまったといいます。実際には、専務理事が清水に強硬に反対したようです（同前、五一頁、一二九頁）。

清水の強みは、逆転の発想です。首を切られたというマイナスをプラスに捉えます。八重そっくりですね。彼女は、新島と婚約した、という理由だけで、府立女学校（女紅場《にょこうば》）をクビになりました。「いいんですよ、これで聖書を学ぶ時間がとれますから」と実にサバサバしています。

清水の場合も、同じです。同志社から切り離されたのは、中国へ帰る機会を神さまが作ってくださった、ありがたい「プロビデンス」（神慮）なんだ、と受け止めます。立派です。その彼が、四十年ほどたった一九七五年に至って、同志社から名誉文化博士号を貰いました。「四〇年目に名誉を回復した」と率直に喜びを表明しています（同前、七一～七二頁）。

新島伝説（一）

清水は直接に新島の教えを受けていません。だから、清水の新島情報は、あらかた書物か伝承のいずれかでしょう。たとえば、このように、です。

「新島先生は、神田の船宿で人を斬《き》って、アメリカへ脱走されたということが、言われている。でも、立派な人になった」（同前、六三頁）と言っております。清水が典拠にあげているのは、根岸橘《きつ》三郎『新島襄』です。清水は、新島が人を斬った「船宿」は「遊郭」だった、とまで断言しています

（同書、一〇八頁）。

おそらく、デマ情報だと思われます。清水本人も、「本当か嘘《うそ》か」と迷っています。にもかかわらず、最後は「あながち嘘ではあるまい」と結論づけるところが、いかにも清水らしいですね（『せん方尽くるとも』一〇九頁）。

このあたりに、清水の熱情を感じます。冷静に資料批判をする前に、「ホントであってほしい」とか、「ウソじゃあるまい」といった気分が先行しがちです。要するに、新島情報に関しては、アバウトなんです。そうした例を、もうひとつあげます。

新島先生は、大磯での臨終の際も、小崎弘道や徳富蘇峰といった「高弟」が詰めているにもかかわらず、横田安止《やすただ》という五年生の学生に遺言を書かれた。その文言は、「わしが死んだら、同志社の星となってやってくれ」であった、と（同前、一一三頁）。

今では、横田宛ての遺言は、『新島襄全集』（④四一八）で簡単に読めます。「同志社ノ前途ニ関シテハ、兼《かね》テ談シ置タル通リナリ。何卒《なにとぞ》、将来ハ同志社ノ骨子ノ一トナリ、以《もっ》テ尽力セラレン事ヲ切望ス」です。清水の記憶とは、微妙に違いますよね。

新島伝説（二）

清水が掴《つか》んでいる「新島伝説」は、ほかにもあります。有名なのは、「石ころ」伝説です。

「新島先生はよく『同志社のグラウンドやキャンパスに落ちてる石ころでも、信仰によって新島襄になすことが出来る』とおっしゃったそうですが、私はそれを聞いてうれしかったですね。これが私の劣等感から解きはなされる言葉でした」（『せん方尽くるとも』一〇頁）。

新島のこの言葉は彼の記録や、関係者の回想にも見当たりません。ですが、清水の周辺では、いわば「新島伝説」めいて流布していたんでしょうね。実際、「石ころ」発言は、清水に決定的なインパクトを与えています。伝記のタイトルにも引用されています。清水畏三《いぞう》『石ころの生涯』です。清水の自宅も、「石ころ庵」と命名されています。膳所《ぜぜ》中学を出た時も、下から二番だったことが（同前、二一頁、一六一頁）、その根拠とされています。

すでにお分かりのように、清水の文章は、取扱いにちょっとした注意が要ります。内輪からも、こう指摘されています。「安三は筆が立ち、次々と書きまくっていましたから、細かい点をチェックするのは、あまり得意でなかったようで、この点、研究者泣かせなのです」と（堤稔子《としこ》「J.F.Oberinと桜美林学園」八〇頁、『清水安三・郁子研究』四、二〇一二年三月）。

清水美穂

奥さんの話に移ります。清水は、二度結婚し、それぞれすぐれた配偶者に恵まれました。同志社との関連で言えば、最初の妻、美穂は同志社女学校の卒業生でした。

滋賀県彦根の出身で、一九一二年に同地の教会で武田猪平《いのへい》牧師（同志社神学校卒）から洗礼を受けます。翌年、同志社女学校普通学部に進学。女子専門部を一九一八年に卒業するまで、五年間、在学しました。

女学校に在学中、彼女は学内の寄宿舎で暮らしたと思われます。とすれば、名物教員のM・F・デントンとの交流は、密接です。美穂は、受けた厚誼をこう感謝します。「ミス・デントンには、一言、お礼を申さねば、私は死ぬに死ねません。ミス・デントンには、学生の頃、月々学費を出して頂きました。そして私はまだ、一文もお返ししていません。しかし私は、支那《しな》の貧乏な学生に、いつも学費をくれてやりました。どうか、それで帳消しにして下さいませ」と。実際、美穂は臨終の際に、デントンへの感謝の気持ちを公表しています（小崎眞《まこと》「清水（横井）美穂の信仰と生き方」一五～二二頁、『創立者たちの信仰と生き方』、桜美林大学、二〇〇七年三月）。

残念なのは、もうひとりの女学校巨頭、新島八重との交流が薄いことです。同時代の人間なんですから、何らかの交流があっても、おかしくありません。このことは、清水の場合も同様で、教え子や同僚の方々にお聞きしても、「清水先生からは、八重さんのことをほとんど聞いたことがありません」という返事が返ってくるばかりです。

清水安三研究

最後は、清水研究です。創業者の志を研究、分析し、それを継承して行くのが、後続の私学人の務めです。同志社は、比較的早くから組織的にそうした作業に取り組んできたと思います。私がこの三月まで代表を務めておりました「同志社新島研究会」（通称）という団体（メンバーは約百人）も、すでに数十年の歴史を持っております。

この点、清水の場合は、ようやく緒《ちょ》に就《つ》いた感じですね。「清水安三・郁子研究会」が発足したのは、清水が亡くなってから九年後（一九九七年）です。次いで「清水安三記念プロジェクト」へと発展し、『清水安三・郁子研究』（二〇〇九年創刊）という機関誌が毎年、刊行されるようになりました。

このタイトルはすごいですね。新島の場合、『新島研究』という機関誌が創刊されて六十年、号にして百五号に達しています。でも、『新島襄・八重研究』とか、『新島八重研究』という機関誌は、一冊も出しておりません。

桜美林としては今後、研究・啓蒙活動の拠点として、資料室（館、センター）なり、展示会場をお持ちになることが、課題だろうと思います。

特異な創業者を持った学園としては、「志を継ぐ」ことが、スタッフや学生たちの大事な使命です。創業者の志は、いつまでも、語り継がれてほしいですね。今日のお話が、そのために少しでも刺激となってくれれば、京都からやって来た甲斐があります。

（桜美林大学創立記念「清水安三が出会った人々」講演会、
桜美林大学町田キャンパス・荊冠堂チャペル、二〇一三年五月二三日）

コラム(13)

「美人とは心のきれいな人」(八重)

日露の決戦、日本海海戦(1915年5月27日〜28日)を前に、大阪陸軍予備病院では篤志看護婦たちが不安のため、仕事が手につかなかった。

そこで、八重は彼女たちを集め、看護婦の「美人投票」をさせた。投票後、八重はこう講評した。「皆さんは、顔がきれいな人を美人と思われたかもしれませんが、美人とは顔でなく、心のきれいな人です」と。八重がほかにもあれこれ言ったこともあって、看護婦たちの気持ちは静まり、通常勤務に戻れたという(風間健「『新島八重様』の御こころ」203頁、『歴史春秋』77、2013年)。

八重の美人観は、襄ゆずりである。襄は「佳人《かじん》トハ心ノ佳人」と明言する(拙著『ハンサムに生きる』80頁、84頁)。彼にとって、理想の女性は「見た目よりもこころ」(Handsome is as handsome does.)、すなわち「ハンサムに生きる」(handsome does) 女性である(本書130頁参照)。

「美徳、以て飾と為せ」と襄が記した言葉を八重もそっくり模写している(拙著『ビーコンヒルの小径』62頁)。八重が、「美徳」(こころを飾ること)に共鳴していた証拠である(拙著『日本の元気印・新島八重』207頁)。

おわりに

あごを出す前に、本書を出すことができました。『八重の桜・襄の梅』を出版したのは、「八重の桜」放映たけなわの昨年（二〇一三年）六月のことでした。八重に関する六冊目の拙著でしたから、気分は「これで終わり」でした。

次の出版は、新島襄に関する講演集のはずでした。が、今も未刊のままです。九巻で中断している「新島襄を語る」シリーズの再開と完結に、早く復帰したいと思ったにも関わらず、です。

この目論《もくろ》みが外れた最大の要因は、「八重の桜」です。昨年の三月末にＮＨＫから、京都時代の八重に関して時代考証を依頼されました。

以後、春から初秋まで、台本チェックに追われました。その一方で、制作スタッフからは、つぎつぎと質問やら要望が電話やメールで来ます。多い時は、まるで手裏剣並みに飛んできます。

やってみて初めて、この仕事は、史実と創作を「腑分《ふわ》け」するという悩ましい作業であることが、分かりました。歴史家の端くれとして、途方に暮れる時も再三でした。

また、後世のためにも、今後の歴史研究のためにも、書き止めておく必要がある、と思われる事柄やケースに何度も遭遇しました。その一部を収録したのが本書です。それじゃ、暴露本かネタバレ本か、と期待やら懸念やらされそうですが、主眼はそこにはありません。執筆の主な動機は、今後、新島襄や八重をきちんと理解、研究するのに必要な、なんらかの手がかりや材料《データ》となってくれれば、という願いです。

もうひとつの出版要因は、全国のドラマ視聴者の反応です。昨年だけでも講演や講座、ツアを含めると「八重行脚《あんぎゃ》」は百数十回にも及びました。そうした折に会場や現地でいただいた質問やら反応、感想なども、本書出版の動機になりました。

とりわけ、私が見落としていた事実や死角の指摘やら、紹介しておきたい貴重な所見や疑問などは貴重です。参考になりました。逆に、間違った誤解や思い込みも多々ありました。これはきちんと解いておく必要があります。

そのため、大河ドラマが完結した後、七冊目の八重本を出版する準備に取りかかりました。幸い、「八重特需」も今春には、ほぼ終息しました。ので、あらためて調査や取材をするのに、時間的な余裕が生まれました。桜が散って気分は七色《なないろ》、というのも、変な感じですが——

本書は、私にとっては大学退職後に出す二冊目の作品です。「八重熱」があらかた鎮静化した時点での出版、しかもこれまで通り自費出版ですから、番組便乗商品にしたくない気持ちも、同様です。それだけに、意気ごみだけは高く堅持しました。一過性の際物《きわもの》じゃなくて、何十年か先に読まれても資料的にも価値がある、そのような息の長い本作りを目指しました。

八重本の「歴史」を振り返りますと、八重ブーム（二〇一二年〜二〇一三年）の火付け役の一端となったのが、拙著『ハンサムに生きる』（二〇一〇年）でした。ＮＨＫによる「八重の桜」発表後、最初の八重本、いわば大河ドラマのプロローグとなったのも、早川廣中氏との共著『新島八重と夫、襄』

（二〇一一年）でした。その後、ドラマに向けて三冊、出しました。ドラマ完結後、ブームがあらかた去った頃にあえて出すのが、本書です。おそらく、本書は世の八重本の最後《トリ》を飾る出版になろうかと思います。ならば、大河ドラマのエピローグです。

カラ手形覚悟で言えば、八重本（拙著）の八冊目はありません。本書でもってひとまず、「新島襄を語る」シリーズの「別巻」（いわば、新島八重を語るシリーズ。全四巻）も、完結です。ただし、八重研究は個人的には継続します。その成果は、「新島襄を語る」シリーズの第十巻（以降にも？）に入れるつもりです。

やはり最後は、型通りとはいえ、関係者への感謝です。まずは、今回も画像や新資料、新知見などを提供、教示、貸与して下さった関係者（特に画像では、同志社社史資料センターと新島学園、それに有田家）です。さらには発表の場を与えていただいた関係団体の方々、それに、講演や拙著に対する感想やら訂正箇所、疑問を寄せて下さった方たちです。お世話になった皆さまに対して、綾瀬はるかサンにあやかって、こころからお礼を申し上げます。

「ありがどなし」。

二〇一四年四月二十九日

本井康博

索　引

新島襄

新島八重

A

E

F

J

KA

MA

ME

NA

NI

NISHI

O

U

V

W

YA

YO

Z

著者紹介

本井康博（もとい・やすひろ）

元同志社大学教授（1942年生）。神学博士。

専攻は日本プロテスタント史、とくに新島襄ならびに同志社史。『新島襄と徳富蘇峰』（晃洋書房、2002年）、『新島襄の交遊』（思文閣出版、2005年）、『新島襄と建学精神』（同志社大学出版部、2005年）、同志社編『新島襄の手紙』（共編、岩波文庫、2005年）、同志社編『新島襄　教育宗教論集』（同前、2010年）、同志社編『新島襄自伝』（同前、2013年）などを出版。現在、「新島襄を語るシリーズ」全10巻・別巻４巻（予定）を刊行中。

襄《じょう》のライフは私《わたし》のライフ

新島襄《にいじまじょう》を語《かた》る　別巻(四)

2014年５月28日初版発行

定価：本体1,900円(税別)

著　者　本井康博

発行者　田中　大

発行所　株式会社思文閣出版

605-0089　京都市東山区元町355

電話　075-751-1781（代表）

印　刷
製　本　株式会社 図書印刷 同朋舎

ISBN978-4-7842-1757-1 C1016